AF372057

*Eso no estaba en mi libro de
la Primera Guerra Mundial*

JOSÉ LUIS HERNÁNDEZ GARVI

Eso no estaba en mi libro de la Primera Guerra Mundial

Segunda edición

ALMUZARA

Editorial Almuzara • Colección Historia
Editora: Ángeles López
Maquetación: Joaquín Treviño

www.editorialalmuzara.com
pedidos@almuzaralibros.com - info@almuzaralibros.com

Editorial Almuzara
Parque Logístico de Córdoba. Ctra. Palma del Río, km 4
C/8, Nave L2, nº 3. 14005 - Córdoba

Imprime: Unigraf S.L.
ISBN: 978-84-17558-04-8
Depósito legal: CO-1802-2018
Hecho e impreso en España - *Made and printed in Spain*

Índice

Introducción

El 28 de junio de 1914, el archiduque Francisco Fernando de Austria, heredero de la corona del Imperio austrohúngaro, se encontraba de visita oficial en Sarajevo, capital de la provincia imperial de Bosnia y Herzegovina. A las nueve de aquella mañana luminosa y festiva, el archiduque y su esposa, la duquesa Sofía, subieron al coche que les estaba esperando para hacer un recorrido por las calles de la ciudad y recibir la calurosa acogida de la multitud que estaba esperando el paso de la comitiva oficial.

El automóvil, un exclusivo Gräf & Stift Double Phaeton descapotable, inició una lenta marcha entre el público mientras el heredero y la duquesa sonreían y saludaban displicentes a sus súbditos que agitaban alegres las banderas del imperio. A pesar de las tensiones políticas que alteraban la convivencia en esa zona de los Balcanes, la pareja no podía imaginar que un grupo de jóvenes terroristas serbobosnios les esperaban al acecho confundidos entre el gentío, dispuestos a atentar contra sus vidas.

Cuando el automóvil en el que viajaban pasó junto al lugar donde se encontraba apostado Nedeljko Čabrinović, uno de los implicados en la conspiración, el terrorista lanzó contra el coche la granada que tenía preparada. Sin embargo, el archiduque se dio cuenta a tiempo de sus intenciones y en un alarde de reflejos consiguió desviar su trayectoria con el brazo, aunque otras versiones afirman que simplemente rebotó contra su cuerpo. El artefacto cayó sobre la calzada y al hacer explosión hirió a varios espectadores y miembros del séquito oficial. En ese momento, Čabrinović intentó ingerir un frasco con cianuro potásico que llevaba encima, pero se le cayó vertiendo su contenido. Al fracasar su tentativa de suicidio huyó corriendo del lugar de los hechos y se arrojó al río Miljacka, que apenas tenía unos centímetros de profundidad, con el propósito de impedir su captura, aunque finalmente fue detenido por la policía.

A su llegada al ayuntamiento, el archiduque reprochó furioso al alcalde las siniestras intenciones del recibimiento que le había dispensado la ciudad, al mismo tiempo que se discutía sobre la posible suspensión de los actos oficiales previstos y su salida precipitada de Sarajevo. Sin embargo, Francisco Fernando se negó rotundamente a alterar el plan inicial e insistió personalmente en visitar a los heridos causados por la explosión. La duquesa Sofía, embarazada de su cuarto hijo, no quiso dejarle solo.

El archiduque Francisco Fernando y su esposa suben al coche tras despedirse de las autoridades locales de Sarajevo minutos antes del atentado que cambiaría la historia del mundo (Fuente: Wkimedia Commons).

Eran cerca de las once de la mañana cuando la comitiva se puso de nuevo en marcha mientras en la ciudad se redoblaron las medidas de seguridad para impedir que se pudiera repetir un atentado. Para cumplir con el deseo del archiduque, se cambió el itinerario de la comitiva, pero no se informó a los conductores de los vehículos, que retomaron la ruta interrumpida unas horas antes. Este detalle, en apariencia intrascendente, acabaría provocando un efecto mariposa que cambió la historia del mundo.

El coche del archiduque terminó en una calle equivocada, donde en ese momento se encontraba Gavrilo Princip, un estudiante de 19 años integrante del «comando» terrorista que quería acabar con el heredero. Desconcertado por el fracaso de sus compañeros, Princip dudaba sobre cuál debería ser su siguiente paso cuando sin pretenderlo se encontró literalmente de bruces con el automóvil en el que iba su objetivo. En ese momento, el chófer maniobraba marcha atrás en un intento por salir de allí y retomar el nuevo itinerario que le indicaban los responsables de la comitiva. En medio de la confusión, el joven nacionalista serbobosnio extrajo su pistola y sin tomarse tiempo para apuntar con precisión efectuó dos disparos.

Pistola semi automática FN Modelo 1910, de la misma serie con la que Gavrilo Princip asesinó al archiduque Francisco Fernando en Sarajevo. La de la imagen fue usada durante la Guerra Civil española (Foto colección particular).

En esta segunda ocasión, el archiduque y su esposa permanecieron erguidos en el asiento trasero del coche y todos pensaron que este terrorista también había fallado en su intento criminal. Dominado por una intensa agitación, Gavrilo Princip intentó quitarse la vida con su pistola, pero la multitud se lo impidió. Tras ser testigo del atentado, el general Oskar Potiorek, que acompañaba a la pareja en el automóvil, ordenó al conductor que se dirigiera a toda velocidad hacia la residencia que ocupaba como gobernador de la provincia. Durante el trayecto, Potiorek descubrió con horror la certera puntería de los disparos cuando el archiduque Francisco Fernando de Austria empezó a sangrar profusamente por la boca. La bala le había alcanzado en el cuello y seccionado la yugular antes de alojarse en la columna vertebral. La herida era mortal de necesidad.

Foto de la ficha policial de Gavrilo Princip
(Fuente: Wikimedia Commons).

Mientras al heredero se le escapaba la vida con cada segundo, la duquesa se inclinó sobre el cuerpo agonizante de su marido en un gesto que en un principio fue interpretado como de preocupación por su estado. Sin embargo, la esposa del archiduque apenas tuvo tiempo de exclamar «¡Por Dios! ¿Qué te ha sucedido?» antes de caer desplomada. Una de las balas la había alcanzado mortalmente en el abdomen. Consciente de su gravedad, el heredero al trono austrohúngaro tuvo tiempo de pronunciar con un hilo de voz desesperado, «¡Querida Sofía no te mueras, vive por nuestros hijos!». Sin embargo, ya no había nada que hacer por salvar su vida. Minutos después fallecía el archiduque. Sus últimas palabras para la historia fueron: «No es nada, no es nada».

Este es, a grandes rasgos, el relato del magnicidio que desencadenó el estallido de una guerra extendida a una magnitud como nunca hasta entonces había conocido la humanidad. El número de naciones implicadas, el grado de movilización, los ingentes recursos empleados y la capacidad exterminadora de una matanza emprendida a escala global, superaron con creces a todos los conflictos anteriores que se habían padecido sobre la faz de la Tierra. A tenor de estos datos, resulta comprensible que la historiografía no tardase en referirse a esta conflagración usando el término «Gran Guerra», ante el convencimiento de que no habría otra que la superase. Los acontecimientos posteriores, provocados por las heridas mal cicatrizadas que a su término dejó sobre el escenario europeo, no tardaron en poner en entredicho esta apreciación un tanto ingenua. Fue entonces cuando los libros de historia empezaron a referirse a ella como la Primera Guerra Mundial, precedente que anunció los horrores que vendrían apenas dos décadas después, el tiempo necesario para que una nueva generación se convirtiera en carne de cañón.

Durante todo este tiempo los historiadores han discutido sobre si el atentado de Sarajevo fue un *casus belli* con todas las de la ley o si por el contrario fue la excusa que todo el mundo estaba buscando para dirimir sus diferencias sobre un campo de batalla. A la hora de analizar los motivos que provocaron el estallido de la Gran Guerra, los puntos de vista de los investigadores anglosajones han prevalecido sobre los de los demás, ofreciendo una versión de los hechos que durante muchos años se dio por indiscutible. Según su interpretación, Alemania habría sido la única culpable, ignorando por completo cualquier interés crítico que pusiera en duda este axioma. Sin embargo, desde la década de los sesenta han surgido opiniones que han puesto en entredicho la validez del artículo 231 del tratado de Versalles, que presentaba a Alemania como responsable de la contienda. Este cambio de actitud, presente entre una nueva generación de historiadores, se ha debido a un examen más minucioso y libre de prejuicios de las fuentes disponibles, lo que ha permitido obtener una visión imparcial de los hechos y sus consecuencias. Esta nueva concepción del pasado, mucho más amplia, también nos ha ofrecido un panorama que se ajusta mejor al verdadero papel representado por cada una de las naciones implicadas en la Primera Guerra Mundial.

Este es el punto de vista al que se suscriben las páginas de este libro, que ante todo pretenden alejarse de las posiciones maniqueas que distinguen entre buenos y malos. Con esta predisposición, y atendiendo al espíritu que emana de su título, en los diferentes capítulos nos acercaremos a las gestas militares y hechos de armas menos conocidos del conflicto, a actos de heroísmo y abnegación que han sido olvidados, a sucesos insólitos que pondrán a prueba nuestra capacidad de asombro. En este caso, las grandes batallas y los nombres de sus principales actores ceden protagonismo a sorprendentes acciones bélicas y a personajes fascinantes que nos van a contar aspectos que no aparecen habitualmente en los libros que hemos leído sobre la Primera Guerra Mundial. Estimados lectores, ha llegado el momento de invitarles a que me acompañen en un viaje por la historia para descubrirlos.

Capítulo I
Nuevas armas para una gran guerra

Al principio de la Primera Guerra Mundial, los ejércitos de las naciones beligerantes todavía se mantenían anclados a la tecnología bélica y doctrina militar del siglo xix. En sus primeros compases, los dirigentes políticos y los jefes de los respectivos estados mayores se mostraron reacios a introducir los cambios necesarios para adaptar las fuerzas armadas bajo su mando a los nuevos tiempos, convencidos de que no serían necesarios ante la que presagiaban que iba a ser una rápida resolución del conflicto. Sin embargo, cuando se hizo evidente que la guerra iba a tener una duración mayor de la prevista, las naciones que integraban la Triple Entente y las de los Imperios Centrales se lanzaron a una vertiginosa carrera de armamentos con la que pretendían obtener una ventaja estratégica sobre el enemigo. El estancamiento de los frentes, enfangados en las insalubres trincheras, agudizó el ingenio de todos en un intento por tomar una iniciativa que les permitiera alcanzar la victoria. En este sentido, dedicaron ingentes recursos humanos y materiales al diseño y fabricación de armas cada vez más letales.

El resultado de este esfuerzo fue toda una serie de avances tecnológicos revolucionarios aplicados al campo militar que cambiaron para siempre la forma de hacer la guerra y que todavía están presentes en los campos de batalla de todo el mundo. Muchos de ellos tendrían posteriormente aplicaciones civiles, pero no debemos olvidar que en un principio fueron concebidos con el objetivo de causar el mayor número de bajas, hasta el punto de convertir a la Gran Guerra en una eficaz carnicería humana que por primera vez en la historia alcanzó proporciones que podríamos calificar de industriales.

1. Derribando aviones a ladrillazos

Madera y tela

Desde la noche de los tiempos, uno de los mayores sueños del hombre ha sido el de imitar a los pájaros para poder volar. Los primeros globos de aire caliente se elevaron sobre los cielos a finales del siglo XVIII, pero hubo que esperar más de un siglo para que el ser humano pudiera despegar del suelo a bordo de una máquina más pesada que el aire.

En la mañana del 17 de diciembre de 1903, los hermanos Orville y Wilbur Whright, dueños de un modesto taller de bicicletas en la ciudad de Dayton, Ohio, estaban preparados para hacer historia. Ingenieros autodidactas, su pasión por la balbuciente ciencia de la aerodinámica les había inspirado para diseñar la estructura de una extraña y frágil aeronave de inquietante aspecto a la que bautizaron con el nombre de *Flyer* («Volador»). Este primitivo avión, construido con listones de madera de abeto recubiertos de tela de muselina, reforzado con tensores de hilo de acero y equipado con un motor que apenas alcanzaba los doce caballos de potencia, que debían ser suficientes para mover una hélice bipala, sería el primero en merecer ese nombre.

Los hermanos Wright decidieron probar su invento en las llanuras de Kill Devil, muy cerca de la localidad de Kitty Hawk, en Carolina del Norte, donde los vientos favorables y continuos podían ayudar en el despegue. Eran exactamente las 10:35 de la mañana de aquel día cuando el *Flyer*, con Orville como piloto, consiguió levantarse del suelo en un vuelo de doce segundos de duración en el que recorrió poco más de 200 metros ante la mirada expectante de cinco testigos, entre ellos un fotógrafo que inmortalizó el momento.

A este histórico vuelo le siguieron otros que sirvieron para superar sus propias marcas. Los hermanos Wright adquirieron así la experiencia necesaria para mejorar su invento. Dos años después de la gesta de Kitty Hawk, el *Flyer III* recorrió 40 kilómetros en un vuelo que duró casi 40 minutos, un considerable avance en un corto espacio de tiempo. Orville y Wilbur se apresuraron a patentar sus innovaciones, aunque siempre se mostraron reacios a hacer demostraciones públicas de sus logros, quizá ante el temor de que otros pudieran copiar sus diseños. Esta actitud no les granjeó demasiada popularidad y perjudicó el despegue industrial de un sector que ellos habrían podido dominar.

Al principio, los militares de las grandes potencias no se mostraron demasiado interesados por las posibles aplicaciones bélicas de una máquina poco fiable a la que no eran capaces de encontrar utilidad. Pero a pesar de estas reticencias, el camino abierto por los hermanos Wright no tardó en ser seguido por otros pioneros, que como auténticos visionarios supieron ver el potencial que podía tener el desarrollo de la aviación. En la primera década del siglo xx, los nombres de Alberto Santos Dumont, Louis Blériot o Roland Garros, personaje este último sobre el que volveremos en este mismo capítulo, se hicieron muy famosos al protagonizar unas hazañas aéreas que acapararon los titulares de las primeras páginas de los periódicos.

A pesar de esta enorme difusión, la aviación seguía siendo para el gran público un entretenimiento propio de caballeros adinerados amantes del riesgo y la aventura. En este sentido, el enorme interés que despertaba el relato de sus proezas estaba más ligado a un espíritu de disputa deportiva que poco o nada tenía que ver con la ciencia y la tecnología. En esos años, la opinión de la mayoría de los militares hacia el mundo de la aviación no había experimentado muchos cambios y oscilaba entre la curiosidad y una indiferencia desdeñosa. Sin embargo, a principios de la primera década del siglo xx empezó a ser evidente un cambio de mentalidad en los ejércitos de algunas potencias que anunciaba una inversión de la tendencia hasta entonces dominante.

Acorde con esta apertura, en 1913 España se convirtió en uno de los primeros países en contar con un Servicio de Aeronáutica Militar, embrión de una fuerza aérea, cuando a finales de febrero de ese año se publicó el decreto que hacía oficial su creación dependiente del Arma de Ingenieros. Al frente del mismo se nombró al coronel Pedro Vives y en el aeródromo madrileño de Cuatro Vientos se instaló la base principal de los aviadores militares españoles.

Cuando el 28 de julio de 1914 el Imperio austrohúngaro declaró la guerra a Serbia, medida de fuerza que acabaría arrastrando al resto de potencias europeas a la contienda, las naciones de la Triple Entente contaban en el aire con cierta ventaja numérica sobre sus enemigos al disponer de 415 aviones frente a los algo más de 300 aparatos que lucían en sus fuselajes las escarapelas de los Imperios Centrales. Tampoco había demasiadas diferencias en materia de prestaciones: todos los aparatos tenían un techo operativo que no llegaba a los 2500 metros y alcanzaban una velocidad que en ningún caso superaba los 110 kilómetros por hora.

Aunque las cifras suponían un importante salto cualitativo y cuantitativo respecto a unos pocos años antes, el número total de aeroplanos de ambos bandos nos da una idea de la importancia menor que los estados mayores concedían al uso en combate de la aviación. En los primeros compases de la guerra, los estrategas rechazaron utilizar los aeroplanos como arma ofensiva, pero el desarrollo posterior de los acontecimientos sobre el campo de batalla les haría cambiar pronto de opinión.

De acuerdo con sus limitadas capacidades, a la aviación se le asignaron misiones de reconocimiento y rectificación de tiro de la artillería, aunque seguía generando dudas sobre su efectividad entre los mandos que se resistían a aceptar las innovaciones, hasta el punto de confiar más en la caballería tradicional a la hora de realizar labores de exploración. Estaba claro que si aquellos chalados en sus locos cacharros que se hacían llamar aviadores querían ganarse el respeto de sus superiores debían demostrar su pericia sobre los cielos de Europa, aunque para ello tuvieran que desprenderse de su aureola romántica para convertirse en auténticos depredadores que acechaban a sus víctimas entre las nubes.

A la caza

Para llevar a cabo las modestas misiones que se les habían encomendado, los primeros aviones militares no llevaban ningún tipo de armamento. En todo caso, los pilotos portaban pistolas y revólveres para defenderse en caso de aterrizaje forzoso en territorio enemigo, eventualidad que se daba con relativa frecuencia. En realidad, volar entrañaba mayor peligro que el riesgo a un posible ataque; la altura proporcionaba a los aviadores una seguridad lejos de la matanza que se estaba desarrollando en los campos de batalla y tampoco había por qué temer a los desarmados aeroplanos enemigos ni a una inexistente artillería antiaérea.

En ocasiones, los aviones de ambos bandos se cruzaban en el aire cuando iban o regresaban de sus misiones, sin que en esos encuentros se produjeran incidentes. En algunos casos, los pilotos se saludaban unos a otros al reconocerse desde la distancia, sin importar el bando en el que luchaban. Por rango y las condiciones en que prestaban servicio, sentían que formaban parte de un selecto club de privilegiados que les permitía llevar una vida muy alejada de las penurias que se padecían en primera línea. Este clasismo se reflejaba en una camaradería elitista que compartían con los aviadores enemigos y que se regía por un cortés protocolo que nada tenía ver con la cruel brutalidad de la guerra.

Esta convivencia pacífica entre caballeros duró hasta que los que se encontraban más abajo empezaron a sentirse incómodos ante la constante presencia de aviones enemigos volando por encima de sus cabezas para comunicar su posición a los cañones que los convertían en carne picada. No está claro en qué momento de la guerra un piloto decidió acabar con las buenas maneras que hasta entonces habían imperado en los cielos y desenfundar su pistola con siniestras intenciones, pero está claro que ese día nació la aviación de caza. Todo apunta a que el primer derribo de un avión durante la Primera Guerra Mundial se produjo en un intercambio de disparos entre pilotos que hicieron uso de sus armas cortas, aunque también se usaron otros métodos más primitivos.

Existen testimonios fiables que afirman que algunos aviones fueron abatidos literalmente a ladrillazos. Este «sofisticado» armamento estaba compuesto en realidad por un ladrillo unido a una larga cadena que el aviador hacía oscilar mientras se aproximaba a un aparato enemigo. Cuando se encontraba lo suficientemente cerca lo lanzaba con la esperanza de golpear al otro piloto o dañar seriamente el aeroplano. Una variante de este sistema fue el uso de garfios arrastrados por sogas que eran capaces de rasgar el entelado y arrancar los listones de madera de los fuselajes y alas de los aparatos enemigos. Si tenemos en cuenta el aura de caballerosidad que rodeaba todo lo relacionado con la aviación, en estos primeros combates aéreos encontramos similitudes que nos recuerdan a los torneos medievales, donde los contendientes recurrían a métodos expeditivos para derribar del caballo a su oponente.

Los ladrillos y las cadenas no fueron él único armamento ofensivo empleado por los pilotos en estos incipientes combates aéreos. A las pistolas ya mencionadas no tardaron en unirse carabinas ligeras como las que usaban los jinetes de la caballería, armas de fuego que ofrecían una mayor precisión. Al aplicar el método de ensayo y error a esta nueva forma de hacer la guerra, otros aviadores, posiblemente con peor puntería, llegaron al extremo de lanzar granadas de mano contra los aviones enemigos, tal y como recogen algunas crónicas de aquellos días. En todo caso, debía resultar complicado controlar un avión a la vez que se agitaba una cadena o se apuntaba con un arma, tareas que al final fueron encomendadas a los observadores que acompañaban a los pilotos, que de esta forma también se convirtieron en artilleros.

Al mismo tiempo que los combates aéreos se volvían cada vez más encarnizados, los aviadores reclamaron armas más efectivas y adecuadas a la guerra moderna para derribar a sus adversarios. Para atender estos requerimientos se fijó la atención en un tipo de arma que sin ser nueva vivió su Edad de Oro durante la Primera Guerra Mundial. Si la potencia de fuego de las ametralladoras segaba vidas con pasmosa facilidad a ras del suelo, su empleo por los aviones podía ser igual de letal.

Esta iniciativa ya había sido tenida en cuenta antes del estallido de la contienda, cuando la posibilidad de batirse en los aires era incluso rechazada por los propios aviadores. En 1912, el comandante Mathieu había probado en Bélgica el uso de una ametralladora Lewis montada en la barquilla de un avión Farman. En abril de ese mismo año, Raymond Saulmier había registrado en Francia la patente de un dispositivo de sincronización de tiro de la ametralladora con el paso de la hélice. Por las mismas fechas, Franz Schneider inscribió en Berlín una patente similar. Con estos antecedentes parecía claro que la ametralladora era el arma que estaba buscando la aviación de caza.

El 5 de octubre de 1914, el sargento Frantz y su mecánico Quenault habían despegado a bordo de un avión Voisin, identificado con las escarapelas francesas, con la intención de probar en vuelo las ametralladoras Hotchkiss montadas sobre el aparato. Cuando regresaban a su base se cruzaron con un aparato alemán. Se trataba de un Aviatik que no dudó en atacarles. Quenault devolvió el fuego vaciando varios cargadores sin acertar en su objetivo. Durante unos minutos que se hicieron eternos los dos aviones se enzarzaron en una pelea cuyo resultado final iba a depender, a partes iguales, de la suerte y la pericia de los aviadores. Finalmente, el fuego de las ametralladoras del avión francés neutralizó el arma del enemigo y el Aviatik cayó envuelto en llamas.

La historiografía militar considera el resultado de este combate como la primera victoria confirmada de la aviación de caza haciendo uso de las tácticas que iban a definir las reglas del enfrentamiento aéreo durante décadas. Sin embargo, todavía quedaban algunos problemas por resolver. El más importante de todos ellos era cómo mejorar la eficacia del fuego de las ametralladoras. En algunos modelos de aviones se habían instalado barquillas en el morro donde se situaba el artillero en una posición incómoda que estorbaba la visión del piloto. Además, se producían graves accidentes cuando en un error de cálculo se disparaba a través del arco de paso de la hélice y se producían daños que condenaban al avión sin remedio. Hubo que esperar a que el ingenio de un reconocido deportista y famoso pionero de la aviación aportase una solución innovadora.

El invento de Roland Garros

La figura de Roland Garros se encuentra íntimamente ligada al torneo de tenis del Grand Slam al que da nombre y que todos los años se celebra, entre finales de mayo y principios de junio, en las pistas de tierra batida de París. Al margen de todo lo que tenga ver con este acontecimiento deportivo, la biografía del personaje es bastante menos conocida para el gran público.

Hijo de un prestigioso abogado francés con despacho en Saigón, Roland Garros sintió desde muy joven el deseo de vivir grandes aventuras. A su regreso a Francia en 1909 entró en contacto por primera vez con el mundo de la aviación. Después de acumular un buen número de horas de vuelo, el 6 de septiembre de 1912 batió un récord al alcanzar con su Blériot XI los 4000 metros de altitud. Impaciente por poner a prueba sus propios límites, el 12 de diciembre de 1912 superó su anterior marca al llegar hasta los 5188 metros, increíble registro que habría rebasado ampliamente si la falta de oxígeno no le hubiera obligado a descender.

A Garros parecía que el cielo se le quedaba pequeño y no tardó en plantearse un nuevo reto. El aviador se convirtió en un héroe nacional de Francia cuando el 23 de septiembre de 1913 completó la primera travesía aérea del Mediterráneo. A los mandos de un Morane-Saulnier G, el piloto francés despegó de la localidad de Fréjus, en la Costa Azul, y tardó algo menos de seis horas en llegar a Bizerta, en Túnez. Durante el vuelo consiguió superar una grave avería del motor y al tomar tierra apenas le quedaba combustible en el depósito. El ya famoso aviador estaba preparando la travesía del Atlántico, que tenía previsto realizar en tres etapas, cuando le sorprendió el estallido de la Primera Guerra Mundial.

Enrolado en la aviación militar francesa, Garros pronto destacó por sus habilidades como piloto de caza. Sin embargo, se enfrentaba al mismo problema que intentaban resolver sin mucho éxito los diseñadores aeronáuticos: los aviadores no podían colocar ametralladoras en el morro de sus aparatos con las que apuntar a los aeroplanos del enemigo. Obsesionado por encontrar una solución, dedicó varios meses a realizar numerosas pruebas que finalmente dieron su fruto. El 5 de febrero de 1915 Roland Garros patentó una hélice especial que permitía disparar a través de ella.

Durante sus investigaciones había estudiado con detalle las innovaciones introducidas por Raymond Saulmier para permitir el fuego de ametralladora sin dañar la hélice. Garros constató que las planchas soldadas a las palas no conseguían evitar que se deterioraran, lo que provocaba a su vez unas fuertes vibraciones que podían ocasionar la destrucción del avión. El piloto francés perfeccionó este sistema al colocar unos deflectores blindados de acero que conseguían desviar los proyectiles que chocaban contra las palas. El sistema demostró su efectividad en combate y no tardó en ser adoptado por la mayoría de los cazas franceses. Así lo demostró el propio Garros, que en un plazo de quince días abatió cinco aviones enemigos.

Los pilotos alemanes sufrieron las consecuencias inmediatas del nuevo invento, que les ponía en franca desventaja frente el enemigo. Las bajas entre sus filas no dejaron de aumentar hasta que una jugada del destino les ofreció una solución inesperada. El 19 de abril de 1915, Roland Garros estaba cumpliendo con uno de sus rutinarios vuelos de patrulla cuando se vio obligado a realizar un aterrizaje forzoso tras las líneas alemanas. El aviador francés no podía permitir que su invento cayera en manos del enemigo y para impedirlo prendió fuego al aeroplano, sin conseguir que las llamas lo destruyeran por completo. Ese día, los alemanes obtuvieron una doble victoria al apresar a un as de la aviación enemiga y recuperar intacta la hélice que incorporaba los deflectores.

Sin pérdida de tiempo, enviaron el valioso hallazgo a Anthony Fokker, el famoso constructor de aviones al servicio de los Imperios Centrales, para que lo analizase minuciosamente. Fokker se puso manos a la obra y en apenas tres días consiguió copiar y mejorar el sistema ideado por Roland Garros al poner a punto una ametralladora sincronizada con el motor que permitía disparar a través de la hélice sin dañarla. Un golpe de suerte y el talento de Fokker lograron que las fuerzas volvieran a equipararse en los cielos sobre una Europa en guerra, aunque la pequeña ventaja tecnológica que tomaron los alemanes no duró mucho. Poco tiempo después, uno de sus aviones con el sistema Fokker aterrizó en territorio enemigo por un error de navegación y británicos y franceses se apresuraron a adaptarlo a sus aparatos.

Roland Garros permaneció tres años en un campo de prisioneros hasta que en 1918 consiguió fugarse disfrazado con un uniforme alemán. El famoso piloto consiguió alcanzar las líneas francesas y se reincorporó inmediatamente al servicio para volar de nuevo en su escuadrilla. El 5 de octubre de ese mismo año, cuando apenas quedaba algo más de un mes para el final de la guerra, fue derribado cerca de la localidad de Vouziers, en las Ardenas, falleciendo en el acto. La noticia de la muerte del héroe supuso un duro golpe para la moral de la opinión pública francesa, harta de una guerra que estaba masacrando a toda una generación. Pero hubo que esperar casi una década para que Roland Garros recibiera, por parte de las instituciones públicas de su país, el reconocimiento que merecía.

Además de aviador, Garros también había destacado como deportista amateur al formar parte de la plantilla del Stade Français Paris, uno de los equipos de rugby más importantes de Francia, y exhibir su talento como jugador en las pistas de tenis. En 1927 se disputó la 22ª Edición de la Copa Davis, el torneo organizado por la Federación Internacional de Tenis en el que compiten los conjuntos masculinos nacionales de este deporte. La ronda final se celebró del 8 al 10 de septiembre en Estados Unidos y enfrentó al equipo norteamericano contra el de Francia. Este último, formado por René Lacoste, Henri Cochet, Jean Borotra y Jacques Brugnon, conocidos como «los Cuatro Mosqueteros», se impuso finalmente a los estadounidenses, hasta entonces con fama de imbatibles, en su propio campo.

Esta victoria supuso una inyección de orgullo para el chovinismo francés, que al año siguiente se encargó de organizar la revancha en suelo galo. Para estar a la altura de la magnitud del acontecimiento, la Federación Francesa de Tenis emprendió la construcción de un nuevo estadio digno de albergar el evento deportivo. El estado francés cedió tres hectáreas de terreno público para llevar a cabo el proyecto, con la condición de que el recinto recibiera el nombre de Roland Garros. De esta forma, el pionero de la aviación y héroe de guerra quedó vinculado al mundo del tenis. El recordatorio de su memoria parece que trajo suerte, pues el equipo francés volvió a ganar al de Estados Unidos por un contundente 4 a 1.

El «Circo Volador» de von Richthofen

A finales de 1915, la guerra se empeñaba en contrariar las ufanas previsiones iniciales de los estregas militares, sin que se avistase en el horizonte la esperanza de un pronto final. La sangría de los combates consumía recursos humanos y materiales a un ritmo despiadado, exigiendo a las naciones beligerantes un esfuerzo cada vez mayor. Para responder a sus nuevas misiones, las aviaciones de los dos bandos formaron a más pilotos mientras las fábricas aeronáuticas multiplicaban la producción de aviones. Muchos de los trabajadores estaban en el frente y la mano de obra femenina sustituyó a los hombres en las factorías, lo que supuso la incorporación de la mujer al sector industrial en una labor vital que en su día no fue reconocida.

Las cifras pueden ayudarnos a hacernos una idea sobre el impresionante aumento de los efectivos aéreos. Tomemos como ejemplo el caso de Francia. Al inicio de la contienda, su aeronáutica contaba con 20 escuadrillas desplegadas. A mediados de 1915 su número había superado las 50, con 400 nuevos aviones en servicio. En el verano de ese año, cada unidad pasó de tener 6 a 10 aparatos. En otoño, se diseñó un plan que preveía un total de 119 escuadrillas, al mismo tiempo que se adoptaron medidas para racionalizar la producción y mejorar los diseños. En enero salieron de las factorías aeronáuticas francesas algo más de 250 nuevos aviones. Tres meses después, los fabricantes habían doblado esa cantidad. En la dura competencia forzada por la guerra, las innovaciones tecnológicas eran constantes, hasta el punto de que aeroplanos recién salidos de las plantas de montaje estaban ya obsoletos.

Lejos del suelo, las escuadrillas de los dos bandos pugnaban por hacerse las dueñas de los cielos. Los aviadores conservaban su estatus privilegiado, mientras las pecheras de sus uniformes se cargaban de medallas y la prensa alababa sus hazañas para envidia de los oficiales de infantería, que veían como se llevaban la fama y eran admirados por el público. Muchos los consideraban aristócratas engreídos que disfrutaban de una guerra relativamente cómoda. Dueños de sus propias vidas —al menos así lo creían— vivían al límite en un ambiente castrense de disciplina relajada. También se regían por sus propios códigos de honor, que mantenían el respeto hacia el enemigo aunque el aumento constante del número de bajas hubiera dejado muy lejos aquellos tiempos en que se saludaban unos a otros en el aire. Así, el piloto francés Jean Navarre atribuía los aviones que derribaba a sus compañeros novatos y cuando hacía un prisionero lo invitaba a comer junto a sus compañeros. En otra muestra de esta caballerosidad hacia los rivales, en ocasiones un aeroplano sobrevolaba el lugar donde se había estrellado un aviador del otro bando para dejar caer una corona de flores en señal de homenaje y respeto.

Ante la inmovilidad de los frentes y el reclamo de la aventura, muchos oficiales de caballería solicitaron su traslado a las academias de aviación para convertirse en pilotos. La demanda era constante y nunca faltaban candidatos dispuestos a arriesgar sus vidas en los cielos antes que en las trincheras. Todos acudían atraídos por las gestas bélicas de unidades como la escuadrilla de *Les Cigognes* («Las Cigüeñas»), liderada por el as francés René Fonck, al que se le atribuyó un total de 75 derribos, o el escuadrón británico Número 74, al frente del cual estaba Edward «Mick» Mannock, famoso por las agresivas tácticas que empleaba en el combate aéreo y sus 61 victorias acreditadas, la cifra más alta alcanzada por un piloto inglés en la guerra. Mención aparte merece la escuadrilla *Lafayette*, formada en su mayoría por pilotos voluntarios norteamericanos que se unieron a la Aeronáutica Militar francesa antes de que los Estados Unidos entrasen en la contienda. Sin embargo, la fama y los méritos de todas estas unidades nunca superaron los logrados por el «Circo Volador» de Manfred von Richthofen, aviador alemán que sería más conocido como El Barón Rojo.

El que llegaría a ser considerado como «As de Ases» por sus propios enemigos, había nacido en el seno de una familia aristocrática de terratenientes con una larga tradición militar. Gran amante de la caza y la equitación, Manfred alcanzó el grado de teniente de Ulanos, nombre que recibían las unidades de lanceros de la caballería prusiana. Al estallar la Primera Guerra Mundial, el joven oficial fue transferido a la infantería, donde padeció las condiciones inhumanas que se vivían en las trincheras. Como ocurrió con otros muchos de sus camaradas procedentes de la caballería, la aviación militar proporcionó a von Richthofen la oportunidad para escapar de la metódica masacre de los campos de batalla.

Manfred von Richthofen, más conocido por el apelativo del Barón Rojo, se convirtió en el más famoso as de la aviación de la Primera Guerra Mundial (Fuente: shutterstock).

En la escuela de pilotos nunca se mostró como un alumno aventajado en las materias teóricas, carencia que compensaba cada vez que cogía los mandos de un aeroplano al transformarse en un aviador con un talento innato para volar. Al terminar su formación fue destinado a misiones de reconocimiento en el Frente Oriental, cometidos que como vimos no suponían un atractivo aliciente para los amantes de la aventura y el riesgo hasta que no se produjo el advenimiento de la aviación de caza.

Durante esos meses de servicio en la *Deutsche Luftstreitkräfte*, el Arma Aérea del Ejército alemán, von Richthofen conoció a Oswald Boelcke, aviador muy respetado al que su liderazgo e innovadoras tácticas en el combate aéreo le habían convertido en uno de los primeros ases de la aviación. Boelcke supo ver de inmediato las cualidades del joven piloto y lo seleccionó para el escuadrón de caza *Jagdsstaffel* o *Jasta* 2 que tenía bajo su mando. Von Richthofen no defraudó las expectativas que su mentor había depositado en él y ya en su primer combate se apuntó una victoria. Este inició prometedor tuvo lugar el 17 de septiembre de 1916, sobre el cielo de la localidad francesa de Cambrai,

En poco tiempo von Richthofen se ganó el respeto y la admiración de sus camaradas, que destacaban de él su intuición, agudeza visual y capacidad para improvisar sobre la marcha, sorprendiendo al enemigo con maniobras que parecían imposibles. Los que compartían a su lado su desafío diario a la muerte afirmaban que su personalidad se transformaba cuando tomaba los mandos de su avión. Teniendo esto en cuenta no es de extrañar que en poco tiempo el alumno superase al maestro, batiendo ampliamente el número de victorias aéreas obtenidas por Boelcke. Aunque ya tuviera poco que enseñarle, von Richthofen siempre tuvo muy presentes los valiosos consejos del que ha sido considerado como padre de la aviación de caza alemana. Así fue hasta el 28 de octubre de 1916, fecha del fallecimiento de Oswald Boelcke como consecuencia de un choque en el aire.

A principios de 1917, von Richthofen estaba destinado en el Frente Occidental al mando del *Jasta 11*. En enero le había sido concedida la Cruz *Pour le Mérite*, que a pesar de su nombre en francés, que hacía referencia al uso de este idioma como emblema distintivo de la nobleza, fue la máxima condecoración militar alemana durante la Gran Guerra. En aquel entonces, el camuflaje había adquirido una gran importancia como método de ocultamiento. Los aviones se pintaban de color tierra por encima y azul cielo por debajo. Casi todos los aparatos eran muy parecidos y para evitar confusiones los fuselajes lucían grandes escarapelas con los colores nacionales que facilitaban la identificación en medio de los vertiginosos combates aéreos. Sin embargo, a la hora de mimetizar los aviones de su escuadrón, von Richthofen tomó una controvertida decisión que no gustó a todo el mundo y que le valió el apelativo por el que a partir de entonces empezaría a ser conocido y que le convertiría en toda una leyenda.

Mientras el resto de grupos de caza se ceñía a los esquemas establecidos en tonos terrosos y mate, él pintó su Albatros DI de un vivo color rojo. Siguiendo su ejemplo, cada uno de los demás aviones *Jasta 11* recibió una capa diferente de llamativa pintura que les hacía claramente visibles desde una gran distancia. Von Richthofen, que a partir de entonces empezaría a ser conocido como El Barón Rojo, justificó esa decisión alegando que de esa forma evitaban que los suyos pudieran confundirles con aviones enemigos, error que solía producirse con cierta frecuencia. Tampoco había que olvidar el efecto psicológico que podían causar en los pilotos enemigos, al reconocer en los coloridos aparatos a los aviadores alemanes del temible *Jasta 11*, famosos por el número de derribos que acumulaban entre todos. Una tercera razón, menos confesable, era la actitud claramente desafiante que llevaba implícita.

El grupo al mando de El Barón Rojo empezó a ser conocido con el nombre del «Circo Volador», término que no excluía cierta connotación peyorativa y que hacía referencia directa a los alegres colores que lucían los aviones y a la forma en la que vivían los pilotos, en campamentos de tiendas de campaña semejantes a carpas levantadas en improvisados campos de aviación, camuflaje y comportamiento que recordaban a los de un espectáculo circense de gira. A pesar del rechazo que entre algunos mandos despertó la indudable originalidad de El Barón Rojo —otros fueron menos benévolos y la calificaron de capricho— nadie se atrevió a oponerse. El elevado número de victorias que acumulaban los pilotos del *Jasta 11* daba carta blanca a su comandante para tomar las decisiones que creyera convenientes. Y es que las cifras hablaban por sí solas.

El mes de abril de 1917 fue especialmente nefasto para los aviadores británicos, que llegarían a calificarlo como el *Bloody April*, «el Abril Sangriento». En ese corto espacio de tiempo, El Barón Rojo derribó 21 aviones enemigos, cifra que fue superada por el teniente Kurt Wolff con 22 victorias. Otros componentes del escuadrón les fueron a la zaga, como el teniente

Karl Schäfer con 15, el mismo número que alcanzó Lothar Richthofen, hermano pequeño de Manfred, y el suboficial Sebastian Festner, con otras 10. A lo largo del *Bloody April* los integrantes del Circo Volador consiguieron abatir un total de 89 aviones enemigos.

Estos éxitos no pudieron ser celebrados por el que acabaría siendo uno de los más famosos pilotos del escuadrón, aunque lo fuera por motivos muy diferentes a los relacionados con la aviación de caza durante la Gran Guerra. Hermann Göering, el excéntrico y megalómano jerarca nazi, *Reichsmarschall* y jefe de la Luftwaffe, el Arma Aérea de las Fuerzas Armadas alemanas durante la Segunda Guerra Mundial, sirvió como piloto bajo las órdenes de El Barón Rojo. Sin embargo, su técnica no era tan depurada como la del resto de sus compañeros.

En febrero de 1917, Göring empleó una de sus tácticas preferidas para atacar a un bombardero inglés que volaba por debajo de él. Ignorando las más elementales reglas de seguridad, metió gas a fondo y se lanzó en picado contra el aparato enemigo, sin advertir la presencia de varios cazas de escolta que respondieron al ataque. El aparato de Göring fue alcanzado por numerosos impactos que le obligaron a realizar un accidentado aterrizaje forzoso que a punto estuvo de costarle la vida. Herido de gravedad, fue trasladado a un cercano hospital de campaña donde fue operado de urgencia y, tras una larga convalecencia, consiguió reincorporarse al servicio.

Al final de la guerra, Göring se había convertido en un «as» con 22 victorias en su haber, y había sido condecorado con la preciada cruz Pour le Mérite. Pero su carácter impulsivo y engreído no le granjeó precisamente la amistad de sus compañeros de armas. El que acabaría siendo megalómano y orondo jefe de la Luftwaffe, aspirante a suceder a Hitler en la jefatura del Tercer Reich, nunca fue invitado a las reuniones de los veteranos del *Jasta 11* celebradas en el periodo de entreguerras.

En los primeros meses de 1918, El Barón Rojo y su Circo Volador siguieron aumentando su increíble cifra de derribos enemigos, sin que ninguna otra unidad aérea pudiera igualarla en toda la guerra. En esos meses, von Richthofen pilotaba un modelo de avión icónico que quedaría para siempre ligado a la leyenda del mítico aviador. Se trataba del Fokker Dr.I, un triplano revolucionario pintado en un rojo brillante que destacaba en el cielo. Este aparato, de silueta inconfundible, se caracterizaba por una elevada velocidad de ascenso y una reducida capacidad de giro, factores muy valorados en el combate aéreo. Sin embargo, el proyecto de fabricación de este aparato no era original de Fokker. Al igual que había hecho con el sistema sincronizado para disparar a través del arco de la hélice, el constructor aeronáutico se aprovechó del accidente de un Sopwith Triplane del Royal Naval Air Service británico, aeroplano triplano que había creado incertidumbre entre los pilotos alemanes, para copiar el diseño.

Réplica del triplano Fokker Dr. 1 usado por el Barón Rojo que se conserva en el Museo de la Aeronáutica y Astronáutica de España en el aeropuerto de Cuatro Vientos en Madrid (Foto colección del autor).

Con la prolongación de la guerra, el carácter de El Barón Rojo experimentó un profundo cambio, sobre todo a partir de resultar gravemente herido en la cabeza el 6 de julio de 1917 cuando fue alcanzado por una bala perdida. A pesar de estar incapacitado para volar y el riesgo que podía entrañar para su vida, von Richthofen insistió en seguir pilotando su triplano con la cabeza vendada, exhibiendo un comportamiento que algunos calificaron de suicida. Taciturno y silencioso, estaba obsesionado con la muerte, hasta el punto de seguir a los aviones que derribaba hasta que se estrellaban fatalmente. El Barón Rojo estaba apostando alto con lo que le quedaba de suerte y no tardaría en perder la partida.

En la mañana del 21 de abril de 1918, los aviones multicolores del Circo Volador de El Barón Rojo y los cazas Sopwith Camel al mando del capitán canadiense Arthur Roy Brown, se encontraron cara a cara sobre el campo de batalla del Somme. En el combate aéreo que siguió a continuación, los aparatos de von Richthofen y el capitán Brown se enzarzaron en una implacable persecución en la que se intercambiaron ráfagas de ametralladora. En un momento determinado, el Fokker Dr.I pintado de vistoso rojo sobrevoló a baja altura una trinchera ocupada por soldados australianos que abrieron fuego contra él. Segundos después, el triplano se estrellaba en un campo cercano a la carretera que unía las localidades de Bray y Corbie. El avión quedó completamente destruido, con el cuerpo sin vida de von Richthofen en su interior. La causa de su muerte había sido una bala que le habría entrado por el lado derecho del pecho y le atravesó el corazón, matándole prácticamente en el acto.

Los británicos recuperaron el cadáver y los restos del aparato, sin llegar a creer del todo que hubieran acabado con el aura de inmortalidad de El Barón Rojo, nombre que a partir de entonces se convertiría en leyenda. Manfred von Richthofen fue enterrado por sus enemigos con todos los honores militares. Su ataúd cubierto de flores fue llevado a hombros por seis pilotos británicos del Escuadrón 209. En el entierro, un pelotón de soldados australianos presentó armas antes de disparar tres salvas de honor.

La versión oficial de lo ocurrido aquella mañana de primavera de 1918 en los cielos sobre el Somme mantuvo que El Barón Rojo había sido abatido por el capitán Brown. Durante décadas nadie se atrevió a poner en duda este relato que, sin embargo, no se correspondía con lo que realmente ocurrió. Un estudio forense ha demostrado que la trayectoria de la bala que mató a von Richthofen procedía del suelo, por lo que resulta probable que hubiera sido alcanzado por el fuego de la ametralladora que manejaba el soldado australiano John «Snowy» Evans, al que ahora se atribuye el derribo del triplano. Evans, que sobrevivió a la guerra, murió en 1925 sin saber que había sido él quien acabó realmente con El Barón Rojo, mientras el capitán Brown se atribuía el mérito.

Tras el fallecimiento de von Richthofen, el mando del *Jasta 11* fue asumido por el capitán Wilhelm Reinhardt, uno de sus alumnos aventajados. Reinhardt moriría en el mes de julio de ese año a consecuencia de un accidente cuando estaba realizando un vuelo de prueba con un nuevo prototipo de avión. En el puesto le sucedió Hermann Göring, el piloto con el que el resto de sus camaradas no quería tener mucho trato.

2. El sueño de von Zeppelin convertido en pesadilla

Los gigantes de los cielos

Paralelamente al desarrollo de la aviación convencional, los dirigibles alcanzaron durante la Gran Guerra su mayoría de edad. Antes del estallido de la contienda, muchos confiaban en que estas gigantescas estructuras cilíndricas, construidas con un armazón de aleación de aluminio recubierto de tela de algodón y llenos de hidrógeno altamente inflamable, se convertirían en la solución idónea para los largos vuelos transcontinentales. Uno de los mayores impulsores de los aerostatos autopropulsados fue Ferdinand von Zeppelin, inventor alemán cuyo apellido acabaría dando nombre a estas aeronaves. Su deseo era dotar a Alemania con una gran flota de estos aparatos que le concediera la supremacía en el aire, sueño un tanto inquietante que no tardaría en convertirse en pesadilla.

La forma exterior de los dirigibles era el resultado de un largo proceso de diseño que a finales del siglo xix había alcanzado su etapa de desarrollo definitivo. Gracias al ingenio y la iniciativa de las propuestas aportadas por pioneros en este campo de la aeronáutica como las del austríaco David Schwarz, el ingeniero francés Charles Renard, y sobre todo, las del genio español Torres Quevedo y el inventor brasileño Santos Dumont, el dirigible moderno se hizo realidad. La mayoría de los modelos partían de un diseño común que apenas presentaba variaciones. En el interior de la estructura aerodinámica se almacenaba el hidrógeno en compartimentos transversales, gas que permitía la sustentación en el aire. Bajo ella se situaban las cabinas para pasajeros y tripulantes, junto con el lastre que permitía regular la altitud y los depósitos de combustible para los motores impulsores, alojados en barquillas exteriores. Pero a pesar de todas estas innovaciones, al dirigible le faltaba un último impulso para convertirse en una aeronave viable. Von Zeppelin recogió el testigo de sus predecesores y con tenacidad superó los retos y limitaciones técnicas que hasta entonces lo había impedido.

Embarcado en un proyecto en el que puso en juego su prestigio personal y social, el inventor alemán hizo frente a numerosos obstáculos para ver cumplido su deseo. Desde un principio, se enfrentó a las críticas de amplios sectores oficiales, que consideraban sus diseños como fruto de una fantasía irrealizable. En este sentido, no es de extrañar que von Zeppelin fuera conocido como «el Conde Loco». Pero inmune al desánimo, consiguió superar las trabas que iban surgiendo en su arduo camino gracias al entusiasmo y voluntad inquebrantable que le caracterizaba.

Después de llamar a muchas puertas, von Zeppelin consiguió la financiación necesaria para construir su primer dirigible en un enorme hangar flotante que había levantado en Friedrichshafen, en el lago Constanza. Esta instalación contaba con la ventaja de poder orientarse en la dirección del viento para facilitar el despegue. Finalmente, el *Luftschiffbau Zeppelin 1* (*LZ 1*) se hizo realidad y el 1 de septiembre de 1900 realizó su primer vuelo.

El incansable noble alemán se decantó por un dirigible rígido, que al contrario de los denominados flexibles contaba con un esqueleto de vigas y largueros unidos por remaches. Para evitar los riesgos derivados del hidrógeno, instaló en su aeronave un sistema de válvulas de seguridad para evitar posibles accidentes. Sin embargo, en este primer vuelo salieron a relucir los defectos del *LZ 1*, que intentaron ser subsanados en el *LZ 2*, el segundo dirigible del proyecto. Cuando parecía que su desarrollo era imparable, en enero de 1906 el *LZ 2* quedó completamente destruido al estrellarse durante una tormenta mientras realizaba la maniobra de aterrizaje.

Este grave contratiempo hubiera hecho arrojar la toalla a cualquier otro, pero von Zeppelin era de una pasta especial irreductible. Sus contactos en las altas esferas y una eficaz campaña de publicidad le proporcionaron la popularidad que necesitaba para continuar adelante con su proyecto. La visita oficial del príncipe imperial Guillermo de Prusia y el Estado Mayor alemán a Friedrichshafen fueron el espaldarazo definitivo que necesitaba para superar las últimas reticencias del Gobierno. El sueño de von Zeppelin comenzaba a materializarse de forma definitiva.

Cambio de mentalidad

El entusiasmo por las nuevas aeronaves se enfrió en 1909, cuando el Ejército alemán canceló un posible contrato de compra de varios dirigibles al considerarlos demasiado caros y poco operativos. Von Zeppelin se encontró de pronto casi como al principio y cerca de la ruina. Pero cuando muchos pensaban que estaba acabado, resurgió de sus cenizas con una nueva idea: la creación de la Deutsche Luftschiffahrt Aktiengesellshaft (DELAG), compañía dedicada al transporte de pasajeros y mercancías en dirigible. Alfred Colsman, director de la sociedad fundada por von Zeppelin, fue el artífice de este proyecto, que en cambio no contaba con el beneplácito del inventor alemán, que anclado en los elevados ideales de las viejas tradiciones de la nobleza prusiana, se había planteado la construcción de dirigibles como un camino que le pudiera conducir a alcanzar su sueño de engrandecer la gloria de Alemania, y no como una empresa viable con la que obtener rentabilidad económica.

El éxito inmediato de la DELAG, la primera compañía aérea del mundo, permitió sanear las cuentas de la sociedad y superar los prejuicios de clase. Desde el punto de vista tecnológico, ayudó a perfeccionar la nueva generación de dirigibles que estaban llamados a convertirse en los colosos de la aeronáutica. Ingenieros, empresarios y periodistas, junto a un público alentado por los relatos y dibujos futuristas de algunos visionarios, estaban convencidos de que el desarrollo de estas gigantescas aeronaves permitiría los vuelos a larga distancia llevando a un número cada vez mayor de pasajeros. Junto a los más optimistas, hubo también quien presagió su uso para fines mucho más perversos. En 1908, el escritor Herbert George Wells, autor de la famosa novela *La guerra de los mundos*, publicó un relato titulado «La guerra en el aire» en el que narraba cómo la isla de Manhattan era devastada por una flota de dirigibles alemanes que bombardeaban Nueva York en el contexto de una conflagración a escala global que sumía al mundo en un caos. Como en muchas de sus obras de anticipación, la visión pesimista del futuro de la humanidad que H. G. Wells transmitía a sus numerosos lectores contenía muchos elementos que finalmente se hicieron realidad.

A principios de la década de 1910 se había producido un evidente cambio de mentalidad en los estamentos militares de las principales potencias, que abrieron los ojos ante las posibles aplicaciones bélicas de los dirigibles en medio de una carrera armamentística que preparaba una contienda que nadie quería pero que todos intuían. En 1912, la Marina de Guerra alemana compró a von Zeppelin el *L 1*, al que seguiría un año más tarde el *L 2*. Estas aeronaves, equipadas con los últimos adelantos, eran poderosas máquinas de guerra capaces de cumplir algunas de las pesadillas anunciadas por H. G, Wells.

En los compases previos a la Primera Guerra Mundial, Francia, Gran Bretaña e Italia contaban con sus propios dirigibles, aunque la flota alemana superaba en cantidad y calidad a las de sus futuros oponentes en el campo de batalla. En 1914, estas aeronaves eran capaces de alcanzar los 10 000 metros de altitud, cuando el mejor de los aviones apenas llegaba a los 6000, lo que les proporcionaba una ventaja evidente. Además disponían de una gran autonomía de vuelo que les permitía llegar a objetivos hasta entonces inalcanzables por detrás de las líneas enemigas o en mar abierto. Los estrategas militares tuvieron muy presentes estas valiosas cualidades a la hora de determinar cuál iba a ser el papel que los dirigibles podían desempeñar en caso de que estallase la guerra.

Las misiones que se barajaban se limitaron en un principio a las de reconocimiento y observación, las mismas que también se encomendaron a la aviación. Elegidos como sustitutos de los globos cautivos a la hora de descubrir qué estaba preparando el enemigo al otro lado de las colinas y equipados con los más avanzados sistemas ópticos y fotográficos, parecían idóneos para cumplir esa función. Frente a los que no veían más allá de este horizonte, hubo otro sector que valoró las posibilidades reales de convertir a los dirigibles en letales armas de combate y emplearlos en ataques contra buques de superficie y en lucha antisubmarina. En Berlín, algunos fueron mucho más lejos al proponer que fueran empleados en incursiones de bombardeo, cometido en el que se confiaba que pudieran influir decisivamente para así contribuir a la consecución de la victoria frente a los enemigos de Alemania.

El capitán de fragata Peter Strasser, jefe de la división aérea de la Marina Imperial alemana, fue uno de los teóricos que apostó por el uso masivo de los dirigibles para alcanzar ese propósito. En una fecha tan temprana como 1908, aseguraba que estas aeronaves podrían acabar con la seguridad insular de la que disfrutaba Gran Bretaña, emprendiendo una campaña de bombardeo que la debilitaría hasta el punto de no mostrar resistencia ante una posible invasión. Más allá de la simple especulación, Strasser estaba convencido de que si los dirigibles machacaban con sus bombas el tejido industrial y sus principales ciudades, los británicos pedirían la paz. Con estas premisas, el marino alemán estaba sentando las bases de lo que posteriormente sería conocido como bombardeo estratégico. La situación turbulenta en Europa no tardaría demasiado en darle la oportunidad de poner en práctica sus planes.

Terror desde el aire

En 1914, las únicas aeronaves con suficiente capacidad de carga bélica y amplia autonomía eran los dirigibles. Sin embargo, su extraordinario tamaño no les ayudaba precisamente a pasar desapercibidos. Aun así, se confiaba en que su techo operativo los mantendría a salvo de los aviones de caza enviados para interceptarles. Tampoco se tenía muy claro qué armas emplear para derribarlos y algunos pilotos llevaban grandes cuchillos en sus aviones, convencidos de que con ellos podrían rajar la cubierta de tela de sus enormes fuselajes.

En los primeros meses de la guerra, los dirigibles alemanes no tardaron en dejar a un lado sus misiones de observación para atacar posiciones enemigas, tanto en el frente occidental como en el oriental, operaciones en las que no se alcanzaron éxitos relevantes porque quizá no se supo cómo explotar todas sus capacidades ofensivas. Superados los complejos, se decidió poner en práctica las ambiciones bélicas que los estrategas habían plasmado sobre el papel. Hasta entonces, los bombardeos se habían limitado a objetivos estrictamente militares, pero ante el recrudecimiento de la guerra se decidió dejar a un lado los principios morales y lanzar ataques contra la población civil.

En enero de 1915, los londinenses se quedaron absortos al divisar sobre el cielo de la capital británica la silueta del dirigible alemán *LZ 38*. El asombro se transformó en terror cuando los tripulantes de la aeronave dejaron caer varias bombas incendiarias, arrojándolas a mano desde la cabina. Este primer ataque marcó el inicio de una modesta campaña de bombardeos que sembró el pánico entre los británicos. El 19 de enero de 1915, los dirigibles alemanes *L 3* y *L 4* lanzaron siete bombas sobre la ciudad de Great Yarmouth, situada en la costa de Norfolk. Al igual que había pasado con Londres unos días antes, los daños personales y materiales de esta segunda incursión tampoco fueron demasiado importantes. Sin embargo, el impacto causado por estos bombardeos tuvo un claro efecto psicológico entre la población civil, que se veía indefensa sin que las autoridades militares supieran cómo enfrentarse a esta nueva amenaza que ponía en peligro la vida de los ciudadanos británicos. En medio de esta incertidumbre, lo peor aún estaba por llegar.

El 31 de mayo de 1915, el dirigible *LZ 38*, al mando del capitán Karl Linnarz, despegó desde la localidad de Evere, muy próxima a Bruselas. Tras la conquista de Bélgica, los alemanes habían trasladado las bases de estas aeronaves a territorio belga, con el propósito de alcanzar las costas británicas en el menor tiempo posible. Con la vista puesta en su objetivo, Linnarz sobrevoló el estuario del Támesis y aprovechando las sombras de la noche dejó caer sus bombas sobre el East End londinense, causando siete muertos y varias decenas de heridos. Después del ataque, el *LZ 38* consiguió regresar a su base sin ser molestado.

Los enormes zeppelines, que en un principio iban a revolucionar el transporte aéreo, se convirtieron en una temible amenaza durante la Primera Guerra Mundial.

Este bombardeo tuvo una gran repercusión en los dos bandos. En Alemania, Linnarz fue elevado a la categoría de héroe, mientras en Gran Bretaña veían con preocupación cómo su seguridad insular había sido profanada. Los periódicos británicos se apresuraron a presentar a los aeronautas alemanes como *baby killers* («asesinos de niños»), generando una histeria colectiva que llevó a algunos exaltados a agredir a sus propios soldados por no defenderles.

Con su habitual flema británica, el Gobierno de Su Majestad no perdió los nervios y adoptó toda una serie de medidas para evitar, en la medida de lo posible, los efectos de estos bombardeos. Una de las más efectivas fue el incremento del número de baterías antiaéreas, que formaban perímetros defensivos en torno a las grandes ciudades. También se establecieron aeródromos con escuadrillas de cazas interceptores de dirigibles. A lo largo de la costa, se organizó una red de vigilancia a bordo de barcos que debían dar la señal de alarma en cuanto divisasen la presencia en los cielos de estas aeronaves enemigas aproximándose a suelo británico. En el continente, hidroaviones, cazas y bombarderos atacaron los hangares de los dirigibles en la costa belga. En estas misiones destacó el subteniente Reginal J. Warneford, del Real Servicio Aéreo Naval, que adquirió fama persiguiendo este tipo de aeronaves.

El 17 de mayo de 1915, Warneford se encontró en una de sus patrullas con el zepelín *LZ 39*, que volaba rumbo a Gran Bretaña para una cumplir una misión de bombardeo. El piloto británico abrió fuego contra la aeronave, que consiguió escapar al ataque cuando soltó lastre y ascendió por encima del techo operativo del avión enemigo, que no pudo seguirle. A Warneford se le presentó la oportunidad de resarcirse cuando el 6 de junio una flota aérea alemana formada por los dirigibles *LZ 37*, *LZ 38*, *LZ 39* y *LZ 9* bombardearon Londres causando una treintena de muertos. En su viaje de regreso, el *LZ 37* se separó del grupo debido a los fuertes vientos reinantes sobre el canal de la Mancha. Fue entonces cuando Warneford, a los mandos de un caza Morane-Saulnier, divisó al solitario dirigible sobre la vertical de Gante e inició su persecución por la costa cercana a Ostende.

Los artilleros del dirigible se percataron de su presencia y abrieron fuego contra el caza para repeler al ataque. El joven piloto desafió a las balas y recorrió con su avión la superficie de la inmensa aeronave contra la que lanzó varias bombas. Una de ellas impactó de lleno en el fuselaje que en pocos segundos se convirtió en una gigantesca tea que se precipitó contra el suelo. La cabina desprendida del dirigible se estrelló contra el tejado de un convento de monjas en la localidad francesa de Saint-Amand. Las hermanas salvaron milagrosamente la vida gracias a que en ese momento estaban comiendo en el refectorio. El único superviviente de la tripulación del *LZ 37* fue su comandante, que resultó herido con un par de costillas rotas y varias contusiones.

La onda expansiva de la explosión del dirigible en el aire afectó al avión de Warneford, que con el motor parado consiguió planear hasta conseguir aterrizar en territorio enemigo.

Para evitar su captura, el piloto británico se las ingenió para resolver la avería de su caza sustituyendo un manguito que se había roto por la boquilla que usaba para fumar sus cigarrillos. Resuelta la incidencia, consiguió despegar antes de la llegada de los soldados alemanes.

Mientras Warneford obtenía su gran victoria y se las arreglaba como podía para salir del apuro, dos aviones británicos bombardearon los gigantescos hangares de los dirigibles alemanes en Evere. Una de las bombas consiguió atravesar la cubierta de uno de los cobertizos e impactó directamente en la estructura del *LZ 38*, el primer zepelín que había bombardeado Londres. La explosión y el incendio posterior redujeron la aeronave a un montón de metal retorcido.

Presa fácil

En esa jornada aciaga para los dirigibles alemanes quedó en evidencia su vulnerabilidad. A los riesgos intrínsecos de volar en uno de ellos se unía ahora la demostrada eficacia con la que podían ser derribados. En lo que se refiere al primer peligro, los ingenieros no habían conseguido resolver los problemas que se derivaban de la manipulación del hidrógeno. Se habían dado casos de incendios fatales cuando la aeronave soltaba gas para perder altura. De la misma forma, cualquier chispa fortuita podía provocar una deflagración que en pocos segundos consumía el dirigible. Demasiado voluminosos y poco maniobrables, eran presa fácil de los pilotos británicos y franceses, algunos de los cuales se convirtieron en auténticos expertos en abatirlos.

Ante estas amenazas, los alemanes decidieron introducir toda una serie de cambios. En previsión de nuevos ataques, se ordenó que todas las misiones partieran de las bases repartidas por el norte de Alemania, mientras los hangares belgas quedaron reservados para casos de aterrizaje de emergencia. Para repeler a los cazas re reforzó el armamento defensivo de los dirigibles, multiplicando los puestos de ametralladoras distribuidos por la cabina.

La empresa fundada por von Zeppelin hacía tiempo que había perdido la exclusiva en la fabricación de estas aeronaves, compitiendo en el mercado con otros constructores aeronáuticos. En un intento por racionalizar el esfuerzo bélico, las autoridades militares alemanas impusieron a los diferentes fabricantes aunar esfuerzos y compartir tecnología, para de esta forma acelerar la puesta en servicio de dirigibles más rápidos y maniobrables que además superasen en capacidad de carga bélica a los modelos anteriores. El resultado de este esfuerzo conjunto fue la entrada en servicio de una nueva serie de aeronaves con mayor radio de acción y capaces de alcanzar altitudes a las que no podían llegar los cazas ni los proyectiles de la artillería antiaérea.

En el plano estratégico, los bombardeos pasaron a realizarse de noche, por lo que los dirigibles fueron pintados de negro para dificultar su localización en el cielo nocturno. También se incrementó el número de operaciones con el objetivo de castigar a la población civil británica y doblegar su capacidad de resistencia. Estas se extendieron a París y San Petersburgo, ciudades que experimentaron el mismo terror bajo las bombas que habían padecido los londinenses. Las innovaciones tecnológicas y los cambios introducidos en la campaña de bombardeos contra Gran Bretaña proporcionaron una nueva inyección de confianza a las tripulaciones de los dirigibles alemanes, que volvieron a sentirse lo suficientemente fuertes para devolver el golpe a sus enemigos.

En la noche del 24 de septiembre de 1916, una flota compuesta por una docena de zepelines partió de sus bases al mando del teniente de navío Heinrich Mathy, considerado por muchos como el mejor comandante de dirigibles de toda la guerra. Veterano de los bombardeos sobre Londres, Mathy puso rumbo de nuevo hacia la capital británica. A su llegada fueron recibidos por una barrera de fuego antiaéreo que alcanzó al *L 33*, que se vio obligado a realizar un aterrizaje forzoso sin que su tripulación sufriera bajas. No fue la única pérdida de aquella noche. Los proyectiles impactaron de lleno en el *L 32*, que cayó envuelto en llamas sin dar opción a sus ocupantes para ponerse a salvo. Apenas una semana después, el *L 31* del teniente Mathy fue derribado por un caza británico en el transcurso de otra incursión nocturna. El joven oficial prefirió saltar al vacío sin paracaídas antes que abrasarse en las llamas.

La noche del 19 de octubre de 1917 se llevó a cabo la última incursión masiva de dirigibles contra suelo británico. De las once aeronaves que componían la flota atacante, siete consiguieron llegar a salvo a sus bases. Ante estos resultados desalentadores, las esperanzas de doblegar a Gran Bretaña desde el aire perdieron peso en los planes de los estrategas alemanes. Sin embargo, hubo oficiales como el capitán Strasser que no estuvieron dispuestos a arrojar la toalla y siguieron confiando en la capacidad de los dirigibles para vencer la guerra. Strasser tenía motivos para mostrarse optimista con la aparición de un nuevo modelo de zepelín capaz de alcanzar una velocidad de 130 kilómetros por hora a una altitud que provocaba serios problemas de congelación en las tripulaciones y los sistemas de a bordo.

A bordo del *L 70*, uno de estos nuevos colosos del aire, Strasser se propuso desafiar a los cazas británicos y el 5 de agosto de 1918 realizó una incursión nocturna contra el estuario del río Humber, en el mar del Norte. La presencia del dirigible fue detectada y los aviones enemigos iniciaron una implacable persecución que finalmente se cobró su presa. El *L 70* fue derribado en la costa de Norfolk y sus veintitrés tripulantes perecieron. En lo que quedaba de guerra, las oscuras siluetas de los dirigibles alemanes nunca más volvieron a cruzar el canal de la Mancha. Gran Bretaña podía volver a sentirse a salvo.

El último vuelo de Strasser simbolizó el canto del cisne de los dirigibles como arma de guerra. Poco a poco serían desplazados por los aviones, aunque nunca perdieron la capacidad de asombrar a aquellos que desde tierra contemplaban su parsimonioso vuelo. Según los datos aportados por los británicos, en el periodo comprendido entre los años 1915 y 1918 los bombardeos de estas aeronaves causaron cerca de seiscientos muertos, en su mayoría civiles. En total, arrojaron más de 350 toneladas de bombas sobre objetivos en Gran Bretaña. Un tonelaje similar de carga mortal se repartió entre el resto de los teatros de operaciones. Industrias, instalaciones portuarias, barcos y ciudades estuvieron en el punto de mira de los aeronautas que se arriesgaban a tripularlos y señalaron el camino a los pilotos de la Luftwaffe que apenas dos décadas después volverían a sembrar el terror sobre Londres.

La odisea del *L 59*

No podemos terminar este apartado dedicado a los dirigibles alemanes en la Gran Guerra sin recordar la gesta aérea protagonizada por el que fue bautizado con el numeral *L 59*. Esta aeronave y sus valerosos tripulantes se embarcaron en un viaje en el que ninguno tenía billete de vuelta y en el que vivieron una experiencia digna de las páginas de un libro de aventuras.

Como resultado del reparto de África por las potencias europeas, a Alemania le correspondió un trozo nada despreciable del pastel. Al inicio de la Primera Guerra Mundial, el imperio colonial alemán se extendía por tres grandes áreas del continente: el África Oriental Alemana (*Deutsch-Ostafrika*), que actualmente correspondería a los territorios nacionales de Tanzania, Ruanda y Burundi; África del Sudoeste Alemana (*Deutsch-Südwestafrika*) en lo que hoy en día es Namibia; y África Occidental Alemana (*Deutsch-Westafrika*), que ocupaba Togo, Camerún y algunas zonas de Ghana y Nigeria. Con el estallido de la contienda, África también se convirtió en un frente de guerra, escenario en el que destacaría la figura del coronel Paul von Lettow, atractivo personaje al que más adelante dedicaremos unas páginas en este libro para reseñar la trascendencia de una hazaña bélica que admiró incluso a sus enemigos.

Sin entrar por ahora en más detalles, Lettow planteó una guerra de guerrillas que trajo de cabeza a las fuerzas británicas en África. Sin embargo, el bloqueo impuesto por los barcos de la Royal Navy impidió el envío de los refuerzos y suministros necesarios para continuar con la campaña. Lettow y sus hombres quedaron aislados y sobrevivieron gracias al material capturado y a su propio ingenio, pero llegó un momento en que su situación se tornó desesperada. Para evitar dejarlos abandonados a su suerte, la Oficina Imperial Colonial en Berlín ideó un plan que por arriesgado merecía el calificativo de descabellado: si el abastecimiento por mar era imposible, se haría por aire.

Para cumplir con esta misión los alemanes no disponían de ningún modelo de avión con la suficiente autonomía de vuelo para emprender una travesía medida sobre la superficie de los mapas en miles de kilómetros. Pero sí contaban con dirigibles, aeronaves que podían realizar el viaje si se explotaban al máximo sus capacidades. Al fin y al cabo, era una medida desesperada ante un desafío al que hasta entonces nadie se había enfrentado.

Los preparativos se pusieron inmediatamente en marcha y para la misión se escogió al *L 59* de la Marina Imperial, dirigible que fue bautizado con el apropiado nombre de *Das Afrika Schiff* («El barco de África»). La aeronave, con el número de serie *LZ 104*, tenía una longitud de 226 metros, lo que le convertía en el más grande construido hasta entonces. Capaz de transportar hasta 14 toneladas de carga útil, su enorme mole estaba propulsada por cinco motores. Pero antes de emprender su largo viaje al mando del capitán Ludwig Bockholt, un experimentado comandante de dirigibles, fue necesario introducir algunas modificaciones.

El *L 59* había sido diseñado para operaciones de bombardeo, cometido que no encajaba con la misión de suministro que se le había encomendado. Para obtener la autonomía suficiente se instalaron depósitos de gas y combustible adicionales. Sin embargo, todos sabían que el viaje del *Das Afrika Schiff* estaba condenado a convertirse en una travesía sin retorno. Una vez que hubiera contactado con las fuerzas de von Lettow, el comandante Bockholt debía canibalizar el dirigible. Las pasarelas interiores se habían fabricado en cuero que podía ser reciclado para hacer botas para los soldados. La estructura metálica del armazón debía desmontarse y sus listones se utilizarían para armar las tiendas confeccionadas con la tela del recubrimiento exterior. La radio era uno de los equipos más valiosos de la aeronave, pues una vez en tierra debía servir para mantener el contacto con la metrópoli. Completada su misión, los veintitrés hombres que formaban la tripulación del *L 59* debían unirse al contingente de von Lettow y proseguir la lucha a su lado.

A la operación se la dio el nombre en clave de China-Sache («El asunto chino»), y el 21 de noviembre de 1917 el *L 59* despegó desde Jamboli en Bulgaria, la base de dirigibles alemanes más próxima al continente africano. En su interior transportaba un variado cargamento que incluía medicinas, uniformes, ametralladoras, fusiles, granadas y pistolas, además de herramientas y maquinaria. El plan de vuelo no era muy preciso. Se desconocía la posición exacta de las tropas de von Lettow, por lo que Bockholt debía recorrer el territorio comprendido entre el lago Nyasa, en el límite de lo que hoy en día es la frontera entre Malawi y Tanzania, y el océano Índico, amplia franja de territorio donde se suponía que podían encontrarse las tropas alemanas. Situado a una altitud fuera del alcance de las ametralladoras, el dirigible debía lanzar a un paracaidista cuando hubiera establecido contacto visual con una columna militar que se desplazase por la zona. Una vez en tierra firme, debía enviar al dirigible una señal convenida si confirmaba que eran las tropas de von Lettow, indicando así que podía aterrizar con seguridad. Sin embargo, nada se había previsto si el paracaidista se encontraba con otros que no fueran soldados alemanes.

El viaje del *L 59* fue de todo menos tranquilo. La primera noche de su travesía tuvo que soportar las duras condiciones meteorológicas de una fuerte tormenta eléctrica sobre el Mediterráneo. El dirigible consiguió dejar atrás el mal tiempo y al día siguiente se encontraba sobre las arenas de Egipto. El intenso calor del desierto provocó en altura fuertes turbulencias que hicieron el viaje más movido. Pero nadie dijo que se fuera a tratar de un crucero de placer. Pese a todo, la noche del 22 al 23 de noviembre el *L 59* se situó sobre la vertical de Jartum, la capital de Sudán. Mientras su tripulación se disponía a recorrer la etapa final de la travesía, recibió por radio un mensaje inequívoco que ordenaba que se suspendiera la misión ante el avance imparable de las tropas enemigas que anunciaba la derrota inminente de las fuerzas de von Lettow. Esta información se había obtenido al interceptar las comunicaciones británicas, pero todo apunta a que se trató de una hábil maniobra de sus servicios secretos, que de esta forma consiguieron engañar a los alemanes y frustrar una operación que de haber tenido éxito habría dado un vuelco a la guerra en las colonias africanas.

Decepcionado, el capitán Bockholt ordenó un regreso no previsto que, comparado con el viaje de ida, convirtió a este en un plácido paseo. Las grandes variaciones de temperatura entre el día y la noche del desierto afectaron a la estabilidad de la aeronave y estuvieron a punto de provocar la catástrofe. Debido a una avería irreparable, el aparato de radio podía recibir pero no transmitir y ante la falta de noticias muchos en Berlín se temieron lo peor. Cuando casi todos esperaban lamentar la pérdida del dirigible, a primera hora de la mañana del 25 de noviembre, el *L 59* tomó tierra en la base de Jamboli. Bockholt y su tripulación habían pulverizado todos los récords de distancia y permanencia en el aire tras completar un vuelo de 95 horas y recorrer casi 7000 kilómetros sin escalas.

La dinámica de la guerra exigía todos los hombres y medios disponibles, y sin tiempo para recibir homenajes y reconocimientos el dirigible fue sometido a otra profunda remodelación para que pudiera volver a desempeñar misiones de bombardeo. El 7 de abril de 1918 partió de nuevo para lanzar un ataque contra la base de la Royal Navy en el puerto de La Valeta, la capital de la isla de Malta. Esa noche fue avistado por el submarino alemán *UB-53* que navegaba en superficie. Su capitán, el teniente de navío Robert Sprenger, declaró que pocos minutos después de pasar por encima de sus cabezas oyó dos fuertes explosiones que convirtieron al dirigible en una enorme bola de fuego. La aeronave se precipitó contra el mar y se hundió rápidamente sin que hubiera supervivientes.

La destrucción del *L 59* nunca fue reclamada por italianos ni británicos y la investigación oficial llevada a cabo por los alemanes concluyó que su pérdida se había debido a un accidente por causas desconocidas. Desde entonces, los protagonistas de la gesta del *Das Afrika Schiff* yacen para siempre en el fondo del Mediterráneo, un mar que conocían bien.

3. Un horrible fuego en la piel

La caja de Pandora

En 1915 ninguno de los dos bandos en guerra parecía contar con la ventaja suficiente para imponerse sobre el otro. Hasta entonces, la introducción de nuevas armas que pudieran desequilibrar la balanza había sido contrarrestada por la parte contraria, sin que sirvieran para desatascar los frentes estáticos que apenas cambiaban el trazado de las trincheras que recorrían el continente europeo. Los estrategas tenían claro que si se quería obtener la victoria era preciso matar a muchos más soldados enemigos, y a poder ser de una forma más barata, de lo que se había hecho hasta entonces. Para causar esta mortandad masiva los cuarteles generales presionaron a los científicos para que centrasen sus esfuerzos en encontrar un nuevo tipo de arma que pudiera dar un giro decisivo a la marcha de la guerra. Ante este aliciente, se decidió probar con la química, recurso que había dado buenos resultados cuando se buscaba acabar con una plaga de manera rápida y efectiva.

El uso de armas químicas se había planteado desde finales del siglo XIX, pero la falta de una tecnología necesaria para producirlas a gran escala y los principios éticos que regían entonces las reglas del combate habían limitado su desarrollo. La Gran Guerra ofreció la oportunidad que muchos llevaban tiempo esperando para emplearlas en el campo de batalla, aunque hasta entonces no se había desarrollado el procedimiento adecuado para emplearlos eficazmente en el campo de batalla y se desconocían cuáles podían ser los efectos que podían causar entre las tropas enemigas.

Para encontrar el primer antecedente del uso de gases en la Primera Guerra Mundial nos tenemos que remontar a 1914. En agosto de ese año, los franceses emplearon granadas de gas lacrimógeno contra las posiciones alemanas. Este agente químico, muy utilizado en la actualidad por las fuerzas policiales de todo el mundo para controlar disturbios, se caracteriza por provocar un intenso lagrimeo derivado de una fuerte irritación de los ojos, aunque también puede afectar al sistema respiratorio. El compuesto orgánico de este agente químico es el bromuro de bencilo, que reacciona al entrar en contacto con las grasas, el sudor o las mucosas del cuerpo humano. Con el uso de este tipo de gas lo que se pretendía era incapacitar a los soldados enemigos para forzarles a abandonar sus posiciones. Lo de fumigarles para exterminarles, como se hace con los insectos en sus escondrijos, vendría poco después.

En este primer ataque químico de la Gran Guerra, las concentraciones de gas fueron tan pequeñas que apenas causaron efecto. Aun así, la respuesta enemiga no se hizo esperar y en octubre de ese mismo año los alemanes bombardearon las posiciones francesas en el sector de la pequeña localidad de Neuve Chapelle con obuses de fragmentación que habían sido rellenados con gases irritantes. El ataque tampoco afectó demasiado a los soldados enemigos, pero el fracaso no desalentó a los mandos alemanes, que volverían a intentarlo dispuestos a demostrar el valor de los agentes químicos como arma de guerra.

El 31 de enero de 1915 tuvo lugar en el Frente Oriental la que es conocida como batalla de Bolimov, cerca de la aldea del mismo nombre situada al oeste de Varsovia en el centro de Polonia. Las tropas del 9º Ejército alemán bombardearon las posiciones rusas en la orilla del río Rawka con 18 000 proyectiles de artillería, cada uno de los cuales contenía una carga de 3 kilos de bromuro de xililo, otra variante de gas lacrimógeno. El intenso frío que reinaba en la zona, con temperaturas muy por debajo de los cero grados, impidió que el gas pudiera transformarse en un aerosol y finalmente se precipitó en forma de fina lluvia sobre las tropas alemanas, en una concentración prácticamente inofensiva que se depositó sobre el terreno. Debido a su bajo coste, el bromuro de xililo se siguió utilizando durante toda la guerra con resultados parecidos, pero su uso sirvió para perfeccionar los métodos de fumigación. En todo caso, la conclusión extraída de estas pruebas dejó claro que había que afrontar la cuestión desde otro enfoque si se quería que las armas químicas tuvieran un efecto significativo.

Alemania fue la primera en ir un paso más allá y se concentró en el desarrollo y fabricación de gases letales. Las prohibiciones impuestas en este sentido por la Convención de La Haya de 1907, ratificada con las firmas de los representantes alemanes, no supusieron ningún obstáculo. En este importante salto cuantitativo y cualitativo, que dejó a un lado cualquier limitación impuesta por principios de carácter moral, jugó un importante papel el químico alemán Fritz Haber. Brillante científico del Kaiser Wilhelm Institute de Berlín y patriota convencido, Haber trabajó en el desarrollo de un método eficaz para lanzar gases altamente tóxicos contra las trincheras enemigas. El gigantesco conglomerado industrial de la compañía IG Farben producía grandes cantidades de cloro que se usaban en la fabricación de tintes y en estrecha colaboración con Fritz Haber puso los medios necesarios para utilizar uno de sus principales productos, en su forma gaseosa, como arma. Científicos y militares estaban a punto de abrir la caja de Pandora.

Nubes tóxicas

En las primeras horas del 22 de abril de 1915, los observadores franceses detectaron una frenética actividad en el frente alemán cerca de Langermarck, al norte del saliente de Ypres. Desde hacía varios días, los soldados enemigos se afanaban en colocar, al mando del coronel Peterson y bajo la supervisión directa de Fritz Haber, más de 4000 cilindros metálicos semienterrados y ordenados en largas filas que apuntaban directamente hacia las posiciones del otro bando en la línea del frente. Nadie supo identificar de qué se trataba, pero la mayoría lo interpretó como la agitación propia de los preparativos que anunciaban una nueva ofensiva alemana. En realidad, cada uno de los extraños recipientes contenía una bombona con entre 20 y 40 kilos de gas cloro de las que salían unos tubos de dispersión.

Al mediodía volvió una tensa calma, preludio de nada bueno. El tiempo era el típico de los primeros días de primavera, con el cielo despejado y una ligera brisa procedente del este que soplaba en dirección a las trincheras francesas, las condiciones idóneas que Fritz Haber había estado esperando. A las 17:00 horas se dio la orden y los soldados alemanes procedieron a abrir las espitas de los cilindros que dejaron escapar una densa nube de color verde grisáceo que, impulsada por el viento, se extendió rápidamente hacia las posiciones francesas. En apenas cinco minutos, 168 toneladas de cloro convirtieron el aire en irrespirable sobre las cabezas de los soldados de la 45ª División Argelina y la 87ª División Territorial francesa, que en un principio permanecieron en sus trincheras mientras creían que se les venía encima una nube de humo para ocultar el avance alemán que todos esperaban.

El alemán Fritz Haber, uno de los padres de la guerra química, recibió el Premio Nobel en 1918 por desarrollar la síntesis del amoníaco (Fuente: Wikimedia Commons).

Los horribles síntomas provocados por la inhalación del gas cloro no tardaron en aparecer. Al principio, los soldados argelinos y franceses percibieron un olor que describieron parecido a una mezcla del que desprenden las piñas y la pimienta, al mismo tiempo que notaban un sabor metálico en la boca. Desconcertados, empezaron a sufrir un fuerte picor en la garganta y un ardor en el pecho cuando el gas afectó al sistema respiratorio. Al entrar en contacto con la humedad de los pulmones, el gas cloro generó ácido clorhídrico en una reacción química que los abrasó por dentro.

Sin entender lo que les estaba pasando, los soldados argelinos y franceses situados en primera línea huyeron despavoridos y arrastraron con ellos a los que se encontraban en retaguardia. A lo largo de 7 kilómetros del frente se abrió una brecha por la que marcharon cautelosamente las tropas alemanas, que ni siquiera llevaban máscaras antigás. En su avance tomaron cerca de 2000 prisioneros y capturaron más de 50 piezas de artillería. El ataque con gas había sido un éxito, pero la falta de reservas limitó una victoria que podía haber sido desastrosa para el enemigo si se hubiera ocupado el saliente de Ypres. En poco tiempo llegaron refuerzos británicos y canadienses que contuvieron la ofensiva y taponaron la ruptura del frente. Los primeros sorprendidos por los efectos de las armas químicas fueron los mandos alemanes, que se habían planteado su uso como un experimento y se mostraron incapaces de reaccionar a tiempo para explotar el factor sorpresa.

En realidad, no todo había salido como se esperaba. Algunas espitas no pudieron ser abiertas ya que el enfriamiento debido a la evaporación del cloro taponaba las válvulas de apertura de las bombonas. Como consecuencia de estos defectos, algunos soldados quedaron expuestos directamente al gas mientras las manipulaban para forzar su apertura. El número de máscaras antigás disponibles era insuficiente y se habían repartido entre algunos soldados de las unidades de especialistas que prepararon el ataque. En medio de una creciente inquietud, y ante el temor a exponerse a los efectos desconocidos de este tipo de armas sobre un terreno contaminado, la infantería alemana tomó excesivas precauciones que repercutieron en su avance, limitando el alcance de la ofensiva.

Resulta difícil precisar el número de víctimas provocadas por este primer ataque con gas cloro. Algunas fuentes lo elevaron hasta las 15 000 bajas, entre ellas 5000 muertos. Pero lejos de las manipulaciones por motivos propagandísticos, la cifra real superó con creces el millar, entre fallecidos y afectados gravemente por las inhalaciones. El uso de este tipo de armas generó una ola de indignación en los gobiernos de Londres y París, que culparon a sus enemigos de violar los acuerdos de la Convención de la Haya. Los alemanes se defendieron de las acusaciones con un censurable subterfugio al afirmar que habían usado bombonas para dispersar el gas y no «proyectiles», como prohibía expresamente el texto del convenio. Ante esta manifestación de cruel hipocresía, todos consideraron que la veda estaba abierta.

A las dos de la madrugada del 24 de abril, los alemanes lanzaron un nuevo ataque con cloro, esta vez sobre la 2ª Brigada Canadiense, atrincherada muy cerca de donde los argelinos y franceses habían sufrido las consecuencias del gas. Esta vez la nube tóxica no pilló por sorpresa a los soldados, que se habían protegido las vías respiratorias con improvisadas mascarillas impregnadas con orina. Sin saber muy bien cómo contrarrestar sus efectos, se pensó que sería más efectivo que empaparlas en agua, pues se suponía que el amonio y el ácido úrico de la orina podían neutralizar el cloro, cuando en realidad el contacto con este remedio casero podía producir gases tóxicos peligrosos.

A lo largo de la Segunda Batalla de Ypres los alemanes utilizaron gas cloro en otras dos ocasiones. El 2 de mayo afectó a las tropas que ocupaban las posiciones en torno a Mouse Trap Farm, «la granja de la ratonera», y el 5 de mayo la espesa niebla verdosa envolvió a los soldados británicos atrincherados en las laderas de la Colina 60. El informe oficial de bajas reflejó las consecuencias de este cuarto ataque, que se saldó con la muerte inmediata de 90 hombres. Otros 207 fueron trasladados a los hospitales de campaña más cercanos para realizarles las primeras curas, de los cuales 46 murieron al poco tiempo y otros 12 después de una atroz y larga agonía.

Superados los prejuicios iniciales, los británicos replicaron con la misma moneda a los ataques con gas de los alemanes. Lo hicieron con tanto entusiasmo que al final de la guerra superaron a los demás contendientes en el uso de este tipo de armamento. El escenario elegido por los británicos para extender por primera vez una nube tóxica sobre las posiciones enemigas fue el terreno donde se desarrolló la batalla de Loos, una nueva ofensiva fallida en el Frente Occidental. El 25 de septiembre de 1915 desplegaron cerca de 6000 cilindros cargados con 150 toneladas de gas Estrella Roja, nombre en clave que utilizaron para referirse al cloro. Los soldados recibieron la orden de abrir las espitas cuando la brisa de poniente empezó a soplar en dirección a las trincheras alemanas. Sin embargo, el viento se calmó de pronto antes de alcanzar su objetivo y la nube tóxica quedó flotando en tierra de nadie antes de desplazarse de regreso hacia las posiciones británicas. Este fracaso confirmó los riesgos a los que se exponían las tropas que manipulaban un arma imprevisible en la que nadie confiaba pero con la que todos querían contar.

Los franceses tampoco fueron a la zaga de sus aliados. Para desarrollar su propio programa de armas químicas contaron con los conocimientos de Victor Grignard, científico que había sido galardonado con el premio Nobel de Química en 1912. Profesor en la Universidad de Lyon, fue movilizado al inicio de la Primera Guerra Mundial para vigilar vías férreas hasta que alguien se dio cuenta de que sería más útil a los intereses de Francia si trabajaba en el desarrollo de armas químicas.

Como pasó con otras nuevas armas, el impacto causado por la irrupción del gas cloro en los campos de batalla europeos fue perdiendo efecto con el paso de las semanas. Su presencia en el aire era fácilmente detectable debido al color verduzco de la nube tóxica y al fuerte olor que desprendía, características muy visibles que avisaban de su llegada a las tropas objetivo del ataque, que tenían tiempo de adoptar medidas para protegerse. Además, se necesitaba una muy alta concentración en el aire para que la acción de este agente fuera letal. La combinación de todos estos factores hicieron del cloro un arma prácticamente inoperante, aunque mantuvo su capacidad disuasoria al generar inquietud entre las tropas enemigas. Llegados a este punto, parecía claro que era el momento de probar con nuevos gases mortíferos.

Más y peor

El fosgeno, presente en la fabricación de potentes pesticidas y en la elaboración de colorantes, es un componente químico industrial que a temperatura ambiente se transforma en un gas venenoso. Esta cualidad fue tenida en cuenta por los mandos militares que dirigían la guerra, que decidieron hacer uso de él para mejorar las prestaciones letales del cloro. El uso bélico de este nuevo agente químico también presentaba la ventaja de ser más difícil de detectar al ser incoloro, aunque podía formar nubes de un tono blanco o amarillo pálido. Su olor resulta hasta agradable al recordar, en bajas concentraciones, al del heno recién cortado. Sin embargo, es más denso que el aire, lo que obliga a mezclarlo con gas cloro, mucho más volátil, para facilitar su dispersión.

El principal inconveniente desde el punto de vista bélico que presentaba el fosgeno era la lentitud con la que empezaba a hacer efecto. Los primeros síntomas que dejaban incapacitados a los soldados que lo inhalaban comenzaban a aparecer transcurridas 24 horas. Este retardo se debe a que no afecta a las mucosas, aunque no por ello disminuye su potencia letal. En contacto con humedad se descompone en ácido clorhídrico, reacción química que se produce en el interior de los pulmones y daña gravemente el endotelio, el tejido que recubre los vasos sanguíneos que recorren los órganos del cuerpo humano. El contacto directo con el fosgeno también causa graves quemaduras químicas en la piel. Los indicios de la intoxicación de la víctima se manifestaban con una angustiosa falta de aire y expectoraciones serosas que desembocaban finalmente en una horrible muerte por asfixia o en un *shock* multiorgánico.

El primer ataque de fosgeno mezclado con gas cloro se produjo el 19 de diciembre de 1915, en el entorno de la localidad belga de Nieltje, cerca de Ypres. Ese día, las tropas alemanas liberaron más de ochenta toneladas de este compuesto químico contra los desprevenidos soldados británicos. Aunque el uso de las primeras máscaras antigás estaba bastante difundido, no fueron muy efectivas ante la nube de gas tóxico. El balance total de víctimas superó el millar de bajas, entre ellos 120 muertos. El fosgeno demostró con creces su eficacia, pero los mandos militares no estaban satisfechos del todo con los resultados y exigieron la fabricación en grandes cantidades de un agente tóxico que superase en capacidad letal a todos los anteriores. Los atemorizados soldados en las trincheras, que tenían pavor a las nubes tóxicas, no podían imaginar que lo peor estaba aún por llegar.

El llamado gas mostaza tiene el dudoso honor, con todo merecimiento, de ser el agente químico más devastador de la Gran Guerra. Perfeccionado por el equipo de Fritz Haber, su nombre procede del olor que desprende, parecido al de los granos de mostaza, aunque también es conocido como iperita, término derivado de la Tercera Batalla de Ypres, donde los alemanes lo usaron por primera vez en julio de 1917, o HS, abreviatura de *Hun Stuff,* expresión coloquial inglesa que en una traducción un tanto libre podría transcribirse por «el rollo este de los hunos», en referencia al apelativo que recibían los soldados prusianos.

El gas mostaza es un agente vesicante, es decir, que en contacto directo con la piel produce quemaduras y ampollas que pueden derivar en graves ulceraciones. Los ojos son especialmente sensibles a su exposición y en caso de que llegue a la tráquea y los bronquios puede obstruirlos provocando la asfixia. Todas estas características nocivas hicieron del gas mostaza el candidato idóneo para convertirse en una nueva arma química, aunque en un principio se planteó su uso con el objetivo de incapacitar a los soldados enemigos y contaminar el campo de batalla.

Para su dispersión se emplearon proyectiles de artillería que al estallar contra el suelo liberaban una sustancia que algunos británicos describieron parecida a su amado jerez. Posado sobre el terreno contaminado, el gas mostaza se evaporaba lentamente. Esta peculiaridad desaconsejó su empleo como arma de apoyo en ataques de infantería, al quedar también expuestos los soldados del propio bando. La mejor forma de usarlo era saturar las posiciones enemigas con este gas mientras se coordinaba con un avance por los flancos, maniobra que se suponía que era relativamente segura.

Son numerosos los testimonios que hablan sobre los efectos atroces del gas mostaza entre los soldados. Los más comunes hacen referencia a la ceguera, con hileras interminables de soldados con los ojos vendados guiados por un compañero que ejercía de lazarillo para conducirlos hasta los puestos de socorro en retaguardia, donde los médicos y enfermeras, desbordados por la situación, no sabían qué tratamientos aplicar para aliviar los terribles sufrimientos que padecían. Las descripciones de las quemaduras espantosas causadas por este agente vesicante ponen los pelos de punta. En los casos más graves, las úlceras destruían los tejidos blandos y llegaban hasta el hueso.

Una de las víctimas afectadas por el gas mostaza habría sido un cabo austríaco que servía en el Ejército alemán y que respondía al nombre de Adolf Hitler. Cuando se convirtió en *Führer* de Alemania, la propaganda del régimen nazi difundió la versión de que había quedado temporalmente ciego en el transcurso de un ataque con esta terrible arma, para ensalzar así la imagen heroica de su líder. Estudios posteriores han insinuado la posibilidad de que la ceguera parcial de Hitler hubiera sido realmente la manifestación de un síntoma psicosomático provocado por un síndrome de fatiga de combate.

Los ataques con gases vesicantes sembraron el terror en las trincheras de ambos bandos (Fuente: Wikimedia Commons).

Las medidas que servían para proteger a los soldados del ataque con armas químicas no servían ante el gas mostaza. Las máscaras antigás todavía no estaban muy perfeccionadas y el agente vesicante causaba graves heridas en las partes expuestas del cuerpo. Entre las tropas se extendió el rumor de que los soldados canadienses habían descubierto la manera de minimizar sus efectos si corrían a través de la nube de gas que se dirigía hacia ellos en sentido contrario al que avanzaba. Esta forma de ponerse a salvo era bastante discutible si tenemos en cuenta que el contacto se iba a producir de todas formas y que se enfrentaban directamente a las balas del enemigo. Sin embargo, el miedo y la desesperación llevaron a muchos a creer en la efectividad de la medida.

Como había pasado con otras armas químicas cuando se revelaba su existencia, el Ejército británico no tardó en copiar a los alemanes la fórmula del gas mostaza. Desde 1917 hasta el final de la guerra, la industria química de los países aliados aumentó considerablemente la producción de gases venenosos, incluyendo los vesicantes, superando con creces a la de Alemania. La entrada de Estados Unidos en la guerra multiplicó unas cifras que auguraban convertir a Europa en un erial bajo una nube tóxica si aquella locura no terminaba pronto.

Contramedidas

Mientras no se hallase una solución alternativa, en los cuarteles generales se llegó al convencimiento de que la mejor forma de proteger a los soldados frente a las nubes tóxicas era generalizar el uso de máscaras antigás. Sin embargo, como hemos visto, la logística militar se mostró lenta en reaccionar y su distribución generalizada entre las tropas nunca llegó a completarse a tiempo. Además, la introducción de nuevos agentes químicos obligó a mejorar constantemente su diseño para ponerlas al día. Como ejemplo, en enero de 1916 los británicos añadieron a los filtros de sus máscaras cristales de hexametilentetramina, compuesto orgánico de nombre impronunciable que se había mostrado como una eficaz protección contra las inhalaciones de fosgeno. Los ojos eran muy sensibles a la acción de los gases y para evitar que pudieran cegar a los soldados se procedió al reparto de gafas parecidas a las que usaban los aviadores y los motociclistas.

Ante los avances constantes en guerra química resultó evidente que el único método eficaz contra estas armas iba a ser una máscara que aunase la protección del rostro, las vías respiratorias y los ojos. Las primeras no eran más que bolsas de distintos materiales que se llevaban enrolladas sobre la cabeza y que en caso de ataque se colocaban cubriendo el rostro. El tejido estaba impregnado con diferentes productos químicos que se suponía que debían neutralizar el gas, pero cuando se humedecían por culpa de la lluvia o el sudor solían desprenderse introduciéndose en los ojos del soldado. Las aberturas oculares estaban cubiertas por cristales de mica muy propensos a empañarse, lo que hacía mucho más incómodo combatir con ellas puestas.

Hay que imaginarse la situación, con el desdichado soldado aterrorizado en medio del ataque con gas, intentando ponerse una agobiante máscara que le impedía respirar con normalidad y través de la cual apenas podía ver nada. La situación podía empeorar si los oficiales ordenaban a las tropas, exhaustas por la falta de aire, avanzar hacia el frente o repeler un asalto a la bayoneta del enemigo.

El siguiente paso en la evolución de las máscaras antigás se produjo cuando empezaron a fabricarse en caucho vulcanizado, material que se adaptaba mejor a la forma de la cara. En ellas se acoplaba el filtro y las hebillas donde se introducían las correas para ajustarla. Para evitar que los cristales pudieran empañarse se ideó un sistema con láminas antivaho de un material transparente que pudiera absorber la humedad.

La primera máscara que fue repartida entre las tropas británicas fue la conocida con el apelativo Hypo, que tenía el tejido impregnado de tiosulfato de sodio, un compuesto inorgánico que neutralizaba los agentes químicos al cristalizarlos. El siguiente modelo fue el P, recubierta de fenato hexamina, que se había mostrado eficaz contra el fosgeno. Su principal mejora era una boquilla diseñada especialmente para facilitar la respiración del soldado y evitar la concentración de dióxido de carbono. A partir de 1916 se distribuyó una nueva del modelo P, identificada como PH, a la que se añadió una capa adicional de hexametilentetramina para mejorar la protección contra el fosgeno.

Los respiradores con caja supusieron el mayor avance en el diseño y fabricación de máscaras antigás durante la Gran Guerra. Su principal innovación consistió en una boquilla conectada por un tubo a una caja que hacía de filtro. El recipiente contenía gránulos de productos químicos que neutralizaban el gas, devolviendo aire limpio al conducto de respiración. Este sistema era más voluminoso, pero con él se consiguió mejorar la función de filtrado.

La primera versión de estas nuevas protecciones recibió el nombre de *Large Box Respirator* (LBR, por sus siglas en inglés; «Respirador de caja grande»), que no era precisamente muy cómoda de llevar. La caja con el filtro era enorme y el soldado tenía que cargar con ella en la espalda. Además, carecía de una máscara propiamente dicha, tan solo una boquilla y una pinza que presionaba las fosas nasales, mientras los ojos se cubrían con unas gafas. Ante esta serie de inconvenientes los británicos diseñaron la *Small Box Respirator* (SBR; «Respirador de caja pequeña»). La principal ventaja de este nuevo modelo respecto al anterior era la máscara de una sola pieza que se ajustaba a la cara del soldado. Adoptada por las tropas británicas y norteamericanas, otra de sus características más destacadas era la caja de filtrado, mucho más compacta, lo que permitía llevarla colgada del cuello. Al contrario que otros equipos de este tipo, que al poco tiempo quedaban obsoletos, los filtros de la SBR se fueron perfeccionando para adaptarse a las nuevas armas químicas que aparecían sobre el campo de batalla.

La demostrada eficacia de las máscaras antigás británicas fue rápidamente imitada por el resto de naciones contendientes, que diseñaron sus propios modelos. Entre el equipo de los soldados se hicieron imprescindibles, hasta el punto de que no se separaban de ellas en ningún momento ante la amenaza constante de un ataque con agentes químicos. Las tropas no fueron las únicas en portarlas. Los medios de transporte de los ejércitos de la Gran Guerra dependieron en gran medida de la tracción hipomóvil, por lo que se diseñaron caretas antigás para mulas y caballos, artilugios que no debían ser fáciles de poner. Los perros, que se utilizaban en el frente para el envío de mensajes o para llevar pequeñas cargas hasta primera línea, también las llevaron. Los animales, nerviosos y asustados, se desprendían de ellas en cuanto podían, haciéndolas inútiles, por lo que en la medida de lo posible se evitó su presencia en el frente para evitar su exposición a las armas químicas. En este caso, los animales eran más valiosos que los hombres.

Con la introducción del gas mostaza se hizo necesario proteger aquellas partes del cuerpo que pudieran quedar expuestas a su acción vesicante. El simple uniforme podía resultar suficiente, pero realmente nunca se aplicó una contramedida que fuera eficaz para neutralizar sus efectos, si tenemos en cuenta que podía llegar a corroer las máscaras antigás. Peor lo tuvieron las unidades escocesas del Ejército británico, que se negaron obstinadamente a dejar de lucir sus características faldas, conocidas con el nombre de *kilt*, que dejaban sus piernas descubiertas. Si tenemos en cuenta que en la mayoría de los casos se llevaban sin ropa interior debajo, el riesgo se multiplicaba. Para evitar quemaduras en «los bajos», algunos batallones escoceses optaron por llevar las piernas cubiertas con mallas de mujer.

A la hora de avisar a las tropas de un ataque químico para que se pusieran las máscaras se recurrió a diferentes procedimientos. El más común era hacer sonar una serie de campanas de alerta, fabricadas muchas de ellas con las vainas vacías de los proyectiles de artillería. Sin embargo, en medio del fragor del combate resultaba difícil escuchar su tañido. Para hacerse oír por encima del ruido atronador de los disparos y cañonazos se usaron bocinas de aire comprimido que podían escucharse a varios kilómetros de distancia. En los sectores del frente donde eran habituales los ataques con gas también se colocaron carteles bien visibles advirtiendo del peligro.

Junto al uso generalizado de las máscaras antigás, se probaron otros métodos para minimizar los efectos de los agentes químicos. En un ejercicio de inventiva, los británicos se plantearon el uso de miles de ventiladores para dispersar las nubes tóxicas o hacer que se volvieran contra el enemigo que las había liberado. También se propuso equipar a los soldados en primera línea con escafandras parecidas a las de los buzos, en las que se bombearía aire a través de un tubo conectado con la retaguardia. La complejidad de estos sistemas hizo que pronto fueran descartados.

Marcados de por vida

La aplicación generalizada de contramedidas perfeccionadas redujo ostensiblemente el número de víctimas causadas por el gas, a pesar de que su uso no dejó de crecer hasta el final de la contienda. En 1918, una cuarta parte de los proyectiles de artillería que se disparaban contenían armas químicas. Se calcula que en el cómputo total de fallecidos en la Gran Guerra las nubes tóxicas fueron las responsables del 3 % de los muertos en combate. El número de heridos graves y afectados fue mucho mayor. Según las estadísticas británicas, el 2 % de ellos sufrieron las consecuencias de una invalidez permanente, mientras el 70 % del resto se reincorporó al servicio activo en un plazo inferior a las seis semanas. Si valoramos cuantitativamente el significado de estas cifras, otras armas fueron mucho más letales, pero los agentes químicos causaron un profundo impacto psicológico en la moral de las ya de por sí castigadas tropas de infantería, por lo que se puede afirmar que cumplieron su objetivo con creces.

Los últimos estudios han estimado el cálculo total de bajas por gas en un número que ronda los 85 000 muertos y más de 1 200 000 el de afectados. En este cruel inventario, Rusia se llevó la peor parte, con cerca de 50 000 fallecidos y una cifra de heridos que ha sido imposible de cuantificar. El soldado ruso padeció, como ningún otro, la indiferencia por parte de mandos y oficiales ante su sufrimiento, situación que se agravó con una logística desastrosa y una corrupción generalizada. En este contexto, la distribución de máscaras antigás entre las tropas del zar fue una utopía que casi nunca se cumplió.

Los que quedaron expuestos a la acción de los gases pero sobrevivieron en un primer momento, soportaron un calvario de graves secuelas físicas y psicológicas durante el resto de sus vidas. Las enfermedades respiratorias y los problemas de vista fueron muy comunes entre ellos, dejándoles incapacitados a largo plazo. Muchos desarrollaron afecciones pulmonares como la tuberculosis, dolencia que por aquel entonces era prácticamente incurable. En este sentido, los agentes químicos se siguieron cobrando vidas décadas después del final de la Gran Guerra.

El gas mostaza fue el más usado en la contienda por todos los beligerantes. En contra de la creencia generalizada, que acusa a los alemanes de ser sus mayores productores, fueron los norteamericanos, con más de 87 000 toneladas, seguidos por los rusos, que superaron las 75 000, sus principales fabricantes. Muchas de estas armas no se llegaron a usar, generando un grave problema de almacenamiento cuando terminó la guerra. Sin embargo, algunos países no tardarían en dar salida a estos peligrosos excedentes.

El impacto psicológico causado por los ataques con gas fueron tan importantes como las bajas que provocaban entre las tropas (Fuente: Wikimedia Commons).

La opinión pública había quedado tan conmocionada por las consecuencias del uso de armas químicas que presionaron a sus respectivos gobiernos para que limitasen su uso. En respuesta a esta demanda, en 1925 se firmó el Protocolo sobre el Gas dentro del marco de la III Convención de Ginebra, que prohibía el empleo bélico de agentes tóxicos y bacteriológicos. El texto del acuerdo, suscrito por la mayoría de los países, no tardaría en convertirse en papel mojado cuando algunas potencias, en un ejercicio de flagrante hipocresía, emplearon este armamento en conflictos coloniales. Al estallar la Segunda Guerra Mundial, todos los países beligerantes contaban en sus arsenales con grandes cantidades de agentes químicos, pero el miedo a desencadenar un armagedón de consecuencias imprevisibles hizo que nadie se atreviera a usarlos

En la mayoría de los casos, las grandes cifras impiden conocer el drama humano y personal que hay detrás de una guerra a escala global. Entre todas estas tragedias con nombre y apellidos quiero destacar la vivida por uno de los protagonistas principales en la escalada de armamentos químicos. Fritz Haber recibió en 1918 el premio Nobel de Química por sus estudios en el desarrollo de la síntesis del amoniaco que permitió la fabricación de nuevos fertilizantes. Los físicos James Franck y Gustav Hertz, junto con el químico Otto Hahn, también fueron galardonados años después con el Nobel. Durante la Gran Guerra, todos ellos sirvieron como especialistas bajo las órdenes de Haber en las unidades encargadas de abrir las espitas de los cilindros que dejaban escapar los agentes químicos.

En 1901, Clara Immerwahr, una brillante química que se había convertido en la primera mujer en obtener un doctorado en la Universidad de Breslavia, contrajo matrimonio con Fritz Haber. Clara colaboró activamente en las investigaciones de su marido, aunque su trabajo nunca fue reconocido. Cuando Haber regresó a Alemania después de dirigir los primeros ataques con gas de la guerra, su esposa reprochó su labor y cayó en una profunda depresión. Poco después, Clara se suicidó en el jardín de su casa de un disparo en el pecho. Esa misma mañana, Fritz Haber viajó al Frente Oriental para supervisar los ataques de gas contra los rusos. Era su deber.

4. Tanques de agua para Mesopotamia

Blindajes y orugas

A finales de 1914, los frentes europeos se habían quedado atascados en las trincheras. El sacrificio de miles de soldados de ambos bandos se estrellaba contra las líneas de alambre de espino y se hundía en el fango del interior de los cráteres provocados por las explosiones de los obuses. El hedor a muerte se extendía a lo largo de cientos de kilómetros de devastación en la que los hombres intentaban sobrevivir en medio del horror de la guerra. Las grandes ofensivas con las que ambos bandos pretendieron acabar con esa situación perdían impulso al poco tiempo de iniciarse y medían el terreno conquistado en unos pocos kilómetros —a veces en unos pocos centenares de metros— hasta que la enconada resistencia del enemigo las detenía o incluso forzaba una retirada hacia el punto de partida.

Nadie parecía disponer de la superioridad necesaria para imponerse a su rival y la equiparación de las fuerzas enfrentadas amenazaba con una prolongación indefinida de la contienda a la espera de que en la lucha de desgaste alguno diera muestras de agotamiento. Esta solución era defendida por algunos estrategas de salón, que en su ignorancia eran incapaces de comprender que ante el ritmo *in crescendo* en el que se estaba desarrollando la matanza, los dos bandos acabarían exhaustos. Pero aunque desde París, Londres y Berlín se transmitiera una sensación de cruel indiferencia ante lo que estaba pasando en los campos de batalla, que se traducía en enviar a toda una generación de jóvenes hacia su encuentro con una más que probable muerte prematura y horrible, lo cierto es que también se alzaron las voces de algunos responsables políticos y militares que abogaron por encontrar una solución que ofreciera la ventaja decisiva que permitiera obtener la victoria.

La búsqueda se centró en idear un arma completamente nueva que permitiera romper con decisión la línea del frente enemigo y mantener el empuje de la ofensiva, algo que hasta entonces no se había conseguido. Las características que debía reunir se centraban en contar con tracción autopropulsada, ofrecer protección a los soldados que viajaban en su interior frente al fuego de las armas del enemigo y la posibilidad de sortear los obstáculos del campo de batalla. La idea no era nueva. Desde la más remota antigüedad el arte de la poliorcética había inventado sistemas para brindar protección a las tropas en campaña, ya fuera de forma colectiva o individual. En pleno Renacimiento, el genio de Leonardo da Vinci sentó los principios básicos de un arma que podía adaptarse a las necesidades de la Gran Guerra con la invención de un carro cubierto por un caparazón blindado desde el que los soldados podían disparar.

A principios del siglo xx, el desarrollo de la industria automovilística había permitido la fabricación de un número cada vez mayor de coches y camiones y la competencia entre marcas los había hecho más rápidos y fiables. Para responder a los requerimientos de los ejércitos de las potencias enfrentadas en la contienda, algunos grandes fabricantes habían transformado algunos de sus vehículos más emblemáticos en versiones preparadas para el combate al dotarles de un ligero blindaje y primitivas torretas giratorias armadas con ametralladoras o cañones ligeros. Sin embargo, su escasa protección y nula capacidad para moverse en todo terreno los hizo poco útiles para desplazarse en los abruptos y peligrosos campos de batalla de Europa, quedando relegados a tareas de reconocimiento y escolta.

En 1914, Ernest Dunlop Swinton era un oficial del Estado Mayor británico que había sido enviado al continente como corresponsal de guerra en el Frente Occidental. En los primeros años de su carrera militar había servido en el Cuerpo de Ingenieros Reales y desde hacía tiempo mantenía correspondencia con un amigo que trabajaba como ingeniero de minas. En las cartas, su viejo conocido le mantenía al corriente sobre los últimos avances tecnológicos que se producían en ese campo para su posible aplicación militar. En una de las misivas le habló de los tractores sobre orugas de la marca Holt, vehículos fabricados en Estados Unidos que se empleaban en tareas agrícolas y en la construcción de obras públicas. El comandante Swinton dejó a un lado el asunto hasta que el 19 de octubre de ese año tuvo una idea brillante mientras conducía por la sinuosa carretera que iba de Saint-Omer a Calais. Inspirado por el funcionamiento de los tractores norteamericanos se dirigió a sir Maurice Hankey, secretario del Comité de Defensa Imperial, para sugerirle la construcción de un vehículo blindado y erizado de ametralladoras que se desplazase sobre orugas para asaltar las trincheras enemigas.

Ante las dificultades de transportar suministros y artillería a la primera línea del frente, los militares ya se habían fijado en la capacidad de estos vehículos para arrastrar cargas pesadas a través del terreno irregular de los campos de batalla. Los británicos habían probado los tractores Holt, pero rechazaron su uso al considerarlos poco apropiados para remolcar artillería pesada. Al contrario que sus camaradas de armas, Swinton supo ver sus cualidades y propuso usarlo como base para construir el vehículo acorazado que había imaginado y que definió como «crucero terrestre».

Sus superiores recibieron la entusiasta idea del comandante sin demasiado interés y el proyecto circuló de despacho en despacho hasta quedar relegado en un cajón. Allí se habría quedado de no haber sido por la intervención de Winston Churchill, que en 1915 ocupaba el cargo de primer lord del Almirantazgo. Entusiasmado con la idea del «crucero terrestre», Churchill demostró tener una mente mucho más abierta y apoyó sin reservas el proyecto de Swinton, que de esta forma inició su fase de desarrollo. Los encargados de ponerlo en marcha fueron William Tritton, director gerente de la compañía Fosters, especializada en la fabricación de maquinaria agrícola, y el comandante Walter Gordon Wilson, ingeniero del Royal Naval Air Service.

El trabajo incansable de todos ellos permitió tener preparados dos prototipos en poco tiempo. El primero iba equipado con un tren de rodadura con ruedas de goma, mientras el segundo era propulsado por cadenas, modelo este último que se adaptaba mejor a la idea inicial de Swinton. Los responsables del proyecto se decantaron finalmente por este último y el «crucero terrestre» cogió un impulso definitivo cuando el Ministerio de la Guerra británico mostró su interés por él, no sin antes establecer una serie de especificaciones que tenía que cumplir. El nuevo vehículo de combate debía ser capaz de superar obstáculos de al menos un metro y medio de altura y profundidad, subir pendientes con 45º de inclinación, contar con una autonomía superior a los 35 kilómetros, tener un peso inferior a las 15 toneladas, y estar armado con 4 ametralladoras o 2 cañones, armamento que debía ser operado por una tripulación compuesta por un máximo de 10 soldados. Nada se decía sobre la velocidad que pudiera desarrollar sobre el campo de batalla, aspecto que no parecía tener demasiada importancia.

Alto secreto

Los británicos llevaron la construcción de este revolucionario vehículo de combate en el más absoluto secreto. Se habían depositado en él demasiadas expectativas como para permitir que una indiscreción pudiera facilitar el trabajo a los espías alemanes y eliminar el elemento sorpresa con el que se contaba para derrotar al enemigo. Para entrar en las instalaciones donde se estaban construyendo era necesario contar con un pase especial y la vigilancia era extrema durante las veinticuatro horas del día.

Para distraer la atención y que nadie pudiera intuir que se estaba fabricando un arma revolucionaria, las piezas se encargaban a diferentes proveedores. En la documentación de los pedidos se consignaba que las planchas de acero requeridas eran necesarias para la construcción de un *water container* («contenedor de agua», WC en sus siglas en inglés). Aquellas dos letras daban pie a la confusión y al chiste fácil (las iniciales también corresponden a *water closet*, «inodoro»), por lo que alguien decidió cambiar la descripción y referirse al material como «tanques» (*tanks*) de almacenamiento de agua para las guarniciones británicas acantonadas en Mesopotamia. Aquella especificación acabaría dando nombre a una de las armas más revolucionarias de la historia.

Tras superar un buen número de problemas técnicos que surgieron durante la fase de diseño, los primeros tanques operativos fueron probados en un campo de maniobras bajo extremas medidas de seguridad y ante la atenta mirada de altos mandos del ejército y responsables gubernamentales. La prueba fue todo un éxito y se ordenó su inmediata producción en masa al mismo tiempo que se encomendaba al comandante Swinton la instrucción de las tripulaciones.

El modelo de la serie Mark I, nombre con el que fue bautizado el primer carro de combate, tenía el aspecto de un gigantesco escarabajo amenazador. Su característica carrocería acorazada, punteada con remaches y en forma de rombo, debía permitirle franquear los obstáculos que pudiera encontrar a su paso en el campo de batalla. A ambos lados de la estructura sobresalían las barbetas donde iban montados los distintos tipos de armas que diferenciaban las versiones. El modelo *male* («macho»), portaba 2 cañones de 6 y 8 milímetros y 3 ametralladoras Hotchkiss. El *female* («hembra»), iba armado con 4 ametralladoras Vickers y una Hotchkiss. El pedido inicial era de 200 unidades de cada versión, aunque varios se reconvirtieron en híbridos que combinaban su armamento.

La guerra apremiaba y a pesar de los numerosos ensayos y puestas a punto estos primeros tanques adolecían de algunos defectos que no habían podido ser corregidos a tiempo. El sistema de tracción por largas orugas de cadenas de acero era bastante primitivo, y aunque el vehículo podía girar, cuando tenía que hacerlo en un corto espacio tenía grandes dificultades. Para resolver este problema se le equipó con lo que vino en denominarse «cola de viraje», un sistema compuesto por dos grandes ruedas colocadas en su parte trasera que debían servir a modo de timón y que podían bloquearse de manera independiente para facilitar el giro.

Con un centro de gravedad muy bajo, un peso de casi 30 toneladas, una longitud de casi 10 metros, una altura de 2,5 y 4 de anchura, el Mark I estaba equipado con un motor Foster-Daimler capaz de desarrollar 105 C.V., potencia que le permitía moverse a 6 kilómetros por hora sobre llano y a 2 en campo abierto, vertiginosa velocidad que se consideraba adecuada para abrir paso y acompañar a los soldados de infantería mientras avanzaban, misiones para las que había sido diseñado.

Cada tanque llevaba una tripulación compuesta por al menos ocho hombres, cuatro para manejar las palancas que permitían el manejo del vehículo y los restantes a cargo de las armas. Las condiciones en las que prestaban su servicio eran poco menos que infernales. En su claustrofóbico interior tenían que compartir el reducido espacio disponible con el ruidoso motor. En pocos minutos la atmósfera se volvía irrespirable por culpa de las emanaciones de monóxido de carbono, los vapores del combustible y el aceite, y el humo desprendido por el armamento al abrir fuego. Dentro del tanque la temperatura podía rebasar fácilmente los 50°, lo que ocasionaba mareos y desmayos entre los soldados. En medio del estruendo de la maquinaria y los disparos, los tripulantes se comunicaban entre sí mediante señas. Por si todo esto fuera poco, los impactos directos contra el blindaje podían desprender esquirlas muy peligrosas y para evitar heridas los tanquistas llevaban pesadas máscaras y cotas de malla antifragmentos.

A finales de agosto de 1916 todo estaba preparado para la entrada en acción de los primeros «tanques». Embalados en grandes cajones que lucían etiquetas en inglés y ruso en las que podía leerse «tanques de agua para Mesopotamia, vía Petrogrado», cruzaron el canal de la Mancha antes de ser desplegados en el Frente Occidental. Su objetivo se mantuvo en secreto hasta el último momento.

Bautismo de fuego

A primera hora de la mañana del 15 de septiembre de 1916, la luz mortecina del amanecer se extendía por el paisaje desolador que componía la batalla del Somme. Como venía siendo habitual en los últimos días, la artillería británica descargó una tormenta de fuego sobre las líneas alemanas. Los soldados, amontonados en los refugios, esperaron a que cesaran las explosiones sobre sus cabezas para salir a recibir a las tropas enemigas con una sinfonía de ráfagas sostenidas de ametralladora y descargas de fusilería. La misma rutina de siempre. Sin embargo, aquella jornada iba a ser muy diferente.

En medio de la inquietante calma posterior al bombardeo, los soldados alemanes, parapetados tras las trincheras a la espera del asalto de las tropas británicas, se miraron unos a otros cuando en vez de oír los gritos habituales para infundirse el valor necesario para el suicidio que suponía lanzarse contra las alambradas escucharon un extraño chirrido y el ruido pesaroso de un número indeterminado de motores renqueantes. Su asombro se transformó en pánico cuando ante ellos vieron aparecer las siluetas de 49 tanques Mark I avanzando lentamente hacia ellos. Nadie sabía qué eran esas máquinas que no se detenían ante nada y contra las que rebotaban las balas. En pocos minutos los tuvieron frente a frente y, ante el temor a ser aplastados por aquellas moles acorazadas, los alemanes abandonaron precipitadamente las trincheras sin que los oficiales pudieran hacer nada para detener la desbandada.

Los tanques británicos obtuvieron la victoria, pero a un elevado coste. De los vehículos que iniciaron el ataque tan solo 9 consiguieron rebasar las trincheras alemanas y abrir una brecha en el frente de 3 kilómetros de profundidad. El resto había sufrido averías que los habían inmovilizado, otros quedaron atrapados en los cráteres de las explosiones o sufrieron accidentes, mientras unos pocos fueron destruidos por el impacto directo de proyectiles de artillería o por granadas de mano. La operación no había sido brillante pero se había saldado con éxito. Sin embargo, los británicos cometieron un grave error. Ellos mismos parecían tan sorprendidos como sus propios enemigos y no supieron aprovechar la ventaja que les proporcionaban los tanques para obtener una victoria que podía influir de manera trascendental en el desarrollo de la guerra.

Cegado por su habitual soberbia, el general Douglas Haig, al mando de la Fuerza Expedicionaria Británica en la batalla del Somme, se mostró eufórico y encargó al Ministerio de la Guerra el envío de otros mil tanques con los que pensaba aplastar las defensas alemanas sin sufrir apenas bajas. Este exagerado optimismo contrastaba con la realidad de los hechos. La aparición de los tanques, a modo de prueba y a pequeña escala en un escenario secundario, había eliminado el elemento sorpresa. Con su proverbial y aguda capacidad de análisis, Churchill fue de los pocos que se atrevió a criticar su uso prematuro en una acción bélica sin demasiada importancia. El desarrollo de los acontecimientos le acabaría dando la razón.

Los alemanes habían descubierto el secreto mejor guardado por los británicos y de su amarga derrota supieron extraer valiosas conclusiones que les iban a ayudar a hacer frente a los tanques en la próxima oportunidad que tuvieran de encontrarse con ellos en el campo de batalla. Gracias a la experiencia adquirida en el Somme, se adoptaron toda una serie de medidas con ese propósito: por delante de las trincheras se excavaron fosos que debían servir como trampas mortales en las que los tanques pudieran quedar atrapados; grupos de tiradores expertos, armados con rifles que disparaban balas antiblindaje con gran poder de penetración, debían afinar su puntería para neutralizarles; en primera línea se situaron cañones ligeros de tiro rápido que se habían mostrado muy eficaces a la hora de atravesar su cubierta acorazada; también se adiestró a grupos especiales de soldados que debían rodearles para atacarles a corta distancia, táctica que recordaba a la empleada por los legionarios romanos frente a los elefantes de Aníbal.

Puestos los medios, tan solo quedaba confiar en la sangre fría de las tropas a la hora de enfrentarse a esos monstruos de acero. La combinación de todos estos elementos dio sus frutos en una serie de batallas a lo largo de 1917, forzando a los británicos a la creación de unidades especiales de rescate encargadas de recuperar los cuerpos sin vida de los tanquistas atrapados en el interior de sus vehículos, lo que da una idea del gran número de bajas sufridas en combate.

El momento decisivo

El 20 de noviembre de 1917, se puso en marcha la que es considerada como una de las mayores operaciones militares con tanques de toda la guerra. El objetivo de los británicos era atravesar las trincheras enemigas de la hasta entonces inexpugnable Línea Hindenburg, y tomar la estratégica ciudad de Cambrai, importante nudo de comunicaciones en el que confluían las líneas de suministro alemanas.

Para llevar a cabo esta acción se reunió una impresionante fuerza compuesta por 474 tanques, en su mayoría Mark IV. Este modelo era una versión mejorada del Mark I que introducía una serie de innovaciones con respecto al primero de la serie. La más destacada era el perfeccionamiento del tren de rodadura que permitió la eliminación de la vulnerable «cola de viraje». También poseía un mayor blindaje y el depósito de combustible se encontraba situado en la parte trasera para mejorar la supervivencia de la tripulación en caso de impacto. Contaba además con un novedoso sistema que, en caso de que el vehículo quedase atascado en el barro, permitía colocar una viga de madera bajo las cadenas de las orugas para proporcionar mayor agarre y tracción.

Junto a los carros de combate propiamente dichos, para la ofensiva contra Cambrai también se reunió una veintena de tanques modificados para servir como transporte de municines y tractores de artillería, treinta preparados como vehículos de ingenieros y recuperación, dotados con grúas y material para el tendido de puentes con los que salvar obstáculos, y tres más con avanzados equipos de radio que permitirían mantener la comunicación entre las distintas unidades y sincronizar un ataque combinado. Para abastecer a todo este contingente fue preciso organizar una gran operación logística que transportó en varios trenes los miles de litros de combustible y las toneladas de munición y suministros de todo tipo necesarias para que se pusiera en marcha. Ocultos a miradas indiscretas, los tanques desembarcados en los puertos de la costa hicieron el último trayecto de su viaje hasta el frente cubiertos por lonas enceradas a bordo de vagones de ferrocarril.

Modelo de tanque británico Mark IV Female, el primer vehículo de este tipo que hizo su aparición en los campos de batalla de la Gran Guerra (Fuente: shutterstock).

El peso de la ofensiva sobre Cambrai lo llevaron los nueve batallones de tanques, junto con siete divisiones de infantería y otras tres de caballería, apoyados por una intensa preparación de fuego artillero y varias escuadrillas de aviones. El plan había previsto coordinar el avance de los vehículos acorazados con el de los soldados que marchaban a pie, pero las cosas no salieron precisamente como se esperaba.

En contra de lo que había ocurrido cuando meses antes los tanques hicieron su primera aparición en el frente, los alemanes estaban preparados para dar respuesta al ataque y su artillería causó estragos entre los que avanzaban en vanguardia. En medio del caos de la batalla, los soldados de infantería quedaron rezagados o adelantaron a los tanques que supuestamente los tenían que cubrir. Los fallos de comunicación, y una evidente falta de entrenamiento combinado, hicieron fracasar la operación. Los británicos consiguieron abrir una brecha en la Línea Hindenburg, pero su empuje perdió fuelle y al final se detuvieron a las puertas de Cambrai, que los alemanes consiguieron mantener en su poder.

A pesar de este nuevo fiasco, los estrategas militares aprendieron algunas lecciones sobre lo ocurrido. La coordinación entre tanques e infantería marcaría el futuro de las operaciones y estaba claro que debía mejorarse. La artillería se había mostrado como la mejor arma para destruir a los blindados, todavía demasiado lentos y poco maniobrables. Con todos estos elementos en contra, se crearon unidades especiales compuestas por soldados que debían infiltrarse en territorio enemigo para acabar con los cañones enemigos y despejar el camino a los tanques. Y es que al final, los generales tenían plena confianza, como siempre, en la fiel infantería.

Nuevos modelos

Estaba claro que la irrupción del arma blindada en la contienda había causado un gran impacto y que los tanques habían llegado para quedarse. Su utilidad se había demostrado sobre el campo de batalla y los dos bandos emprendieron ambiciosos programas para fabricar nuevos modelos en un número cada vez mayor, aunque con resultados desiguales.

Los británicos siguieron confiando en la familia del Mark I y las factorías trabajaron a pleno rendimiento para cubrir la demanda exigida. Exteriormente, las últimas versiones eran muy parecidas a las primeras, pero los defectos iniciales se fueron subsanando con la experiencia adquirida en combate. Solo del Mark IV se llegaron a fabricar más de 1200 unidades, mientras que del V, que incorporaba un nuevo sistema de transmisión que facilitaba su conducción, se produjeron un millar entre sus distintos tipos. El modelo más avanzado de la serie fue el Mark VIII, un monstruo de 37 toneladas y 10 metros de largo, que debía equipar a las fuerzas blindadas de Francia, Gran Bretaña y Estados Unidos, en un intento por racionalizar los suministros de repuestos y facilitar el mantenimiento. El fin de la guerra impidió su entrada en servicio masiva.

Francia no podía ser menos que su más importante aliado y puso en marcha varios proyectos para desarrollar sus propios tanques. El primero de ellos fue el Schneider CA1, un vehículo acorazado montado sobre las orugas de un tractor Holt. Como el Mark británico, carecía de torreta, aunque su aspecto era de perfiles más afilados. Su armamento estaba compuesto por un cañón Blockhaus Schneider de 75 milímetros, montado en una barbeta en el lado derecho del vehículo, y 2 ametralladoras Hotchkiss en afustes semiesféricos en los flancos. La parte delantera era similar a la proa de un barco y había sido diseñada con esa forma para aplastar obstáculos y llevarse por delante las barreras de alambre de espino.

Con un peso superior a las 13 toneladas, el Schneider CA1 llevaba una tripulación compuesta por 6 tanquistas que compartían un habitáculo reducido y muy estrecho que los obligaba a ir casi tumbados sobre su vientre en una posición muy incómoda. Protegidos por un blindaje remachado de unos pocos centímetros de espesor, su velocidad máxima era de 8 kilómetros por hora, más que suficiente para prestar apoyo al avance de la infantería. Como dato curioso, al final de la contienda 6 de estos tanques fueron vendidos a España y en su larga vida operativa llegaron a participar en algunos combates al principio de la Guerra Civil.

La carrocería blindada del modelo Saint-Chamond, de 23 toneladas, también iba montada sobre un tractor Holt. La característica más destacable de este tanque francés, y también su principal defecto, era el cañón de tiro rápido de 75 milímetros montado en el frontal de la parte delantera. Esta solución se reveló como muy desacertada, pues le impedía atravesar obstáculos como zanjas o cráteres al clavar el tubo del arma en el terreno. Además, en esa extravagante posición su ángulo de tiro estaba muy limitado, peculiaridad que hacía muy complicada la labor de apuntar. Estos graves errores de diseño hicieron del Saint-Chamond un tanque obsoleto desde su entrada en servicio, lo que obligó a dictar órdenes para reemplazarlo por los modelos británicos, planes que fueron suspendidos por el final de la guerra.

Junto a estos tanques pesados, también se diseñaron otros mucho más ligeros que debían cumplir la misión de apoyar a sus hermanos mayores. La respuesta de los británicos a esta necesidad fue el Mark A Whippet («lebrel»), que en su diseño exterior anunciaba algunas de las líneas básicas del carro de combate moderno. Con un peso de 14 toneladas, disponía de una torreta fija con 4 ametralladoras que apuntaban en diferentes direcciones. El Whippet tenía una tripulación de tan solo 3 tanquistas, que se repartían diferentes funciones. El artillero era el encargado de disparar las ametralladoras, ayudado por el comandante del carro, mientras el tercero se concentraba exclusivamente en la conducción. Aunque mucho menos conocido que los de la serie Mark I, este tanque de tonelaje mediano causó más bajas enemigas que ningún otro vehículo acorazado británico.

En marzo de 1918 entró en servicio en el Ejército francés el pequeño Renault FT-17, el tanque más famoso de toda la contienda. Al igual que la mayoría de los carros de la época, usaba un tren de rodadura Holt. Sin embargo, su tamaño era mucho más compacto y reducido. Con un peso de 7 toneladas, 4 metros de longitud y 2 de altura, presentaba los rasgos propios de un tanque tal y como lo conocemos hoy en día. Su armamento principal consistía en una ametralladora Hotchkiss o un cañón ligero Putcaux, armas que iban montadas en una torreta octogonal giratoria situada en la parte superior del casco. Su tripulación estaba formada por un comandante artillero y un conductor.

Diseñado para actuar en pequeñas unidades y proporcionar fuego de cobertura a la infantería, el FT-17 se reveló como un tanque excepcional con un largo historial de servicio. En Estados Unidos, varias empresas lo fabricaron con licencia y de las factorías francesas salieron más de 3000 unidades, muchas de las cuales fueron vendidas a terceros países al terminar la guerra. España adquirió varios y el Ejército los empleó activamente en las campañas militares que se desarrollaron en el Protectorado de Marruecos. Los supervivientes de operaciones como el desembarco de Alhucemas tuvieron la oportunidad de mostrar su capacidad ofensiva en la Guerra Civil. Aunque hacía años que habían quedado obsoletos, Francia también los mantuvo en activo en unidades de segundo nivel hasta el inicio de la Segunda Guerra Mundial. Muchos de ellos fueron capturados por los alemanes, que los emplearon en misiones antipartisanas y policiales hasta prácticamente el final de la contienda

El tanque Renault FT-17 de fabricación francesa presentaba algunas de las características del carro de combate moderno. Los de la imagen sirvieron en las filas del Ejercito norteamericano (Fuente: Wikimedia Commons).

La respuesta a los tanques puestos en servicio por británicos y franceses en la Gran Guerra por parte de sus enemigos se puede calificar de modesta, por no decir ínfima. A pesar del innegable éxito logrado sobre el terreno, los alemanes relativizaron su papel y nunca consideraron desarrollar su propia fuerza acorazada para oponerse a ellos. Aunque fueron conscientes de que su decisión era equivocada, aun así se resistieron a dar su brazo a torcer y siguieron apostando por las armas anticarro para hacerles frente. Forzados por las circunstancias, al final tuvieron que recurrir al uso de un centenar de tanques británicos y franceses capturados. Para evitar esta dependencia los alemanes pusieron en marcha un plan para desarrollar su propio modelo de tanque, proyecto que llegó demasiado tarde y que nunca se afrontó con decisión.

El resultado fue el Sturmpanzerwagen A7V, un «vehículo blindado de asalto» con 30 toneladas de peso y propulsado por 2 motores Daimler que le permitían alcanzar los 15 kilómetros por hora en carretera y 5 en terreno abierto. Semejante a una caja remachada con una torreta fija en su parte superior, estaba armado con 6 ametralladoras y 1 cañón que sobresalía en su parte frontal, arma que en algunos modelos fue sustituida por otras 2 ametralladoras. Su dotación estaba compuesta por 16 soldados y 2 oficiales que disponían de poco espacio para moverse en su interior. Entre sus numerosos defectos, el A7V destacaba por un centro de gravedad alto, que lo hacía propenso a volcar en pendientes pronunciadas, y su piso bajo, que perjudicaba notablemente su capacidad todoterreno. Como contrapartida, su elevada potencia de fuego le daba cierta ventaja a la hora de combatir en terreno abierto.

El Sturmpanzerwagen A7V fue la insuficiente respuesta alemana a los tanques británicos y franceses (Fuente: Wikimedia Commons).

Mientras franceses y británicos producían miles de estos vehículos, los alemanes solo fabricaron una veintena de A7V, número claramente insuficiente para que su contribución fuera relevante en el conflicto. Los alemanes intentaron superar esa carencia diseñando nuevos modelos que nunca llegaron a entrar en acción al cancelarse todos los proyectos cuando terminó la guerra. Pero a pesar de esta enorme desproporción de fuerzas, los tanques de ambos bandos tendrían ocasión de medir sus fuerzas en el campo de batalla.

El primer combate entre tanques de la historia se produjo el 24 de abril de 1918, cuando tres A7V se enfrentaron a tres Mark

IV británicos, dos de ellos «hembra», armados con ametralladoras, y un «macho» con un cañón de 57 milímetros, cerca de la localidad francesa de Villers-Bretonneux. Entre ellos se entabló un intercambio de disparos en el que los Mark IV «hembra» resultaron alcanzados y obligados a retirarse del campo de batalla. El tanque británico líder, al mando del teniente Frank Mitchell, atacó entonces con su cañón al A7V que iba en cabeza, que fue alcanzado de lleno y quedó fuera de combate. A su vez, el carro de combate de Mitchell tuvo que ser abandonado al sufrir el impacto de un disparo de mortero.

Se puede decir que el enfrentamiento de Villers-Bretonneux terminó en tablas, sin que los tanques de ambos bandos pudieran demostrar una superioridad clara sobre los del enemigo. Pero estableció las reglas por las cuales se iban a regir en el futuro los combates entre este tipo de vehículos. Al término de la contienda, las doctrinas militares de los vencedores y vencidos sobre el uso de los tanques tomarían caminos diferentes. Franceses y británicos, satisfechos por su comportamiento en la guerra de trincheras, descuidaron su perfeccionamiento, al contrario que los alemanes, que harían de los tanques su punta de lanza en las campañas que volverían a asolar Europa dos décadas después.

En cuanto al apartado de reconocimientos, tradicionalmente se ha atribuido al comandante Swinton el uso del término «tanque» para llamar a los primeros carros de combate, como él mismo se preocupó de dejar claro en sus escritos. Pero el mérito de la invención se lo llevaron William Tritton y Walter Gordon Wilson, tal y como determinó al final de la guerra la Comisión Real de Premios a los Inventores. Al César lo que es del César.

5. Camuflajes perturbadores.
Las vanguardias artísticas van a la guerra

Deslumbrar y confundir

La Primera Guerra Mundial puede considerarse como el conflicto más revolucionario de todos los tiempos, en el sentido de que fueron abandonados todos los principios tradicionales por los que hasta entonces se habían regido los enfrentamientos armados para entrar en una nueva era en la que, como hemos visto a lo largo de este capítulo, se multiplicó exponencialmente la capacidad de destrucción de los ejércitos con nuevas armas.

Se puede afirmar que el camuflaje y enmascaramiento también alcanzó su mayoría de edad durante la Gran Guerra. Salvo excepciones como las del Circo Volador de El Barón Rojo o el vistoso y desfasado uniforme del Ejército francés, compuesto por pantalón rojo y casaca azul, que lucieron sus tropas en los compases iniciales de la contienda, los bandos enfrentados mejoraron las técnicas para mimetizar a los soldados, y las armas con las que luchaban, hasta alcanzar un alto grado de perfeccionamiento que permitió camuflar pueblos enteros o lograr que barcos de guerra tuvieran la apariencia de inofensivos cargueros, por poner algunos ejemplos.

En los meses finales de 1914, el arma submarina alemana estaba causando estragos entre los barcos enemigos. Ante el aumento constante de buques hundidos, el Almirantazgo británico, bajo la dirección de Winston Churchill, buscó soluciones alternativas que de algún modo pudieran poner coto a la impunidad con la que hasta entonces los sumergibles alemanes cazaban a sus víctimas.

Preocupado por la marcha del conflicto en el mar, John Graham Kerr, un biólogo con gran prestigio académico, escribió una carta a Churchill en septiembre de ese año en la que expuso una serie de revolucionarios conceptos para evitar que los barcos pudieran ser detectados por el enemigo. Inspirado por los trabajos de Abbott Handerson Thayer, pintor y naturalista norteamericano que en 1909 había publicado un trabajo titulado *Ocultamiento y coloración en el reino animal*, Kerr insinuó la posibilidad de emplear un camuflaje que en vez de ocultar sirviera para difuminar los contornos o confundir, tal y como hacían algunos animales en la naturaleza.

Hasta entonces, los barcos de la Royal Navy se habían pintado en un color azul grisáceo con el que intentaban pasar inadvertidos en alta mar, esquema que se mantenía fiel a los patrones establecidos. La propuesta de Kerr, además de original, chocaba abiertamente con todo lo que se había hecho hasta entonces, razón más que suficiente para no ser bien acogida. En términos generales, se trataba de perturbar la capacidad de observación del enemigo para que no pudieran apreciar la forma real del barco, ni saber si navegaba de frente o se presentaba ante ellos de costado, mediante el uso de líneas quebradas disruptivas en colores negro, blanco y gris que difuminaban su perfil sobre el agua.

Imagen del *SS West Mahomet*, buque auxiliar de la U.S. Navy con el casco pintado con el disruptivo y perturbador camuflaje *dazzle* (Fuente; Wikimedia Commons).

Este peculiar camuflaje se denominó con el término *dazzle* («deslumbrar»), nombre que hacía referencia al objetivo que perseguía. En un principio, su uso parecía poco aconsejable si tenemos en cuenta que los colores y patrones sugeridos podían atraer la atención sobre el barco en vez de ocultarlo. Eso habría sido lo lógico con un camuflaje tradicional, pero en este caso lo que se buscaba era engañar la vista del observador hasta el punto de generar en él una confusión que pudiera dar lugar al error en el momento de dar la orden de atacar.

El 10 de noviembre de 1914, se emitió una orden general dirigida a toda la flota británica para adoptar un camuflaje *dazzle* que siguiera las líneas generales de los diseños sugeridos por Kerr. La premura impuesta por los submarinos alemanes impidió realizar una evaluación más completa que hubiera permitido mejorar su efectividad y establecer patrones comunes a la hora de escoger colores y diseños. Aun así, se continuó adelante y uno de los primeros buques en lucir el nuevo esquema de pintura fue el *HMS Implacable,* un acorazado asignado a la Flota del Canal. Cuando parecía que la directiva iba a aplicarse de forma general en el camuflaje de todos los barcos, la dimisión de Churchill al frente del Almirantazgo en 1915 suspendió su aplicación y los barcos mantuvieron sus esquemas miméticos en color gris.

El talento de un artista

El recurso al camuflaje *dazzle* fue descartado hasta que las circunstancias de la guerra obligaron a un replanteamiento. En 1917, los submarinos alemanes continuaban siendo la peor amenaza para la navegación de los buques mercantes. Fue entonces cuando se recuperó la idea del «deslumbramiento», favorecida por el regreso de Winston Churchill al Gobierno para ocupar la cartera de ministro de Armamento y los estudios que al respecto habían realizado los norteamericanos.

En esos días, Norman Wilkinson era un oficial de la reserva naval que servía a bordo de una corbeta destinada en misiones de lucha antisubmarina. Artista de cierto talento, los dibujos de Wilkinson eran habituales en las páginas de publicaciones como el *Illustrated London News* y el *Illustrated Mail* antes de que estallase la guerra. También había trabajado como cartelista publicitario para los ferrocarriles británicos. Como él mismo se encargó de consignar en su diario en la página correspondiente al 27 de abril de 1917, ese día le dio vueltas a una idea que pasó por su cabeza y que no era del todo original, en una anécdota que nos recuerda a la que contó el comandante Swinton cuando vislumbró la imagen del tanque.

Ese día, a Wilkinson se le ocurrió ponerse en el lugar de un observador naval hostil y llegó a la conclusión de que si era imposible pintar un barco para que no fuese avistado por un submarino, quizá lo mejor sería camuflarlo de tal forma que el esquema de color rompiera la forma y el tamaño del casco para confundir al capitán del sumergible que lo seguía a través del periscopio.

El primer problema que Wilkinson se planteó era cómo pintar un barco para que no lo pareciera. El ilustrador metido a marino de guerra se inspiró en el cubismo, vanguardia artística que en los años anteriores a la guerra había causado auténtica conmoción en círculos pictóricos, para diseñar unos patrones que pudieran romper las líneas de los buques sobre las olas del mar y hacer que fuese mucho más complicado reconocer el tipo de navío, su tamaño, velocidad, discernir si estaba observando su proa o la popa o determinar si se acercaba o alejaba. Hasta entonces, el problema había sido encontrar un método para que la pintura, extendida por toda la estructura del barco, sirviera para distorsionar su presencia. Y Wilkinson parecía que por fin lo había encontrado.

Los comandantes de los submarinos alemanes disparaban contra los blancos que navegaban en superficie desde una milla náutica, distancia de seguridad que debían mantener para no ser detectados y que daba tiempo a los torpedos lanzados para que pudieran armarse. En medio de esas tensas circunstancias, debían aprovechar su ventaja y calcular con precisión el rumbo y la posición del buque enemigo para aumentar las posibilidades de acierto. Wilkinson estaba convencido de que el esquema de pintura cubista, a base de un contraste de bandas de colores dispuestas en formas geométricas, haría variar la posición de un barco entre 8 y 10°, margen más que suficiente para que el sumergible alemán pudiera errar el disparo.

El contraste disruptivo podía conseguirse pintando líneas curvas en determinadas partes del casco que creasen la sensación de una proa cortando las olas cuando realmente podía ser la proa. De la misma forma, unas rayas quebradas sobre las chimeneas podían crear la ilusión de que el barco iba en sentido contrario al rumbo que realmente llevaba. La panorámica reducida a través del visor de un periscopio facilitaba las cosas.

En los sótanos

En esta segunda ocasión, el Almirantazgo Británico se mostró más receptivo con el camuflaje *dazzle* y aprobó la propuesta de Wilkinson. El artista se puso inmediatamente a trabajar en su proyecto y reunió a un equipo formado por una veintena de personas, entre ellas cinco artistas plásticos y otras once jóvenes estudiantes de arte, una de las cuales se acabaría convirtiendo con el tiempo en la señora Wilkinson. El estudio de dibujo se situó en los sótanos de la Royal Academy of Arts de Londres, un lugar discreto del que nadie podría sospechar. Para llevar a cabo las pruebas se fabricaban en madera varias maquetas a escala que después eran pintadas por las estudiantes. Una vez terminadas eran trasladadas a un estudio donde se simulaba su observación a través de un periscopio. Los diseños que lograban engañar al ojo humano eran aprobados para ser aplicados a los navíos en tamaño real, donde los pintores de brocha gorda de los astilleros plasmaban sobre el casco los bocetos siguiendo las indicaciones de los diseñadores y artistas.

La operación se inició con un pequeño barco, el *HMS Industry*, un mercante que había sido transformado en *Q-ship*, o «buque señuelo» (que como veremos cuando hablemos de la guerra en los océanos se usaron para la caza de submarinos), que pertenecía a la Royal Fleet Auxiliary («Real Flota Auxiliar»). El navío, con su inquietante nuevo esquema de camuflaje con patrones *dazzle*, fue botado en mayo de 1917 con la misión de navegar cerca de la costa británica para comprobar si los patrulleros y guardacostas eran capaces de distinguir correctamente su silueta. Los resultados del experimento fueron alentadores y en los meses siguientes los mandos del Almirantazgo ordenaron a Wilkinson que preparase el camuflaje de medio centenar de buques.

El transporte de tropas *HMS Alsacia* fue el primero de esta serie en lucir el camuflaje *dazzle*. Para el mes de junio de 1918, el equipo de los sótanos de la Royal Academy of Arts había conseguido camuflar con sus diseños 2300 barcos, cifra que se multiplicaría antes de acabar la guerra. En total, se calcula que más de 4000 buques mercantes británicos y 400 de la Royal

Navy fueron pintados con esos esquemas disruptivos, casi todos ellos variaciones sobre los diseños que servían como patrón.

En 1918, Wilkinson se trasladó a Estados Unidos para ilustrar a los norteamericanos en las técnicas empleadas por su equipo para ocultar los barcos ante las mismas narices del enemigo. Sin embargo, sus aliados del otro lado del Atlántico no se mostraron demasiado receptivos con las nuevas ideas. Algunos mandos de la U. S. Navy mostraron abiertamente su rechazo y los más críticos lo llegaron incluso a calificar como un camuflaje ridículo. Mientras la prensa norteamericana se hacía eco del asunto y publicaba artículos y caricaturas en las que se burlaba de los barcos pintados con esos extraños esquemas de color, en la documentación interna de los oficiales navales se les llamaba *jazz ships*, término que no ocultaba cierta connotación despectiva.

Existe cierta polémica en torno a la efectividad de camuflaje *dazzle*, pero las frías cifras no dejan lugar a la duda. Según las estadísticas del Almirantazgo, el número de hundimientos se redujo en un 10 % en el primer trimestre de 1918, fechas que coincidieron con la aplicación de los nuevos esquemas de pintura en los barcos. Al final de la guerra se llevaron a cabo nuevos experimentos más perfeccionados para medir el grado de confusión que podían causar en el observador. Sus resultados confirmaron que los errores a la hora de posicionar el barco eran superiores a los que se habían previsto.

Nunca se podrá determinar con exactitud el número de vidas que se salvaron finalmente con el empleo de esta técnica, ni su contribución a la victoria final. Mucho más claros parecen sus efectos positivos en la moral de los marinos que navegaban a bordo de estos barcos, que se sentían más seguros ante el posible ataque de un submarino. Pintar un buque así era mucho más caro que hacerlo en los tonos habituales, pero las aseguradoras también confiaron en su utilidad cuando se redujo el número de hundimientos, lo que se tradujo en una rebaja en la cuantía de las pólizas que tenían que pagar los armadores.

Al término de la Gran Guerra, Wilkinson se presentó ante sus compatriotas como el primero que había tenido la idea del «deslumbramiento» para camuflar los barcos, lo que le acarreó algunos inconvenientes. Cuando aparecieron los primeros esquemas *dazzle* no tardaron en atraer la atención de algunos artistas contemporáneos, como es el caso de Picasso, que llegó a afirmar que era una innovación introducida por la estética del cubismo, algo que no era del todo cierto. La reclamación del mérito por parte del genial artista malagueño tuvo una menor repercusión que la del biólogo John Graham Kerr, que llevó a Wilkinson ante los tribunales cuando este fue propuesto a la Comisión Real de Premios a los Inventores. La demanda de Kerr finalmente no prosperó y Wilkinson pudo disfrutar del reconocimiento público que su labor había merecido.

Al estallar la Segunda Guerra Mundial, el artista se incorporó de nuevo a filas para colaborar en el camuflaje de las vitales bases aéreas en suelo británico para protegerlas contra las incursiones de la Luftwaffe. En esta segunda ocasión, Wilkinson descartó la aplicación de los esquemas *dazzle* por los que pasó a la historia de la Gran Guerra.

Capítulo II
Una contienda a escala global

A lo largo de la historia de la humanidad podemos encontrar numerosos ejemplos de conflictos armados que tuvieron un amplio ámbito geográfico al extenderse por varios continentes. Las legiones de Roma dilataron las fronteras del Imperio hasta los confines de Europa y el Norte de África antes de llamar a las puertas de Asia. En el apogeo del Imperio español, los tercios y los marinos de los barcos de la monarquía de los Austrias combatieron en varios frentes, desde los campos de batalla en Flandes a las aguas ignotas del Pacífico. En los siglos XVIII y XIX asistimos a la época de mayor expansión de las potencias coloniales, que tuvieron que defender sus intereses por la fuerza de las armas en lugares remotos de los que nadie había oído hablar hasta entonces.

Pero fue en la Primera Guerra Mundial cuando el enfrentamiento entre naciones de los cinco continentes se convirtió de esta forma en un acontecimiento global que superó a todo lo anterior. Las ramificaciones de lo que en un principio fue un conflicto circunscrito a las fronteras europeas se expandieron rápidamente por el resto del mundo. Las aguas gélidas del Atlántico Sur, las islas del Pacífico, las sabanas africanas, las ardientes arenas del desierto de Arabia o las estepas heladas de Rusia fueron algunos de los múltiples escenarios donde las fuerzas armadas de ambos bandos se enfrentaron en una guerra que alcanzó hasta el último confín de la tierra.

1. La apuesta del Imperio del Sol Naciente

Nuevos actores

Antes de que se produjera el asesinato del archiduque Francisco Fernando en Sarajevo, el Sudeste Asiático se había convertido en el codiciado objetivo de una potencia emergente que reclamaba extender su hegemonía por todo el Pacífico. En la década de 1890, Pekín había cerrado acuerdos comerciales con los principales imperios coloniales europeos para explotar sus recursos naturales. En este reparto, Japón había jugado un papel secundario al dirigir su mirada hacia Taiwán y Corea, dos territorios que entraban dentro de su esfera de influencia más directa. La victoria del Imperio del Sol Naciente sobre la Rusia zarista, en la guerra que enfrentó a las dos naciones en 1905, trajo consigo nuevas adquisiciones territoriales para el país del crisantemo y la espada. La ocupación de la Isla de Sajalín y la cesión por parte de Rusia del control de las concesiones que mantenía en Manchuria dieron a Japón la oportunidad de consolidar su situación en el continente asiático.

En Europa, Gran Bretaña y Francia fueron conscientes de que el desarrollo de su política exterior en la zona pasaba por tener en cuenta la importancia creciente de Japón como árbitro y parte en la disputa de intereses. En 1905, Londres firmó un tratado con los japoneses por el cual los dos países se comprometían a defender sus respectivos territorios coloniales en la zona y salvaguardar a China, país al que consideraban botín exclusivo de sus respectivas ambiciones expansionistas, libre de injerencias externas. Este acuerdo fue inaceptable para Alemania, que una vez más se veía excluida del reparto colonial de las grandes potencias.

En junio de 1907, Francia y Japón también rubricaron un tratado para mantener conjuntamente la integridad de los territorios que ambos países mantenían en Asia y en el Pacífico. Superadas sus diferencias, rusos y japoneses suscribieron otro acuerdo para fortalecer sus relaciones de buena vecindad, aunque en este caso el Imperio del Sol Naciente hizo valer su posición de fuerza a la hora de imponer sus intereses por encima del país que había sido su enemigo. Desde la distancia, Alemania contemplaba con desconfianza y acreciente animadversión este «cambio de cromos» del que había quedado excluida.

La rápida expansión japonesa por el Pacífico no tardó en despertar los recelos de otra potencia que también en esos años iniciaba su despegue político y económico para abrirse al resto del mundo y hacerse un hueco en la toma de decisiones en la esfera internacional. Al presidente norteamericano Theodore Roosevelt, que se había presentado ante la opinión pública de su país como el gran amigo de los japoneses, le preocupó la rapiña insaciable con la que sus aliados sometían bajo su yugo a otros territorios en Asia. En una fecha tan temprana como 1904, el vehemente mandatario estadounidense manifestó su temor a que los respectivos intereses de las dos naciones pudieran chocar en el futuro y degenerar en un conflicto armado.

En este contexto, las tensiones crecientes en Europa fueron interpretadas en Japón como una oportunidad de la que podían sacar provecho. La posibilidad de una guerra entre potencias coloniales del Viejo Continente podía despejar el camino a la expansión japonesa en el Pacífico, al eliminar a algunos competidores de una carrera en la que la que tenía el trofeo al alcance de la mano. La debilidad de la presencia y el poder de Alemania en la remota Asia facilitarían la labor, con un coste muy bajo, sin correr excesivos riesgos, y lo que era más importante desde el punto de vista estratégico, sin necesidad de enemistarse con otras potencias con ambiciones en la zona.

Ultimátum

El anuncio del estallido de la guerra en Europa no pilló por sorpresa a los japoneses, que celebraron su inicio como el punto de partida de una nueva etapa de su expansión por Asia. Gran Bretaña no tardó en recordar los compromisos a los que estaban ligadas ambas naciones, en virtud de la alianza sellada unos años antes, y el 7 de agosto de 1914, tan solo tres días después de la declaración de guerra contra Alemania, solicitó ayuda formalmente a Japón para eliminar conjuntamente la presencia de los barcos alemanes en aguas chinas.

No hizo falta insistir demasiado y el 15 de agosto Japón remitió un ultimátum a Alemania en el que exigió la retirada de sus buques de guerra del Pacífico. Esta demanda no fue la única. Entre sus reclamaciones los japoneses también incluyeron la cesión de las concesiones bajo control alemán en territorio chino, en especial la de la bahía de Jiaozhou, en la provincia de Shandong, que comprendía un área de 500 kilómetros cuadrados en la costa oriental del país. Esta región tenía una especial importancia estratégica y se encontraba protegida por un perímetro de posiciones fortificadas. Su salida al mar estaba garantizada por el moderno puerto de la ciudad de Qingdao, que contaba con un enorme dique flotante, y era un importante nudo de comunicaciones del que partía una importante red de infraestructuras ferroviarias que la conectaba con el resto de China.

Tropas británicas y japonesas colaborando en la ocupación del enclave alemán de Qingdao (Fuente: Wikimedia Commons).

En un intento por ocultar sus verdaderas intenciones y acallar posibles críticas, el Gobierno japonés hizo gala de un hábil manejo del lenguaje manipulador de la política al señalar expresamente, en el contenido del texto del ultimátum transmitido a Alemania, que la exigencia sobre Jiaozhou respondía al deseo de una devolución del territorio a la soberanía de China. En Berlín, los preparativos de la guerra en Europa absorbían toda la atención de sus dirigentes. Demasiado ocupados en los asuntos inmediatos, lo que ocurría en el otro extremo del planeta les parecía demasiado lejano y desatendieron el requerimiento japonés. La consecuencia inmediata no se hizo esperar y el 23 de agosto de 1914 Tokio declaró la guerra a Alemania.

El Gobierno japonés presentó la conflagración ante sus ciudadanos como la necesidad ineludible de defender al imperio frente a la agresión de una potencia extranjera que podía poner en peligro su expansión por el Pacífico, codicia a la que creían tener todo el derecho por su arraigada concepción como sociedad superior. En esta línea, el influyente marqués Inoue Kaoru, uno de los miembros más destacados de la oligarquía en torno al trono del emperador, manifestó que la guerra era «la ayuda divina al nuevo periodo Taisho para el progreso del destino de Japón».

Declarada la guerra, la intervención japonesa al lado de sus aliados no se hizo esperar. A mediados del mes de agosto de 1914, una fuerza naval anglonipona bloqueó la fortaleza alemana de Qingdao, donde se encontraban fondeados la mayor parte de los buques de la escuadra de guerra alemana destinada en el Pacífico. Ambas naciones desembarcaron una fuerza conjunta compuesta por 60 000 soldados japoneses y 1500 británicos, que sitiaron el enclave enemigo. Los 5000 hombres que componían la guarnición alemana, aislados y sin posibilidad de recibir refuerzos, resistieron durante tres meses hasta su rendición el 7 de noviembre de 1914.

Antes de que acabara el primer año de guerra, unidades japonesas ocuparon las colonias bajo soberanía alemana en las Islas Carolinas, en las Marshall, Marianas y Palaos, todas ellas antiguas posesiones españolas de ultramar que Alemania se había apropiado tras la debacle española del Desastre del 98. Las guarniciones del Káiser acantonadas en estos archipiélagos, demasiado alejados para recibir ayuda de la metrópoli, apenas presentaron resistencia y se rindieron a sus nuevos amos japoneses.

En cumplimiento de la responsabilidad asumida con sus aliados, el Gobierno de Tokio desplegó una intensa actividad bélica que no se limitó al escenario asiático. Entre 1914 y 1918, los barcos nipones jugaron un papel trascendental en la movilización de las fuerzas procedentes de los dominios británicos de ultramar al transportar a miles de soldados australianos y neozelandeses en una ruta que partía de los puertos en el Pacífico y atravesaba el océano Índico hasta llegar a Aden, en el mar de Arabia. Los ataques de submarinos de los Imperios Centrales a buques mercantes japoneses en aguas del Mediterráneo provocó el envío a la región de una docena de unidades navales niponas que actuaron en coordinación con las flotas de sus aliados para dar caza a los sumergibles enemigos.

La intervención japonesa en el escenario europeo no se limitó al envío de una significativa fuerza naval. Durante toda la guerra varias delegaciones de la Cruz Roja nipona desempeñaron su trabajo en capitales como Londres y París. En materia económica, el Gobierno de Tokio proporcionó fletes marítimos y concedió créditos a sus aliados europeos por un valor superior a los 600 millones de yenes. A los rusos, sus antiguos enemigos, les vendió 600 000 fusiles que ayudaron a armar a sus mal equipadas tropas.

A tenor de estos datos, el entendimiento entre Japón y las naciones de la Entente fue fluido desde un primer momento. Fue entonces cuando en Berlín se dieron cuenta del error que habían cometido al despreciar el poderío nipón. Era demasiado tarde para dar la vuelta a una situación desfavorable que algunos, con una más amplia capacidad de análisis, habían presagiado. Antes de la declaración formal de guerra, y en un intento desesperado por recuperar el terreno perdido, el conde Arthur Alexander Kaspar von Rex, embajador alemán en Tokio, buen conocedor de la situación en Asia al haber ocupado con anterioridad la delegación diplomática en Pekín, solicitó a primeros de agosto de 1914 una audiencia con Kato Takaaki, ministro de Asuntos Exteriores nipón, para tratar sobre el posible apoyo japonés a la causa de los enemigos de Alemania. El encuentro, celebrado el 9 de agosto, fue tan tenso que von Rex rompió la silla en la que estaba sentado y se cayó al suelo.

Ante la disposición, no olvidemos que interesada, de su aliado en Oriente, las expectativas de los países de la Entente hacia Japón fueron cada vez mayores. El constante incremento del número de bajas en el Frente Occidental llevó a Gran Bretaña a solicitar a Japón en septiembre de 1914 el envío a Europa de tropas terrestres. Ante las necesidades imperiosas de la guerra, que exigía un sacrificio constante de carne de cañón, los británicos ignoraron, por el momento, los recelos que despertaba la actuación de los japoneses en el Pacífico. Con la caída de la fortaleza de Qingdao, las peticiones aliadas se repitieron. El 6 de noviembre de 1914 Edward Grey, secretario de Asuntos Exteriores británico, ordenó al embajador de Su Majestad en Tokio que pidiera encarecidamente al Gobierno japonés el envío de una fuerza expedicionaria para intervenir de manera directa en las operaciones militares que se estaban desarrollando en el Frente Occidental. El texto hacía referencia expresa a la participación de las tropas japonesas para que luchasen «junto a nuestros soldados en Europa».

Poco tiempo después, las páginas de los periódicos franceses se hicieron eco de la petición para que un contingente de 500 000 soldados japoneses se uniera a la campaña que se estaba desarrollando en los Balcanes. Sin embargo, los deseos de Londres y París, que reclamaban una mayor implicación por parte de Japón en el escenario europeo, nunca llegaron a materializarse. Cuando se confirmó la entrada de los Estados Unidos en la Primera Guerra Mundial, los norteamericanos también vieron a los japoneses como un valioso aliado con el que se podía contar. En julio de 1918, la U. S. Navy declaró como un «asunto de necesidad vital» que los cruceros de guerra nipones escoltasen a los transportes de tropas estadounidenses en su travesía del Atlántico.

La apariencia de una idílica luna de miel en la relación entre Japón y sus aliados europeos también atravesó por momentos delicados derivados de la intransigencia con la que el Gobierno de Tokio mantuvo su posición de fuerza. Cuando en noviembre de 1915 Gran Bretaña hizo pública la inminente entrada de China en la guerra al lado de la Entente, la noticia provocó las protestas japonesas, que el 6 de diciembre fueron transmitidas a todos los embajadores de las naciones amigas. En agosto de 1916, Pekín había ultimado los preparativos para el primer envío de un contingente de operarios chinos a Francia para trabajar en las fábricas necesitadas de mano de obra, pero la obstinada postura contraria de Japón retrasó una operación vital para el sostenimiento del esfuerzo de guerra. Hubo que esperar a un cambio de gobierno en Tokio para que se produjera un desbloqueo de la situación.

El convencimiento personal del primer ministro japonés Terauchi Masatake de que la entrada de China en la guerra supondría un beneficio para el Imperio del Sol Naciente allanó una cuestión que había enturbiado las relaciones con el resto de las potencias aliadas. Finalmente, el 14 de marzo de 1917 Pekín declaró la guerra a Alemania. Ya que no podían impedir el flujo de trabajadores chinos a Europa, las autoridades de Tokio maniobraron para que esta incorporación jugase en su favor en el campo diplomático. Esta cesión, junto al apoyo naval japonés en el Mediterráneo desde febrero de 1917, atenuaron las diferencias entre los aliados. Como contrapartida, Japón recibió el reconocimiento expreso de Gran Bretaña, Francia e Italia a sus reclamaciones sobre el enclave de Jiaozhou, en la provincia de Shandong.

La situación era delicada y para desenvolverse en el complicado entramado de relaciones entre naciones en guerra había que hacer gala de un exquisito tacto diplomático. Ante la insistencia de las Potencias Centrales para firmar una paz por separado con Japón, la Entente esperaba que su apoyo a las exigencias por parte de Tokio sobre el territorio continental chino sirviera para mantener el bloque aliado sin fisuras que pudieran debilitarlo.

A río revuelto

En una demostración constante de su gran amplitud de miras, los dirigentes japoneses supieron ver las extraordinarias perspectivas de expansión que les iba a brindar la Gran Guerra. Dispuestos a aprovechar cualquier oportunidad que se les pudiera presentar para reforzar su poder, en octubre de 1914 Tokio y Londres firmaron un acuerdo secreto que estableció el Ecuador como línea divisoria de actuación entre las fuerzas navales japonesa y británica. Resulta destacable que en su pugna por dominar los océanos del mundo, la Royal Navy confiase en la Armada japonesa para mantener a raya a los escurridizos buques de guerra alemanes que se atrevieran a romper el bloqueo naval al que estaban sometidos.

Desde enero de 1915, el Gobierno de Tokio mantuvo negociaciones con Pekín que desembocaron en un acuerdo que es conocido con el nombre de Las Veintiuna Exigencias, en realidad un conjunto de imposiciones japonesas recogidas en dos tratados firmados entre finales de mayo y principios de junio de ese año. Los textos del acuerdo consolidaron las ganancias del Imperio del Sol Naciente en territorio chino, mientras el resto de potencias coloniales europeas miraban hacia otro lado, demasiado ocupadas en los acontecimientos que desangraban el Viejo Continente. Ante el nuevo panorama estratégico planteado por Las Veintiuna Exigencias, Japón se convirtió en el árbitro principal de la inestable situación que se vivía en la región.

En el río revuelto provocado por las turbulencias de la Gran Guerra, Japón siguió tendiendo las redes para aumentar sus capturas territoriales. Al margen de su actuación en China, la ocupación de las colonias alemanas dispersas por el Pacífico y su discreta participación en Europa, la intervención militar japonesa más importante en el conflicto fue la expedición a Siberia de 1918. Aunque esta campaña se suele situar en el contexto de la respuesta militar de las principales potencias ante los sucesos de la Revolución rusa, lo cierto es que los japoneses se aprovecharon de la agitación política del imperio del depuesto zar para extender su esfera de influencia más allá de las fronteras chinas.

Con esa intención Montono Ichiro, ministro japonés de Asuntos Exteriores, instó a su gobierno para emprender una rápida acción militar en Siberia y el norte de Manchuria que permitiera consolidar la posición hegemónica de su país en todo Oriente. En esta misma línea beligerante, Goto Shinpei, ministro nipón de Interior, solicitó en diciembre de 1917 el envío de un enorme ejército compuesto por nada menos que un millón de soldados japoneses para ocupar el territorio ruso comprendido al este del lago Baikal. Sin separarse ni un ápice de esta senda de agresiva política exterior trazada por otros miembros del gobierno, Nishihara Kanezo, consejero particular del primer ministro Terauchi Masatake, perfiló los planes para invadir Siberia y convertirla en un estado títere de Japón.

Entre todos los que reclamaban una intervención militar en territorio ruso destacaron los representantes de la facción más belicosa que movía los hilos del poder en Tokio. Estos halcones, liderados por el mariscal Yamagata Aritomo, controlaban al primer ministro Masatake, su protegido. Este núcleo duro analizó con detalle las ventajas de la campaña militar en Rusia, no solo desde el punto de vista estratégico, también desde un enfoque de política interior, ya que podía reforzar su autoridad burocrática y militar en toda la nación.

Una vez tomada la decisión, se produjo una sucesión de acontecimientos enfocados en esa dirección. En enero de 1918, un Comité Conjunto de Asuntos Militares trató la cuestión y se puso a trabajar en la coordinación de las acciones del Estado Mayor y el Ministerio de Guerra tendentes a preparar el envío de tropas japonesas a Siberia. En abril de ese año, se decidió colaborar militarmente con los representantes de la Rusia Blanca que luchaban en la región contra los bolcheviques. Al mes siguiente, los japoneses negociaron con las autoridades chinas los términos que facilitarían el paso de las tropas niponas por su territorio en su camino hacia el corazón de la presencia rusa en Manchuria.

A comienzos de abril de 1918, desembarcó en Vladivostok un pequeño contingente de tropas japonesas con la excusa de velar por la seguridad de los ciudadanos de su país residentes en la ciudad siberiana. La presencia de los soldados niponeses provocó el rechazo de la población autóctona, que veía con recelo como sus calles se llenaban de soldados extranjeros. En contra de lo esperado, los japoneses ignoraron cualquier tipo de provocación que pudiera acabar en un enfrentamiento abierto con los bolcheviques. La política de Tokio en la región era observar mientras minaba la autoridad de Moscú, contribuyendo a la inestabilidad con su apoyo a diferentes fuerzas rusas opositoras. Su principal objetivo seguía siendo eliminar la competencia de otras potencias y asegurar su hegemonía militar y económica en la zona.

Gracias a la protección de los fusiles y los cañones de su país, las empresas japonesas se hicieron con el control de las pesquerías, el comercio de madera y la explotación minera, los principales recursos naturales de Siberia, a lo largo de toda la cuenca del río Amur y al norte de la Isla de Sajalín. Al mismo tiempo, funcionarios y soldados nipones asumieron la administración de las adunas y puestos fronterizos rusos. De esta forma, se apoderaron por completo de las riendas económicas de una región estratégica para las ambiciones expansionistas de Tokio.

En julio de 1918, el presidente de los Estados Unidos, Woodrow Wilson, tomó la decisión de intervenir militarmente en Siberia. En este caso, el pretexto con el que se quiso justificar esta actuación fue una operación de rescate. Con esta medida, motivada por el deseo de aumentar el peso de su país en la política internacional, el mandatario norteamericano iba a ofrecer una muestra de su ignorancia supina al brindar en bandeja el respaldo al intervencionismo nipón en la región.

Los integrantes de la Legión Checoslovaca, una unidad militar formada por voluntarios de esa nacionalidad que lucharon del lado ruso con la esperanza de hacerlo por la independencia de su país, habían quedado abandonados a su suerte tras la firma del tratado de Brest-Litovsk, acuerdo de paz que los bolcheviques firmaron con los Imperios Centrales. El nuevo Gobierno de Moscú se comprometió a la evacuación de la Legión Checoslovaca hacia Francia, pero debido al bloqueo naval alemán se decidió que el traslado se hiciese vía Vladivostok, donde se embarcaría rumbo a los Estados Unidos.

La Legión Checoslovaca había emprendido su lento y largo viaje hacia Siberia, a través de la línea del ferrocarril Transiberiano, cuando las autoridades bolcheviques cambiaron de opinión y ordenaron la detención de aquellos que hubieran desertado del Ejército austrohúngaro para ser repatriados a Austria, donde tendrían que enfrentarse a un consejo de guerra que con seguridad los condenaría a ser ejecutados ante un pelotón de fusilamiento. Los checoslovacos se negaron a entregar las armas e hicieron frente a las tropas enviadas para reducirles. Disciplinados y bien armados, se apoderaron de las ciudades de Cheliábinsk y Vladivostok, controlando gran parte del trazado del Transiberiano.

En medio de una gran confusión, el presidente Wilson solicitó ayuda a Japón para formar una coalición militar internacional compuesta por 25 000 efectivos para rescatar a la Legión Checoslovaca. La petición norteamericana generó un agrio debate en el Parlamento de Tokio, que finalmente aprobó el envío de 12 000 soldados que actuarían bajo mando exclusivo japonés. El cuerpo expedicionario fue puesto bajo las órdenes del teniente general Yui Mitsue, un prestigioso militar de larga carrera en el Ejército imperial.

A mediados de octubre de 1918, los japoneses habían desplegado en Siberia más de tres divisiones. El contingente aumentó hasta llegar a superar las cuatro divisiones, con 72 000 soldados encuadrados en sus filas en el momento en que se firmó el armisticio que puso fin a la Primera Guerra Mundial, cifra que superaba con creces la acordada con los norteamericanos. Su verdadero objetivo se puso en evidencia cuando las tropas niponas se hicieron con el control de la red ferroviaria y ocuparon el norte de la Isla de Sajalín. Ante la consolidación de la autoridad de Moscú y el alto coste de su permanencia en territorio ruso, Japón fue reduciendo paulatinamente su presencia en Siberia.

Las ganancias de un Imperio

Japón, que se había implicado en la Gran Guerra como una potencia con aspiraciones a nivel regional, salió de la contienda muy fortalecido. En la conferencia de Paz celebrada en París en 1919, el Imperio del Sol Naciente alcanzó el estatus de vencedor en una guerra de la que había surgido un nuevo orden mundial en el que reclamaba ocupar un lugar destacado.

En respuesta a esta demanda, los representantes japoneses que acudieron a la conferencia formaron parte del llamado Consejo de los Diez, organismo que dirigió las deliberaciones que debían garantizar la paz mundial. A pesar de la importancia de este reconocimiento, que ponía en valor la participación de Japón en la contienda, la delegación nipona, presidida por el barón Makino Nobuaki, tuvo que soportar en la mesa de negociaciones los chistes racistas y de mal gusto de algunos miembros europeos del consejo, como fue el caso del presidente francés Clemenceau, que en tono jocoso lamentó tener que sentarse junto a «los feos japoneses», en «una ciudad llena de atractivas mujeres rubias».

Al margen de estas cuestiones poco diplomáticas, lo cierto es que las autoridades japonesas se mostraron orgullosas del papel desempeñado por su país en la conferencia. En 1920, el primer ministro Hara Takashi manifestó que «como una de las cinco grandes potencias, el Imperio *(Japón)* ha contribuido a la recuperación de la paz mundial. Con esto, el estatus del Imperio ha ganado aún más autoridad y su responsabilidad con el mundo ha ganado peso». Las constantes y desesperadas peticiones de ayuda a Japón por parte de las potencias de la Entente, durante los años que duró la contienda, favorecieron este impulso en la esfera internacional. Algunas publicaciones niponas de aquellas fechas, conscientes de cómo se había producido este logro, reflejaron en sus páginas un sentimiento nacional de superioridad sobre el Viejo Continente, en algunos casos con caricaturas explícitas que no dejaban lugar a la duda. En una de ellas Europa, representada como una sensual dama, susurraba al oído de un sonriente oficial japonés.

Los representantes nipones en la conferencia de París firmaron su adhesión a la Liga de Naciones, organismo internacional que debía velar por el mantenimiento de la paz mundial. Desde un primer momento, Japón se integró en el Consejo de la Liga, el máximo órgano en la toma de decisiones. El compromiso del Imperio del Sol Naciente con el posterior tratado de Washington, celebrado en 1922 para limitar una nueva carrera armamentística en los océanos, refrendó su posición como potencia mundial.

A lo largo del periodo de entreguerras, nadie se atrevió a discutir sobre la legalidad internacional de las conquistas territoriales niponas en Asia. Salvo tímidas reflexiones, tampoco se advirtió sobre el riesgo que para la estabilidad de la zona podían suponer sus insaciables ambiciones expansionistas. En la Primera Guerra Mundial, Japón apostó fuerte y ganó. Décadas después, y en vísperas del ataque a Pearl Harbour, algunos se dieron cuenta, demasiado tarde, de que habían concedido a los japoneses demasiada ventaja.

2. El error estratégico de la Sublime Puerta

El final de una amistad

Desde la caída de Constantinopla en 1453, el Imperio otomano reclamó su espacio en el Mediterráneo. Sus galeras y bajeles lo habían convertido en una potencia naval temida por los países europeos ribereños de sus costas, mientras sus ejércitos de jenízaros eran contenidos a duras penas en los Balcanes. Cuando parecía que Occidente iba a terminar claudicando al ímpetu de su avance, la Sublime Puerta —nombre que tradicionalmente recibía el Gobierno otomano, y por analogía el Imperio que representaba, que hacía referencia al arco de entrada a los aposentos del gran visir próximos al Palacio de Topkapi— empezó a ofrecer los síntomas de un gigante con pies de barro. La corrupción generalizada y la decadencia de su autoridad acabaron minando sus cimientos.

A principios del siglo XX, el Imperio otomano era una sombra de lo que había sido, aunque conservaba gran parte de los territorios que le habían dado forma en el siglo XVI, su época de mayor esplendor. Las provincias y estados vasallos que lo componían se repartían por Europa, África y Oriente Próximo, y estaban poblados por una amalgama de grupos étnicos, cada uno de ellos con sus propias costumbres, lenguas y religiones, rasgos propios que dificultaban una integración nacional y eran foco constante de inestabilidad debido a los problemas de convivencia que generaban.

Desde la segunda mitad del siglo XIX, Gran Bretaña había sabido jugar bien sus cartas para mantener buenas relaciones con la Sublime Puerta. Lo había demostrado con ocasión de la guerra de Crimea, al acudir en su ayuda frente a Rusia. Ambos países se consideraban aliados, pero como ocurre cada vez que se habla de relaciones internacionales, la traición o un malentendido puede convertir, de un día para otro, lo que hasta entonces había sido una vieja amistad en una rivalidad impregnada de odio. En el caso de estos dos países, se produjo un cambio de tendencia con la llegada del nuevo siglo.

La represión implacable de las autoridades turcas contra algunas minorías étnicas del imperio generó una oleada de indignación en la opinión pública británica, atizada por las críticas de un amplio sector de la prensa que cargó contra el Gobierno de Su Majestad por no tomar cartas en el asunto. Este encontronazo, sin demasiada repercusión en el plano político, generó una animadversión mutua entre los pueblos de ambas naciones que no tardaría en cobrarse su factura. El ambiente se enrareció aún más cuando en 1907 Londres firmó con Moscú, enemigo tradicional de los otomanos, la Entente anglo-rusa, acuerdo por el que los dos países fijaron sus áreas de influencia en el reparto colonial.

Mientras se producían estos acontecimientos, que enfriaron definitivamente las relaciones entre Gran Bretaña y el Imperio otomano, los turcos asistieron a un nuevo episodio de inestabilidad. Las guerras de 1912 y 1913 supusieron la definitiva expulsión de su presencia hegemónica en los Balcanes y generaron un clima de descontento entre la población, que exigió reformas con las que emprender una profunda regeneración de todos los estamentos del estado. El Comité de Unión y Progreso, partido de corte nacionalista y reformista que había nacido en el seno de las sociedades secretas compuestas por estudiantes universitarios y cadetes de las academias militares, y que sería más conocido con el nombre de movimiento de los Jóvenes Turcos, recogió el testigo del clamor en las calles.

A principios de 1913 decidieron pasar de las palabras a los hechos y en enero un grupo de jóvenes oficiales del Ejército asaltaron las oficinas del gran visir, asesinaron al ministro de Guerra y derrocaron al Gobierno en un golpe de Estado en toda regla. Inmediatamente nombraron un nuevo gabinete formado en su mayoría por representantes del Comité de Unión y Progreso, muchos de los cuales eran militares que habían sido entrenados en el espíritu castrense prusiano por el general Colmar von der Goltz, jefe de la misión militar alemana destacada en 1882 para reorganizar el anticuado ejército de la Sublime Puerta.

Para continuar con la reforma castrense, el nuevo gobierno liderado por los Jóvenes Turcos buscó un acercamiento hacia las principales potencias europeas. Tras la derrota turca en los Balcanes, había tres delegaciones militares extranjeras en Estambul. La británica estaba bajo el mando del contralmirante Arthur Limpus, los franceses habían enviado un contingente de la Gendarmería a las órdenes del general Henry Moujen, y la alemana de von der Goltz había sido sustituida por la del también general Otto Liman von Sanders. Las negociaciones emprendidas por el gran visir, Said Halim, para llegar a un acuerdo de cooperación militar más amplio con Londres que garantizase su integridad territorial fracasaron ante las renuencias británicas. Ante este rechazo, Turquía se arrojó en los brazos de Alemania como lo hubiera hecho ante el sultán una odalisca del serrallo.

Las relaciones de la Sublime Puerta con Gran Bretaña y Francia empeoraron cuando ambas potencias se negaron a concederle un préstamo financiero. Alemania, que hasta entonces había permanecido en un segundo plano, reaccionó con rapidez para ocupar el lugar vacante que otros habían abandonado y concedió el crédito necesario para la supervivencia del Imperio otomano. El siguiente paso, que estrechó aún más los lazos entre ambas naciones, fue la oferta alemana de entrenar a los oficiales que hasta entonces habían sido instruidos por británicos y franceses. Fue entonces cuando el general von Sanders llegó a Estambul para ponerse al frente del Primer Cuerpo del Ejército turco, cargo con derecho a voto en el Consejo de Guerra, privilegio que no habían tenido los representantes de otras potencias ni su antecesor, von der Goltz.

El nombramiento de von Sanders provocó las protestas del resto de países. Aunque el convenio militar entre el Imperio otomano y Alemania tenía una vigencia de cinco años, Rusia lo interpretó como una seria amenaza contra sus intereses estratégicos en la zona. Serguéi Sazónov, ministro ruso de Asuntos

Exteriores, elevó ante los turcos una severa advertencia en la que amenazaba con adoptar medidas de fuerza. Cuando la tensión parecía a punto de estallar, se impuso la cordura y las aguas lentamente volvieron a su cauce. Al fin y al cabo, no había excesivos motivos para la preocupación, como pensaron algunos. Tampoco existía ninguna alianza militar formal entre el Imperio otomano y Alemania que fuera más allá del convenio de cooperación, que establecía expresamente en su texto la suspensión del acuerdo en caso de estallido de una guerra. Además, los Jóvenes Turcos no habían cerrado las puertas del todo a una posible cooperación con otras potencias europeas.

Enver Pashá, hombre fuerte del régimen surgido tras la revolución liderada por sus camaradas, había recibido formación militar en Alemania y su simpatía hacia sus antiguos instructores era evidente mientras la influencia británica en los asuntos turcos disminuía a un ritmo imparable. Al principio de la Primera Guerra Mundial, Turquía mantuvo una aparente neutralidad que gráficamente se podría describir como cogida con alfileres. La torpeza diplomática exhibida por Gran Bretaña iba a provocar un incidente que acabaría dando un giro brusco a esta situación.

Al comienzo de la contienda, los desconfiados británicos confiscaron dos grandes buques de guerra para la Armada otomana que se estaban construyendo en sus astilleros. La forma en la que se tomó esta medida, sin consultar ni ofrecer ningún tipo de compensación a los turcos, colmó la paciencia de la Sublime Puerta. El 5 de agosto de 1914 los alemanes, atentos en todo momento a los movimientos de sus adversarios, pusieron a disposición de la Armada otomana los cruceros *Goeben* y *Breslau*, que en esos momentos navegaban a toda máquina por el Mediterráneo con rumbo al estrecho de los Dardanelos para exhibir bandera. Los turcos aceptaron el ofrecimiento y los dos buques transferidos, rebautizados con los respectivos nombres de *Yavuz Sultan Selim* y *Midilli*, reforzaron las posiciones en la península de Galípoli, con sus tripulaciones alemanas disfrazadas con un *fez* turco en la cabeza. Para todos los implicados quedó claro que con la toma de esta decisión el Impero otomano tomaba partido por las Potencias Centrales.

La posición oficial de neutralidad de la Sublime Puerta era difícilmente sostenible a esas alturas. Los alemanes presionaban para que se adoptase en ese sentido una postura clara que les favoreciera y muchos Jóvenes Turcos estaban impacientes por oír el ruido de sus cañones. Tan solo hacía falta una provocación que no tardó en producirse. A finales de octubre, y sin consultar al resto de miembros del Gobierno, Enver Pashá ordenó a los buques de guerra transferidos que atacasen a la flota rusa estacionada en el mar Negro. Los cruceros bombardearon por sorpresa los puertos de Feodosia, Novorosíisk, Odesa y Sebastopol, hundiendo algunas unidades navales rusas y varios mercantes. La respuesta no tardó en llegar y el 2 de noviembre Rusia declaró la guerra al Imperio otomano. Francia y Gran Bretaña, aliados de los rusos, tomaron el mismo camino.

Objetivo: el canal de Suez

Aunque pudiera parecer lo contrario, Enver Pashá no había actuado a la ligera. El 2 de agosto de 1914, el Imperio otomano firmó un pacto secreto con Alemania, conocido como el tratado de Alianza, por el que ambas naciones se comprometieron a prestarse ayuda mutua en defensa de sus respectivos intereses. Este tratado fue ratificado por muchos altos funcionarios turcos que deseaban la entrada de su país en la guerra al lado de los Imperios Centrales. Entendían que de esa forma podían resarcirse de humillaciones anteriores y recuperar posesiones territoriales que habían perdido. Por el lado alemán, esperaban que su nuevo aliado abriera un nuevo frente que pudiera atraer a un buen número de fuerzas enemigas, apartándolas del escenario europeo. Desde luego al káiser no le iba a salir gratis, y para cumplir con los objetivos militares fijados los turcos empezaron a recibir armas, soldados y dinero alemán con los que equipar a su ejército.

En noviembre de 1914, el sultán Mehmed V afirmó que la contienda era una guerra santa, e hizo un llamamiento a todos los musulmanes residentes en los territorios controlados por

Gran Bretaña, Francia y Rusia para que se levantasen en armas contra el opresor. Con manifestaciones de este tipo, el Imperio turco quería exponer que aunque mantuviera con los alemanes una unidad de acción, también tenía sus propios objetivos estratégicos.

Egipto declaró la guerra a todos los enemigos de Gran Bretaña el 5 de agosto de 1914. La posición del País de las Pirámides en el contexto internacional era un tanto compleja. Aunque formalmente gozaba de independencia, en realidad era un protectorado británico que no había roto del todo sus lazos con el Imperio otomano, al que había pertenecido. Para proteger sus fronteras y garantizar el control del canal de Suez, vía de comunicación vital para los intereses del Imperio británico, el Gobierno de Londres desplegó en su territorio un ejército de 70 000 efectivos bajo el mando de sir John Maxwell, un general con amplia experiencia en el continente africano.

Declarada la guerra, británicos y turcos se enfrentaron en algunas escaramuzas aisladas en los límites fronterizos, combates de tanteo que sirvieron para medir las fuerzas del adversario. La situación se agravó cuando los líderes otomanos tomaron la decisión de invadir Egipto y tomar el canal de Suez. La operación se encomendó al IV Ejército, contingente compuesto por más de 20 000 hombres bajo el mando de Djemal Pashá, que junto a Enver Pashá y Talat Pashá era uno de los puntales del triunvirato que llevaba las riendas del régimen. Destinado en Siria desde mayo de 1915, a Djemal Pashá se le concedieron plenos poderes civiles y militares para organizar el ataque.

El IV Ejército tenía tres posibles vías para penetrar en Egipto. El camino más fácil y corto era el de la costa, con una buena carretera que favorecía la llegada de suministros. Sin embargo, las tropas turcas podían quedar expuestas a los cañones de los barcos británicos. La segunda ruta estaba mucho más al sur y fuera del alcance de la artillería naval del enemigo, pero retrasaría demasiado el avance, dando tiempo a los británicos a establecer defensas. La tercera se situaba a medio camino entre las dos anteriores y partía desde la ciudad de Beersheva hasta llegar a Ismailía, en la orilla noroeste del canal, desde donde podían seguir la carretera y la línea de ferrocarril que llegaba hasta El Cairo. La decisión parecía clara y los estrategas otomanos se decidieron por la ruta central a través del desierto del Sinaí.

Las unidades de reconocimiento británicas detectaron la presencia de las columnas enemigas el 28 de enero de 1915. Buques de guerra franceses y de la Royal Navy maniobraron dentro del canal y tomaron posiciones antes de abrir fuego contra el avance de los soldados turcos. Al mismo tiempo, la infantería del ANZAC, acrónimo de Australian and New Zealand Army Corps («Cuerpos de Ejércitos Australiano y Neozelandés»), que había hecho escala en Egipto en su camino hacia Europa y se habían quedado para proteger al canal ante la previsión de un ataque, se atrincheraron en posiciones defensivas. El 2 de febrero, las vanguardias de ambos bandos se enfrentaron por primera vez, combate que fue interrumpido por una tormenta de arena.

Tropas del ANZAC desembarcando en las playas de Galípoli (Fuente: Wikimedia Commons).

Cuando regresó la calma las tropas turcas, cargadas con pontones especialmente diseñados para cruzar el canal, avanzaron hacia su orilla este y descendieron hasta el cauce por los terraplenes que no ofrecían ninguna protección, mientras ofrecían un blanco fácil a las ametralladoras de los soldados indios del Ejército británico apostados al otro lado. El fuego sostenido dejó el talud sembrado de cadáveres y provocó la retirada enemiga. Los turcos volvieron a intentarlo durante la madrugada, pero la firme resistencia de las fuerzas del Imperio británico les obligó de nuevo a retroceder.

El intento por parte de los turcos de alcanzar el canal de Suez acabó en fracaso, con un coste de más de 1500 muertos y un número indeterminado de heridos. Desmoralizados y exhaustos, se retiraron al otro lado de la península del Sinaí sin ser acosados por sus enemigos. Británicos y otomanos extrajeron consecuencias de este primer enfrentamiento. Los primeros comprendieron que a pesar de la victoria conseguida la vital vía de comunicación para su imperio estaba en peligro. Por su parte, los turcos fueron conscientes del resultado nefasto de una campaña militar improvisada y resultó evidente que si querían ocupar Egipto iban a necesitar muchas más tropas mejor dirigidas y equipadas, objetivo que escapaba a sus posibilidades. Aun así, mantuvieron una fuerza en el Sinaí bajo el mando del general alemán Fiedrich von Kress Kressenstein, que organizó varias operaciones militares con el objetivo de mantener ocupadas al mayor número de tropas enemigas para que no fueran enviadas a otros frentes. Los sucesivos intentos británicos por desalojar definitivamente a los turcos de las proximidades del canal tampoco tuvieron éxito y la guerra en este escenario quedó también estancada.

Galípoli: algo más que «un crucero por el Mármara»

A finales de 1914, los campos de batalla europeos, impregnados por el hedor de los cadáveres sin enterrar, escondían en sus trincheras a los soldados que, acurrucados como si fueran animales en sus madrigueras, esperaban el fin del mundo. Después de la Primera Batalla del Marne, la situación estaba en un punto muerto del que nadie parecía capaz de salir. Mientras tanto en el este, los rusos solicitaron encarecidamente a los británicos la apertura de un segundo frente que pudiera aliviar la amenaza turca sobre el Cáucaso.

Los éxitos iniciales de la Royal Navy en el estrecho de los Dardanelos dieron a los británicos la falsa impresión de que era relativamente fácil abrirse paso por esas aguas hostiles.

Seguro de esta convicción, el primer lord del Almirantazgo, Winston Churchill, propuso el envío de una flota de guerra a la zona que con sus cañones pudiera arrasar los fuertes enemigos que defendían el paso. Una vez logrado este objetivo, los dragaminas limpiarían el estrecho para permitir que la escuadra pudiera acercarse a Estambul para destruir a los cruceros *Yavuz Sultan Selim* y *Midilli*, que con su presencia obstaculizaban las rutas de aprovisionamiento hacia Rusia. Sobre el papel, el plan presentado por Churchill parecía viable, incluso convincente, y el Gobierno británico aprobó su puesta en marcha.

En enero de 1915, los franceses se unieron a la iniciativa británica y ambos aliados prepararon una acción conjunta que debía ponerse en marcha el 15 de febrero. A Churchill le había resultado difícil convencer al veterano almirante John Arbuthnot «Jacky» Fisher de la viabilidad de la operación, pero cuando lo consiguió, el viejo lobo de mar se convirtió en uno de sus más fervientes defensores. Sin embargo, según se acercaba la fecha del despliegue Fisher cambió de opinión y albergó preocupantes dudas sobre su éxito. Aunque ya era demasiado tarde para echarse atrás, las críticas del almirante forzaron la introducción de un importante cambio en el plan original.

Ante el peligro de un ataque turco desde la costa y para asegurar el terreno, Londres decidió desembarcar un contingente de tropas en la península de Galípoli, una estrecha franja de tierra al sur de la parte europea de Turquía que domina la entrada a los Dardanelos. La misión se encomendó a la 29ª División, que había permanecido de reserva en Grecia, y que contaría con el respaldo de dos batallones de infantería de marina y las unidades de alegres y despreocupadas tropas del ANZAC. El prestigioso general Horatio Kitchener, secretario de Estado para la Guerra en el Gabinete de Su Majestad, llegó a afirmar, en un arriesgado gesto de excesiva autoconfianza, que las tropas australianas y neozelandesas serían muy adecuadas para una misión que calificó como «un crucero por el Mármara». En total, 50 000 hombres se concentraron en la isla griega de Lemnos, un lugar que en seguida se reveló como demasiado pequeño, y por tanto inapropiado, para albergar a tantos soldados. Las cosas no comenzaban del todo bien.

La ofensiva naval sobre los Dardanelos se demoró varios días por culpa de la preparación de los desembarcos anfibios. Finalmente, la escuadra anglo-francesa, bajo el mando del almirante sir Sackville Hamilton Carden, comandante de la flota británica en el Egeo, partió de Malta y puso rumbo a los Dardanelos a primera hora de la mañana del 19 de febrero. Los buques de guerra llegaron a su objetivo sin incidentes, pero pronto comenzaron los problemas. Los bombardeos de su poderosa artillería apenas causaron daños en las posiciones fortificadas enemigas en tierra firme. Los ataques se reanudaron el 25 de febrero y finalmente se tuvo que recurrir a los infantes de marina para que tomasen las defensas turcas en la entrada a los Dardanelos.

Este éxito parcial se celebró antes de tiempo como una victoria. En medio de un optimismo generalizado, se llegó a pensar que la simple presencia de los barcos británicos y franceses sería suficiente para forzar una rendición otomana sin necesidad de llevar a cabo un desembarco a gran escala. En medio de esta atmósfera de euforia mal contenida, el almirante Carden envió un telegrama a Londres en el que decía que esperaba llegar a Estambul en un plazo de dos semanas. Sin embargo, las cosas empezaron a torcerse demasiado pronto.

La resistencia de los turcos en tierra firme se reorganizó y el 4 de marzo forzaron la retirada de los infantes de marina británicos que habían desembarcado en la costa. En un intento por agotar todas las posibilidades, el Gobierno de Londres inició conversaciones secretas con la Sublime Puerta para llegar a un acuerdo honorable para ambos. Durante las mismas ofreció el pago de cinco millones de libras como compensación, cantidad que se vería sensiblemente aumentada si se les entregaba los cruceros *Yavuz Sultan Selim* y *Midilli*. Para aceptar el trato, los otomanos pusieron como condición la integridad de Estambul, exigencia a la que los británicos no podían comprometerse para no desagraviar las ambiciones rusas. Ante las posturas inamovibles de ambos, las negociaciones finalmente fracasaron.

Las operaciones navales no tardaron en reanudarse con resultados fatales para la escuadra aliada. A pesar de las labores de limpieza de los dragaminas, los buques de guerra británicos y franceses eran víctimas de las minas y los obuses de la artillería costera. En medio de una creciente frustración el veterano Carden, enfermo por culpa de una crisis nerviosa, fue sustituido por el almirante John de Robeck, que no tardó en ordenar la retirada de la flota. La noticia cayó en Londres como una auténtica bomba, nunca mejor dicho, y Churchill se opuso vehemente a una retirada, aunque Fisher se mostró partidario de suspender toda la operación. Finalmente, se impuso el criterio del primer lord del Almirantazgo y se ordenó a De Robeck que permaneciese en la zona.

En medio de un creciente clima de crispación en el Gobierno británico, Kitchener asumió el protagonismo y ordenó al general Ian Hamilton, un viejo conocido de las campañas coloniales en el Sudán, que iniciase los preparativos de un desembarco anfibio a gran escala. Se pensó entonces que la infantería acabaría con el trabajo que los barcos no habían podido terminar y se recuperó el plan inicial de desembarcar en Galípoli. Hamilton asumió la responsabilidad sin saber muy bien en dónde se metía. Bajo su mando tenía un contingente que había aumentado sus efectivos iniciales hasta los 75 000 hombres con la llegada de una división completa de infantes de marina y un cuerpo de ejército francés. Sin embargo, como única información de la zona de operaciones contaba con guías turísticas y planos editados décadas atrás que no habían sido actualizados. Con apenas unos pocos días para organizar todo el desembarco, la preparación logística fue un auténtico desastre. Como remate a este cúmulo de despropósitos, no se puso especial cuidado en mantener el plan en secreto, por lo que turcos y alemanes estaban al corriente de cada uno de sus pasos y tuvieron tiempo de reforzar sus defensas.

La consigna era continuar adelante a toda costa y el desembarco en Galípoli se fijó para el 18 de marzo de 1915. Ese día, una gran flota de buques de guerra se presentó ante las miradas atónitas de los soldados turcos que les esperaban atrincherados en la costa. El ataque no tardó en convertirse en una ratonera para las escuadras británica y francesa. Las minas y los obuses de artillería hicieron blanco una y otra vez sobre los cascos de los grandes barcos, mientras los dragaminas eran obligados a retirarse sin cumplir su misión. En el breve lapso de unas pocas horas, los aliados habían perdido tres navíos de guerra, otro tres habían resultado gravemente dañados y la flota de dragaminas había sido diezmada.

Ante la magnitud de la derrota, De Robeck retiró su apoyo a la operación pero sin informar a Hamilton, que como soldado que cumplía las órdenes hasta el final continuó adelante con el desembarco. Mientras sus enemigos discutían sin saber muy bien qué hacer, los turcos reforzaron aún más sus posiciones con el asesoramiento de sus aliados alemanes. Finalmente, durante la noche del 24 al 25 de abril dos centenares de barcos de transporte de tropas arribaron frente a las costas de Galípoli. El desembarco dio comienzo a las tres de la madrugada y las barcazas avanzaron hacia las playas protegidas por la oscuridad penetrante de la noche que las rodeaba.

Un contingente compuesto por 12 000 soldados australianos y neozelandeses debía llegar a la playa Z, situada al norte. Sin embargo, alcanzaron la costa en un lugar equivocado. Las tropas fueron arrojadas frente a un escarpado terreno desde el que los turcos disparaban sus ametralladoras contra la masa de desdichados que se amontonaba sin escapatoria en la estrecha franja de playa. Ante la desesperada situación de sus hombres, el general William Birdwood solicitó el reembarque de sus tropas, petición que le fue denegada. Durante las semanas siguientes, los jóvenes *anzacs* intentaron tomar una y otra vez las cimas que rodeaban su precaria posición, defendidas por los soldados de la 19ª División turca. Al final de la campaña, el recuento de bajas entre sus filas superó las 10 000.

Mientras los australianos y neozelandeses intentaban abrirse paso en las arenas de Z, se realizaron otros cinco desembarcos en diferentes puntos del cabo Helles, en el extremo suroccidental de la península de Galípoli. En la playa con el nombre en clave de V, los cañones y ametralladoras turcas acabaron con la vida de la mitad de los soldados que a duras penas consiguieron alcanzar la costa. En la W se repitió el mismo escenario, con más de un 70% de bajas. En las restantes playas la resistencia fue menor y para el 26 de abril se había conseguido desembarcar más de 30000 soldados. Los franceses consiguieron avanzar con rapidez tierra adentro y tomaron la localidad de Kumkale. Tras la conquista del pueblo de Sedd el Bahr, los aliados atacaron Krithia, donde a primeros de mayo fueron rechazados después de sucesivos e infructuosos asaltos.

A estas alturas de la campaña, los británicos estaban recibiendo un continuo flujo de refuerzos, si bien la logística seguía siendo caótica. Se improvisaba constantemente y los soldados sufrían las consecuencias de aquel desbarajuste al que nadie ponía remedio. Faltaba munición de todo tipo y cuando llegaban los proyectiles solían ser de un calibre equivocado. La falta de agua potable era un suplicio para las sedientas tropas y comer un rancho caliente era poco menos que una esperanza que casi siempre se veía defraudada. Los cadáveres sin enterrar eran devorados por enjambres de moscas y muchos heridos agonizaban en condiciones espantosas.

Para distraer la atención de los turcos, el 6 de agosto se realizó otro desembarco en la bahía de Suvla, al sur del golfo de Saros, llevado a cabo por tropas de refresco. En los primeros compases de la operación, los británicos consiguieron establecer una cabeza de puente, pero los turcos, que contaban con catorce divisiones en Galípoli, consiguieron cerrar los huecos entre sus líneas y aislar a las tropas enemigas en las playas. Mientras tanto, el papel desempeñado en el resto de la campaña por los buques de guerra de la Royal Navy fue muy limitado, a la espera de que la infantería hiciera el trabajo sucio en tierra.

En Londres se rumiaba el desastre mientras todos sus responsables intentaban escurrir el bulto. El almirante Fisher alzó la voz para evitar verse salpicado por el escándalo de la debacle en Galípoli y se apresuró a afirmar que él se había opuesto a la operación desde el principio. Churchill necesitaba *una* cabeza de turco, en el sentido literal de la expresión, a la que culpar y el elegido fue Hamilton, el último en llegar, que fue obligado a regresar a Gran Bretaña para comunicarle una destitución fulminante que supuso el fin de su carrera militar. Su puesto fue ocupado por el general Charles Monro, al que se encargó que hiciera un informe de la situación real sobre el terreno. En una valoración objetiva que muy pocos se habrían atrevido a hacer, Monro indicó que serían necesarios al menos 400 000 soldados más si se quería obtener la victoria en Galípoli. Desde Londres le respondieron que no podían enviar más hombres, por lo que el general recomendó encarecidamente la suspensión de todas las operaciones y la evacuación de la península.

Las palabras de Monro no sentaron demasiado bien entre aquellos que seguían insistiendo obcecadamente en continuar con la campaña. Uno de ellos fue Kitchener, que decidió ver las cosas por sí mismo. A su llegada a Galípoli se llevó una fuerte impresión ante lo que allí contempló y el 15 de noviembre remitió un telegrama al primer ministro Asquith para informarle de que la victoria era imposible. El análisis de Kitchener confirmó el de Monro, y la opinión de ambos generales sirvió para hacer entender que la mejor solución era la evacuación del contingente amontonado en las playas. La operación se inició el 7 de diciembre, en medio de las borrascas invernales que dificultaron las maniobras de reembarque. Para alivio de los aliados, los turcos se mantuvieron a la expectativa pero no atacaron. Los últimos soldados subieron a bordo de los barcos el 8 de enero de 1916. Los aliados abandonaron toneladas de suministros y cientos de piezas de artillería y vehículos. La última masacre en las playas de la península se produjo cuando sacrificaron a miles de caballos y mulas para evitar que cayeran en manos de los turcos.

La campaña de Galípoli, que los más optimistas habían anunciado que terminaría en 48 horas, duró ocho meses y medio con un coste para los aliados de más de 250 000 bajas. Los turcos perdieron un número similar de soldados, entre muertos, heridos y desaparecidos, pero consiguieron rechazar al enemigo de su territorio y proteger Estambul. Por el contrario, a pesar del heroísmo mostrado por las tropas territoriales, coloniales y del ANZAC, Galípoli escribió una de las páginas más humillantes y vergonzosas de la historia militar británica.

«El Aurens» y la épica legendaria de la revuelta árabe

El fiasco de Galípoli, por no calificarlo de una derrota pura y dura para disgusto de los perdedores, debilitó la presencia británica en Oriente Medio. Egipto volvía a estar en peligro y los rumores que circulaban por El Cairo hablaban de la concentración de un gran ejército turco, a la espera en Palestina de recibir la orden de avanzar de nuevo hacia el canal de Suez. Ante lo que se consideraba que iba a ser un ataque inminente, los británicos emprendieron un programa de construcción de vías férreas y depósitos de suministros que permitieran la rápida movilización de sus tropas.

A finales de 1915, Gran Bretaña y Francia habían iniciado conversaciones con Husayn ibn Ali, jerife de La Meca, para que los árabes se levantasen en armas contra los opresores otomanos. Con un propósito parecido al que habían pretendido con la campaña de Galípoli, los aliados esperaban que los problemas ocasionados por una revuelta interna en el corazón de Arabia, territorio controlado por los turcos, les hiciera retirar tropas de otros frentes. Para convencer al jerife, le prometieron su apoyo a la constitución del reino que tanto anhelaba, un estado que extendería sus fronteras desde Egipto hasta Persia, con la excepción de los enclaves que británicos y franceses mantenían en la zona.

Husayn escuchó con calma la propuesta aliada y finalmente aceptó ponerse de su lado. A la hora de tomar esa decisión, el regente de la Ciudad Santa de los musulmanes también tuvo en cuenta la amenaza que para sus ambiciones como gobernante suponía la presencia y actitud que mantenía Alí Haydar, líder del poderoso clan de los Zayd y aliado de los turcos, que aguardaba en la sombra la oportunidad para derrocarle con la ayuda de sus poderosos amigos. El jerife confiaba en que el apoyo de los británicos le haría desistir de sus intenciones.

Fiel a su compromiso, el 5 de junio de 1916 los emires Alí y Faysal, hijos de Husayn, iniciaron la revuelta árabe contra los otomanos. En total habían conseguido reunir un ejército irregular de 50000 hombres pertenecientes a diferentes tribus ligadas a su autoridad por vínculos ancestrales. Entre todos apenas contaban con 10 000 fusiles modernos, mientras la mayoría iban armados con alfanjes, dagas, sables y viejas espingardas que apenas servían para hacer ruido. A pesar de este inadecuado armamento, los jinetes árabes se lanzaron a un caótico asalto contra la ciudad de Medina que la guarnición otomana rechazó sin demasiados problemas. Pocos días después, los valerosos hombres de Husayn atacaron La Meca. En esta ocasión, los combates se extendieron por las callejuelas de la Ciudad Santa y duraron más de un mes. Cuando los árabes estaban a punto de ser rodeados, la providencial intervención de tropas egipcias enviadas por los británicos inclinó la balanza en su favor y permitió su captura el 9 de julio. Alentados por la victoria, el 22 de septiembre el emir Abdullah, otro de los hijos de Husayn, tomó la ciudad de Taif con la ayuda de los cañones egipcios.

En la costa de Arabia, los buques de guerra franceses y británicos habían limpiado el mar Rojo de la presencia de las cañoneras otomanas y con su apoyo las fuerzas árabes habían conquistado el estratégico puerto de Yeda. Su progresión por la costa no se detuvo ahí y a finales de septiembre habían ocupado las ciudades de Rabigh, Yanbu y Al Qunfudhah. Los árabes victoriosos se hicieron con grandes cantidades de valioso material bélico y capturaron 6000 prisioneros.

En Londres estaban contentos. La campaña en Arabia iba como la seda y el peligro sobre Egipto parecía alejarse con el paso de los días. Sin embargo, los intentos por transformar la campaña en una guerra convencional, dominada por los movimientos de grandes ejércitos sobre el campo de batalla, fracasaron por la idiosincrasia del terreno donde se desarrollaba y el carácter de los hombres que empuñaban las armas contra los turcos. Las fuerzas de Husayn, reforzadas con la llegada de un contingente de tropas francesas coloniales procedentes del Norte de África, seguían ocupadas obstinadamente en la conquista de la ciudad de Medina, objetivo que les estaba costando demasiada sangre.

En octubre de 1916 llegó a la región un extraño personaje que estaba llamado a convertirse en toda una leyenda al escribir los capítulos más vibrantes de la épica de la revuelta árabe, aunque por su aspecto enclenque y tímido nadie hubiera apostado al principio por él, en todo caso para jugarse un chelín adivinando cuanto tiempo resistiría entre aquella horda de bandidos que se consideraban a sí mismos soldados de Husayn.

Desde hacía meses, un grupo de oficiales franceses y británicos colaboraban con las fuerzas del jerife actuando como asesores militares. Entre ellos destacó el joven oficial Thomas Edward Lawrence, personaje que pasaría a la historia con el romántico nombre de Lawrence de Arabia y al que sus valerosos hombres llamaban El Aurens. Amante de la poesía, los autores clásicos, la historia y la arqueología, era un autodidacta que se formó intelectualmente en las aulas de la Universidad de Oxford. Al comienzo de la guerra se presentó como voluntario y en diciembre de 1914 fue destinado al Departamento de Inteligencia Militar de El Cairo. Dotado de un talento innato para aprender lenguas extranjeras, su trabajo consistía en interpretar mapas y traducir mensajes.

Por su carácter introvertido y superioridad erudita, Lawrence no caía demasiado bien. En la biografía que el escritor Robert Graves le dedicó describe su aspecto físico como el de un hombre…:

> …bajo (un 1,64 centímetros), de cuerpo largo en proporción a las piernas, a mi parecer, pues impresiona más sentado que de pie. Tiene cabeza grande de tipo nórdico (…) pelo claro (no rubio) y más bien fino, y cutis blanco (…). La porción superior de su rostro es amable, casi maternal; la inferior, severa, casi cruel. Sus ojos, entre azules y grises, se mueven constantemente. Tiene manos y pies pequeños.

En las páginas de su obra, Graves recoge también algunos de los calificativos contradictorios que otros le dedicaron y que nos pueden servir para perfilar su fisonomía y carácter: «ese hombrecillo vulgar», «semblante y figura de bailarina circasiana», «un sujeto pequeño con la cara encarnada, como la de un carnicero», «un cómico», «un joven de notable belleza corporal», «modales muy tranquilos, reposados…»; calificativos todos ellos que dibujan el retrato de un personaje que a nadie dejaba indiferente.

El recién ascendido capitán Lawrence se aburría horriblemente en los despachos y ansiaba poder entrar en acción para saciar su sed de aventuras. Sus deseos se cumplieron cuando el 16 de octubre fue enviado a Yeda para mantener un encuentro con Faysal y analizar sobre el terreno la preocupante situación en la que se encontraban las descoordinadas fuerzas árabes, escasas de suministros y mal armadas. El hijo del jerife encontró en el capitán de 31 años el interlocutor que necesitaba para exponer sus demandas ante los británicos, que en caso de no ser atendidas le impedirían proseguir con la rebelión. Al escuchar a Faysal, el propio Lawrence encontró sentido a su misión y sus convincentes palabras hicieron de él un ferviente defensor de la causa árabe.

El carismático teniente coronel Thomas Edward Lawrence, que se convirtió en leyenda con el sobrenombre de Lawrence de Arabia, lideró a un ejército de tropas irregulares árabes contra los turcos (Fuente: Wikimmedia Commons).

Lawrence volvió a El Cairo y expuso su fe firme en una victoria de la sublevación que podía conducir a la expulsión de los turcos de la región y al establecimiento de un estado panárabe con capital en Damasco. Sus superiores escucharon los vehementes argumentos del impetuoso y soñador capitán antes de quitárselo de en medio y enviarle como oficial de enlace en el ejército de Faysal acampado en Yanbu. En poco tiempo, el carácter retraído pero enérgico de Lawrence y su resistencia física se ganaron la confianza de los árabes. Endurecido por el desierto y fascinado por su cultura, asimiló sus costumbres como ningún oficial europeo lo había hecho hasta entonces. Admirado y temido, era capaz de soportar las duras jornadas a lomo de un camello, aguantar la sed abrasadora y luchar dominado por una crueldad impasible que asustaba a sus propios hombres.

Ante los continuos fracasos frente a Medina, El Aurens convenció a los árabes para que desistieran de su objetivo y concentrasen sus fuerzas en atacar el ferrocarril que atravesaba la región de Hiyaz, vía de comunicación estratégica que unía los campamentos y puntos fortificados que los turcos habían levantado para mantener su presencia y control en la zona. Los jinetes bajo sus órdenes consiguieron interrumpir la línea mediante la combinación de voladuras y sabotajes, que obligaron a sus enemigos a destinar numerosos efectivos para patrullarla a lo largo de todo su recorrido.

Mientras El Aurens se mantenía ocupado en su guerra de guerrillas, los otomanos reaccionaron y a primeros de diciembre de 1916 lanzaron una ofensiva para tomar el puerto de Yanbu. En su avance, derrotaron a los árabes en varias escaramuzas y, cuando parecía que iban a tomar el puerto, la intervención de los cañones de los buques británicos logró impedirlo. El contingente otomano se dirigió entonces hacia Rabigh con las mismas intenciones, pero en este caso fueron rechazados por los continuos ataques guerrilleros que hostigaron sus flancos y los bombardeos aéreos de los aviones ingleses recién llegados a la región.

A principios de 1917, el ejército árabe contaba con 70 000 hombres distribuidos en tres grandes grupos que actuaban coordinadamente. Los hombres de Alí volvieron a amenazar Medina, Faysal continuaba con sus ataques de guerrilla en un gran radio de acción liderados por El Aurens, mientras Abdullah interrumpía las comunicaciones turcas y capturaba sus suministros. Ante la sucesión de buenos resultados obtenidos por los árabes, los británicos concedieron mayor importancia a la campaña. El 27 de junio de 1917 llegó a El Cairo el general sir Edmund Allenby para hacerse cargo de las operaciones para apoderarse de Palestina. Con los veteranos de Galípoli, el IV Ejército británico y la Fuerza Expedicionaria Egipcia, inició una ofensiva para alcanzar Jerusalén a través de la península del Sinaí.

Mientras los generales hacían planes y trazaban mapas, El Aurens dirigió un ataque fulminante contra el estratégico puerto de Áqaba, el único que quedaba en manos de los turcos en el mar Rojo. La ciudad fue tomada el 6 de julio y su conquista permitió convertirla en una importante base desde la que los árabes podían controlar toda la costa del mar Rojo con la ayuda de los buques de guerra y los hidroaviones de la flota combinada anglo-francesa.

La conquista de Áqaba permitió a las tropas irregulares de Faysal situarse en el flanco derecho del avance del Ejército Expedicionario Egipcio liderado por Allenby en su ofensiva de otoño contra la línea que los otomanos habían establecido entre Beersheva y Gaza. Fue el propio Lawrence el que convenció al general británico de que los árabes eran capaces de apoyar su ataque al dirigir personalmente una serie de arriesgadas incursiones para destruir los trenes cargados de suministros para los turcos, volar puentes y tender emboscadas a las patrullas enemigas y cuadrillas que acudían a reparar los daños.

Ese invierno, Lawrence y sus hombres prosiguieron con su campaña de sabotajes en territorio enemigo. En noviembre, emprendió una nueva misión en el interior del valle del río Yarmuk. Su intención era dinamitar el puente de ferrocarril en Tel ash-Shehab pero no pudo destruirlo, aunque sí tuvo éxito al interceptar el tren del general Mehmet Cemal Pashá, comandante del VII Cuerpo otomano.

En el transcurso de estas operaciones, el 20 de noviembre Lawrence corrió un riesgo excesivo al infiltrarse, prácticamente en solitario, en la ciudad siria de Deraa para obtener información sobre la guarnición turca. Su aspecto árabe le hizo pasar inadvertido hasta que fue interceptado en sus calles por una patrulla enemiga. A pesar de que habían puesto un alto precio por su cabeza, los soldados le confundieron con un atractivo joven barbilampiño de rasgos circasianos y se lo llevaron detenido con perversas intenciones. Durante las horas que permaneció en manos turcas, Lawrence sufrió torturas y fue sodomizado antes de ser liberado. Esta experiencia traumática marcó su personalidad misántropa para el resto de su vida y generó en él un profundo odio hacia los otomanos, a los que a partir de entonces trataría sin piedad.

Volviendo a la guerra, el avance de Allenby no se detuvo y Jerusalén fue conquistada por los británicos el 11 de diciembre de 1917 después de dos semanas de duros combates. El general hizo su entrada a pie en la Ciudad Santa de las tres grandes religiones monoteístas bajo la puerta de Yafo, seguido por un séquito del que formaba parte el teniente coronel T. E. Lawrence. Tras esta victoria toda Siria, y su capital Damasco, quedaban al alcance de las fuerzas aliadas.

Panorámica de las bóvedas del castillo jordano de Qasr Al Azraq que sirvió de base a Lawrence de Arabia en el transcurso de la Rebelión Árabe (Foto colección del autor).

A esas alturas, El Aurens conocía las verdaderas intenciones de sus superiores. El tratado secreto de Sykes-Picot, por el que Francia y Gran Bretaña, con el consentimiento de Rusia, acordaron en 1916 el reparto entre ambas naciones de las posesiones territoriales del Imperio turco en Oriente Medio, suponía una traición a las promesas hechas a los árabes. Cuando el 1 de octubre de 1918, el teniente coronel Lawrence hizo su entrada triunfal en Damasco al frente de la vanguardia del ejército de Faysal, su rostro atormentado era el reflejo del conflicto moral que suponía para él mantener su lealtad dividida entre los intereses de su país y la causa árabe. Como él mismo transcribió en una de sus cartas, «durante tres años me he esforzado en pensar como un árabe, y cuando una y otra vez choco contra las convenciones inglesas, me resulta penoso, y me reitero la necesidad de que es preciso concluir con esta historia».

Atrapado en ese dilema, y torturado por lo que consideraba que era una traición a la promesa que había hecho a sus leales amigos del desierto, Lawrence de Arabia, nombre con el que la prensa fue dando forma a su leyenda, hacía tiempo que había dejado de ser el joven oficial idealista que al principio de la guerra había llegado a El Cairo para convertirse en un soldado desmoralizado y lúgubre, que sentía repugnancia hacia sí mismo por las atrocidades que había cometido en el transcurso de los combates.

Agotado física y anímicamente, Lawrence solicitó permiso al general Allenby para abandonar Oriente Medio y regresar a Gran Bretaña, deseo que le fue concedido. A su vuelta empezó a trabajar en una autobiografía que tituló *Los siete pilares de la sabiduría*, al mismo tiempo que desplegaba una intensa actividad diplomática para que se reconociera en los foros internacionales los derechos de los árabes a crear sus propios Estados. En este sentido, asistió a la conferencia de París como miembro de la delegación del príncipe Faysal, lo que supuso una nueva decepción al comprobar la intransigencia exhibida por las grandes potencias.

Él mismo puso fin a su labor política tras la conferencia de El Cairo, que concluyó con la instauración de Faysal en el trono de Irak y de Abdullah en el de Transjordania. Desencantado ante la marcha de los acontecimientos, Lawrence dimitió del puesto que Churchill, por aquel entonces ministro de Colonias en el Gobierno de Lloyd George, le había conseguido en su oficina como consejero del Departamento de Oriente Medio, rechazó cualquier tipo de distinción honorífica y renunció a su rango en el ejército, para llevar una vida anónima con el nombre de John Hume Ross. Bajo esta identidad falsa se alistó como soldado raso en la RAF.

Los últimos años de la vida de Lawrence de Arabia, apelativo del que siempre renegó, estuvieron marcados por sus reiterados intentos fallidos por conseguir que le dejasen en paz. A principios de 1923 fue descubierto por la prensa y el escándalo provocó su expulsión de la RAF. Tras pasar una amarga etapa como tanquista en la Royal Tanks Corps, cambiar su nombre legalmente por el de Thomas Edward Shaw y enviar varias solicitudes para ser readmitido en el servicio de la fuerza aérea, Lawrence consiguió volver a la RAF para trabajar como mecánico de aviones y lanchas de rescate de pilotos. En junio de 1925 viajó hasta la India, y durante los dieciocho meses que permaneció en Karachi pulió el manuscrito de su autobiografía mientras se dedicaba a actividades que nunca han sido bien aclaradas y que algunos han relacionado con el espionaje.

En 1935, T.E. Shaw se licenció de la RAF para llevar una vida de retiro ascético en su modesto refugio de Clouds Hills, un bello paraje en el suroeste de Inglaterra. Como él mismo llegaría a confesar, esa etapa se caracterizó por no tener «ni un solo plan en mi mente, ni una ambición, ni una necesidad». Se cumplía así su deseo de apartarse del mundo. El 13 de mayo de 1935 circulaba a gran velocidad en su potente moto Brough por una estrecha carretera cuando en un cambio de rasante se encontró con dos ciclistas. Al intentar evitar el atropello se salió de la calzada y en el accidente se fracturó el cráneo. El soñador teniente T.E. Lawrence, el líder romántico de la revuelta árabe al que sus hombres llamaban El Aurens, el mediático Lawrence de Arabia, el anacoreta y erudito T.E. Shaw, falleció a las ocho y cuarto de la mañana del domingo 19 de mayo de 1935 en el hospital de Bovington después de cinco días de agonía. Había nacido el mito.

El final de la Primera Guerra Mundial supuso el colapso del Imperio otomano. Sus líderes, decididos a restaurar viejos tiempos que ya nunca volverían, se aliaron con el bando perdedor en un grave error estratégico que sellaría su decadencia definitiva. A mediados de 1919, tropas francesas y británicas ocuparon Estambul mientras Londres y París se repartían los dominios que habían estado sometidos a la Sublime Puerta. En agosto del año siguiente, el sultán aceptó firmar un tratado de paz en la ciudad de Sèvres. La descontenta oposición, organizada en torno a la figura de Mustafá Kemal Atatürk, abolió el sultanato y envió a sus representantes a Lausana para negociar un nuevo acuerdo de paz que acabó reconociendo la soberanía de Ankara sobre el territorio que aún conservaba bajo su control. Nacía así la Turquía moderna y republicana a la que se encargó de dar forma Atatürk.

3. Yo tenía un ejército alemán en África. Von Lettow pone en jaque al Imperio británico

Oficial y caballero

A la hora de poner título al apartado de este capítulo, me he tomado la libertad de tomar prestada la evocadora y bella frase «Yo tenía una granja en África, al pie de las colinas de Ngong», con la que comienza *Memorias de África*, la magnífica novela autobiográfica de la escritora danesa Karen Blixen, más conocida por el seudónimo de Isak Dinesen. Con un ligero cambio, me ha parecido idónea para introducir la gesta militar protagonizada por uno de los personajes más fascinantes de la contienda mundial.

Para los europeos de 1914, África era un territorio de proporciones inabarcables, demasiado alejado de los campos de batalla de la Gran Guerra donde los blancos se masacraban civilizadamente. El continente era también un lugar desconocido y misterioso, refugio de buscavidas sin escrúpulos y destino de funcionarios desterrados de la metrópoli que languidecían apáticos por la fiebre. La explotación cruel y sistemática de sus ingentes recursos naturales era la principal razón por la que las potencias coloniales enarbolaban sus banderas en aquellos lugares que muchos consideraban abandonados de la mano de Dios. Sin embargo, la contienda también llegaría a África, en unos escenarios propios de una novela de aventuras que no tenían nada que ver con los frentes estáticos de la guerra de trincheras en el Viejo Continente.

Los actuales territorios de Kenia y Tanzania fueron el inmenso campo de batalla donde se enfrentaron las tropas coloniales alemanas contra las de los aliados. Entre los militares europeos que libraron esta exótica campaña olvidada sobresalió la figura del coronel Paul Emil von Lettow-Vorbeck, un oficial esculpido en un bloque de disciplina y caballerosidad prusiana.

Von Lettow nació en 1870, en el seno de una familia con larga tradición castrense. Tras su paso por la academia militar de Kassel, sirvió en China, donde formó parte del contingente internacional que combatió contra la rebelión de los Bóxers, movimiento nacionalista que se opuso a la presencia de extranjeros y provocó los graves disturbios que el director de cine Nicholas Ray retrató en *55 días en Pekín*, entretenida y espectacular película que muchos de nosotros hemos visto más de una vez. Tras su paso por Oriente, von Lettow fue destinado al África del Sudoeste Alemana. Allí aprendió tácticas de lucha irregular muy útiles a la hora de sofocar las rebeliones nativas, al mismo tiempo que se despertaba en él un profundo amor por el continente.

Retrato del general von Lettow. En su cuello luce la condecoración *Pour le Mérite* (Fuente: shutterstock).

Poco antes del inicio de la Gran Guerra, von Lettow fue nombrado comandante del contingente de la *Schutztruppe* («tropa de protección»), el pequeño ejército colonial alemán desplegado en Tanganika. Esta fuerza estaba formada por un puñado de oficiales europeos al frente de unos 3000 *askaris*, nombre que recibían los soldados de procedencia nativa. Para los estándares de las grandes unidades militares que se enfrentarían en Europa, la *Schutztruppe* podía parecer demasiado reducida para cubrir el amplio territorio que tenía que proteger, pero en realidad se trataba de un cuerpo muy bien entrenado y con gran movilidad, forjado en los duros combates contra las tribus irreductibles que se resistían al dominio europeo. Al principio de la Gran Guerra, los oficiales británicos desconfiaron de la capacidad combativa de estos soldados, a los que comparaban con sus mal entrenadas y peor motivadas tropas coloniales, con las que realmente tenían poco que ver.

Von Lettow llegó al puerto de Mombasa en Kenia unos meses antes de la declaración de guerra. Durante el viaje en barco que le llevó hasta allí tuvo la oportunidad de conocer en persona a la que sería autora de *Memorias de África*. En la travesía, el apuesto oficial alemán y la bella, y un tanto enigmática, Karen Blixen tuvieron ocasión de mantener largas conversaciones que hicieron que surgiera entre ellos una profunda admiración mutua, propia de dos personalidades complejas y atrayentes.

Al llegar a su destino, von Lettow quedó muy sorprendido ante el alto grado de preparación de la *Schutztruppe*. Al contrario de lo que ocurría con los oficiales europeos de otros contingentes coloniales, que trataban despectivamente a los soldados nativos sin molestarse en disimular actitudes racistas, los alemanes mantenían la autoridad entre los hombres bajo su mando sin olvidar el respeto hacia sus subordinados.

Para servir en África, los militares prusianos habían pasado un duro proceso de selección en el que se valoraba su capacidad de liderazgo, resistencia física y entereza ante la adversidad. Durante el periodo de dos años y medio de servicio en las colonias, cobraban el doble que sus homólogos con destinos más cómodos en la metrópoli. La mayoría se habían convertido en duros soldados con amplia experiencia en combate en la jungla y en la sabana, entornos donde habían aprendido de sus hombres, y también de las tribus hostiles, las tácticas de una

guerra irregular que no se parecía en nada a las batallas que
recogían las páginas de los libros de texto de las rígidas academias militares.

Askaris

Tras producirse el reparto colonial de África, las potencias
europeas crearon contingentes de tropas nativas para que ejer-
cieran como fuerzas de orden público en los territorios bajo
su control. Alemanes y británicos denominaron a estos reclutas indígenas con el nombre de *askaris*, palabra que en idioma
swahili significa «soldado». En un principio, las unidades de
askaris alemanes estaban formadas por mercenarios sudaneses
y más tarde zulúes llegados de las posesiones del imperio en el
sur del continente, grupos étnicos temidos por su belicosidad.
Posteriormente fueron incorporados guerreros de tribus locales una vez que se completó la pacificación de los territorios
donde estaban asentados.

Los oficiales alemanes pusieron especial cuidado en entrenar a los *askaris* bajo su mando, pero siempre teniendo presente las especiales condiciones en las que se prestaba servicio.
Se insistió a los soldados para que nunca se separasen de su
fusil, al que debían considerar como una esposa a la que había
que cuidar. También se les enseñó a mantener una férrea disciplina prusiana y a obedecer las órdenes pronunciadas en alemán. Cuando era necesario concretar las instrucciones o dar
mayores explicaciones se usaba el swahili, idioma que los oficiales europeos se esforzaban por aprender.

El equipo de combate de los *askaris* alemanes era muy similar al de un soldado del Viejo Continente. La única concesión
exótica era un gorro parecido a un fez, con una nuquera para
proteger esa parte del cuello del sol implacable. Su paga era el
doble de la de cualquier otro soldado colonial. Orgullosos de
vestir el uniforme, guardaban lealtad a sus oficiales y desarrollaron un espíritu de camaradería propio de una unidad de
élite. Organizados en compañías de fusileros independientes,
utilizaban sus propios porteadores para transportar las armas

pesadas y los suministros, aunque sabían cómo sobrevivir con los recursos que les ofrecía la naturaleza. Este era el alto grado de preparación de las tropas bajo el mando de von Lettow.

Los primeros incidentes armados entre *askaris* alemanes y tropas inglesas en la Primera Guerra Mundial se produjeron en los límites fronterizos con Kenia, en aquel entonces colonia del Imperio británico, combates que se saldaron con varias decenas de muertos. Los intentos emprendidos por Berlín para que las colonias en África se considerasen territorio neutral por todos los contendientes fueron rechazados por Londres, que al mismo tiempo inició los preparativos en la India para enviar al continente una fuerza expedicionaria compuesta por 8000 hombres que al mando del general Arthur E. Aitken debía desembarcar en el puerto de Tanga, al norte de la ciudad de Dar es Salaam.

En un nuevo ejercicio de orgullosa prepotencia, los británicos se las prometieron muy felices, convencidos de que la operación se desarrollaría como un paseo militar. En cierto sentido, tenían motivos para sentirse confiados. Según los informes de inteligencia proporcionados por Londres, von Lettow era un militar sin demasiada experiencia y con un historial en el que no había ninguna acción bélica destacable en la que hubiera participado. Como comandante de la *Schutztruppe,* apenas contaba con dos centenares de oficiales europeos que tenían bajo sus órdenes a una fuerza que no llegaba a los tres millares de soldados nativos dispersos por el territorio que tenían que controlar.

Con la cara tiznada

El 2 de noviembre de 1914, las primeras oleadas de tropas indias desembarcaron en Tanga sin tomar excesivas precauciones. Después de varios días de navegación, hacinados en los catorce buques de transporte que los llevaron hacia su objetivo, muchos estaban mareados y exhaustos por los síntomas de la disentería. Cerca de la orilla, y escondidos entre la maleza y los cocoteros que componían una estampa paradisíaca, había un grupo de *askaris* que les dieron una desagradable bienvenida. El tiroteo se saldó con varios soldados del Imperio alemán muertos, mientras el resto de las fuerzas de Aitken intentaban reforzar sus posiciones para establecer una sólida cabeza de playa. Ante la superioridad del enemigo, las tropas coloniales alemanas se replegaron hacia una nueva línea de defensa en el interior.

La campaña militar desplegada por los bien entrenados
askaris de von Lettow supuso un quebradero de cabeza para
las tropas británicas (Fuente: Wikimedia Commons).

Al tener noticia del desembarco británico, von Lettow se presentó en Tanga para conocer *in situ* la situación. Siempre contrario a la postura clasista de ordenar a otros lo que podía hacer por sí mismo, se vistió con ropas de civil, se embadurnó el rostro de negro y cogió una bicicleta antes de emprender en solitario una misión de reconocimiento por las calles de Tanga bajo el amparo de la oscuridad de la noche. En su recorrido constató que los británicos superaban a sus hombres en número y en armamento. Esa madrugada le quedó claro que si quería derrotar al enemigo debía usar tácticas que poco o nada tenían que ver con la guerra convencional

En apenas dos días, Aitken había conseguido desembarcar 6000 hombres y toneladas de material que se amontonaban en las playas y en el puerto. A media mañana del 4 de noviembre, sus tropas iniciaron el asalto de la ciudad. Los *askaris* alemanes combatieron calle por calle mientras cedían terreno en una retirada ordenada. En su avance, las unidades británicas, formadas por soldados indios y los feroces *gurkhas* nepalíes, dejaron un reguero de muertos y heridos mientras perseguían a un enemigo que no se dejaba ver.

Aitken dio la batalla por terminada cuando sus tropas izaron la bandera británica en el mástil de la fachada del hotel Deutscher Kaiser, situado en el centro de la ciudad. El general se disponía a celebrar con sus oficiales la victoria cuando von Lettow ordenó un asalto a bayoneta calada contra las desprevenidas tropas enemigas, que desconcertadas y presas del pánico huyeron buscando refugio en las playas mientras eran acosadas por los *askaris* y un enjambre de abejas enfurecidas por el calor. El ataque había sido dirigido por el capitán Tom von Prince, un oficial de ascendencia británica por parte paterna al que sus hombres llamaban *bwana sakarini*: «señor sarcasmo». Colono respetado por los nativos y antiguo compañero de promoción de von Lettow, cuando estalló la guerra el capitán von Prince regresó al servicio activo en el Ejército alemán y encontró la muerte en el transcurso de la batalla de Tanga.

A la mañana siguiente, el general Aitken ordenó el reembarco de todo el contingente británico. El recuento de bajas entre sus filas ascendió a trescientos muertos, un número similar de heridos y cerca de cuatrocientos prisioneros. Los alemanes perdieron una docena de oficiales y medio centenar de *askaris*. Tras su apresurada retirada, en las playas de Tanga quedaron abandonadas cajas repletas de rifles y munición, ametralladoras y toneladas de suministros, valioso botín de guerra que iba a facilitar la supervivencia de la *Schutztruppe* durante varios meses. Humillado por la derrota sufrida, a su regreso a Mombasa el general Aitken fue degradado al empleo de coronel.

Situación comprometida

La victoria obtenida en Tanga por von Lettow fue en realidad un espejismo. A lo largo de 1915 y 1916 se produjo una sucesión de derrotas alemanas en el continente africano que supusieron la pérdida de sus colonias en los territorios actuales de Namibia, Togo y Camerún. La conquista de Tanganika, último reducto del Imperio alemán en África, se convirtió para los británicos en una cuestión de prestigio militar que se iba a encontrar con la enconada resistencia planteada por el comandante de la *Schutztruppe*.

A comienzos de 1915, una fuerza enemiga compuesta por colonos militarizados y soldados indios penetró en Tanganika cerca de la localidad fronteriza de Jasin. Von Lettow reaccionó mandando a sus mejores hombres para expulsarles. Tras un par de días de intensos combates, consiguió hacerles regresar por donde habían venido pero a cambio de un alto coste. Además de resultar herido en un brazo, en el transcurso de la batalla perdieron la vida varios de sus mejores oficiales, soldados muy cualificados a los que no podía reemplazar. En Jasin, von Lettow aprendió una valiosa lección que aplicaría en lo que quedaba de guerra: a no ser que fuera necesario, rehuiría el combate en campo abierto y se concentraría en organizar golpes de mano puntuales que mantuvieran en permanente estado de alerta a las tropas enemigas.

A principios de 1916, los aliados decidieron derrotar a las fuerzas alemanas en África de una vez por todas. Para lograrlo, planearon una gran operación militar que implicó a los contingentes coloniales de varias naciones. Los británicos atacarían Tanganika por el norte y por el sur, con un ejército heterogéneo compuesto por colonos, *askaris* y tropas indias. A los belgas se les encomendó avanzar desde sus posesiones en el Congo mientras otra fuerza británica debía partir de Uganda y alcanzar las orillas meridionales del lago Victoria que permanecían en manos alemanas. Para dirigir la campaña se escogió al general Jan Christiaan Smuts, un militar sudafricano con amplia experiencia que había organizado comandos de guerrilleros afrikáners, colonos blancos de origen neerlandés, durante la Segunda Guerra Anglo-Bóer.

Al frente de su poderoso ejército y curtido en operaciones de guerrilla, Smuts aplicó tácticas eficaces para luchar contra un enemigo que rehuía el combate. Después de una serie de triunfos menores, en julio conquistó Tanga y poco después las tropas que avanzaban desde Uganda ocuparon Mwanza, la ciudad más importante situada a orillas del lago Victoria. Mientras tanto, los soldados belgas se hicieron con el control de Tabora al oeste. Pocos días después de la rendición de Bagamoyo en agosto, las fuerzas británicas al mando de Smuts entraban victoriosas en Dar es Salaam, la capital de la *Deutsch-Ostafrika*.

Según las reglas de la guerra, la conquista de las principales ciudades de Tanganika suponía la derrota de las fuerzas alemanas. Sin embargo, von Lettow opinaba de una forma muy distinta. Fue a partir de entonces cuando con su reducida fuerza se dedicó a hostigar al enemigo con operaciones de guerrilla. Su objetivo era mantener ocupados al mayor número posible de soldados aliados, que de esta forma no podrían ser enviados al Frente Occidental. Von Lettow y sus hombres vagaron por el territorio en una marcha en la que asestaron osados golpes de mano allí donde podían y menos se les esperaba. Esta forma de combatir desesperó a los británicos, que se vieron obligados a mantener en la región un ejército formado por cerca de 300 000 hombres.

Aislados y sin posibilidad de recibir suministros de la metrópoli, los oficiales alemanes y sus leales *askaris* sobrevivieron con lo que les ofrecía la naturaleza y los suministros capturados al enemigo. Para combatir la malaria, tomaban repugnantes bebedizos elaborados por curanderos. Cuando escaseaba el agua, bebían su propia orina, y para aplacar el hambre comieron carne de elefante, mono y de reptiles. La dura piel de los búfalos cafres que cazaban sirvió para fabricar sandalias que sustituyeron a las agujereadas botas que habían sufrido las interminables marchas bajo el sol. El 90 % de las armas y la munición que usaban se las habían arrebatado a los aliados, así como la mayoría de los uniformes. La proeza ya comentada del dirigible *L 59* y su frustrada operación de abastecimiento a la *Schutztruppe* puso las cosas aún más difíciles.

En medio de las penurias debidas a la escasez, muchos de los oficiales alemanes habían resultado heridos, entre ellos su comandante, que al ser alcanzado en un ojo había quedado prácticamente tuerto. Aun así, ninguno de ellos abandonó y todos se mantuvieron al frente de sus hombres. Incomunicados con Berlín, el general Smuts le hizo llegar a von Lettow la noticia, acompañada por una felicitación personal firmada de su puño y letra, de que el Káiser le había concedido la cruz Pour le Mérite. El militar alemán respondió al mensaje de Smuts y le dio las gracias por ese detalle de caballerosidad.

A pesar de todas esas dificultades, el reducido contingente alemán no parecía dispuesto a rendirse. Acosado por los británicos, en 1917 se internó en territorio de Mozambique, colonia portuguesa, antes de regresar a Tanganika en 1918. A finales de año, atacó el norte de Rhodesia y el 9 de noviembre ocupó la ciudad de Kasama, en la actual Zambia. Dos días después se firmaba el armisticio que ponía fin a la Gran Guerra.

A lo largo de esta campaña militar las fuerzas de von Lettow, que nunca perdieron una batalla, causaron 70 000 bajas al enemigo. Cuando se confirmaron los rumores que hablaban de la rendición alemana en Europa, el comandante de la *Schutztruppe* pactó las condiciones de entrega de las armas con el general sudafricano Jacob van Deventer. A continuación, se celebró una singular ceremonia de capitulación de un ejército que no había sido derrotado. Antes de abandonar África, el coronel alemán se preocupó de que sus *askaris* recibieran el mismo trato que el resto de los soldados alemanes prisioneros.

A su regreso a Europa, von Lettow fue recibido como un héroe en Berlín, y junto a sus oficiales tuvo el privilegio de desfilar bajo la Puerta de Brandeburgo mientras era aclamado por la multitud. En su último acto oficial antes de abdicar, el káiser Guillermo II firmó el decreto por el que era ascendido al rango de general. En las últimas décadas, los detractores de von Lettow le han acusado de ejercer un racismo paternalista sobre los nativos africanos. También se le ha culpado de ser responsable indirecto de la muerte de 40 000 hombres que sirvieron como porteadores en las filas de la *Schutztruppe*. En el plano político, ha sido presentado como un destacado representante del más rancio conservadurismo alemán. Al margen de estas polémicas, lo cierto es que durante los años del periodo de entreguerras fue de los pocos que plantó cara a los nazis. Enfrentado a Hitler, rechazó el puesto de embajador en Londres que le había ofrecido y desde entonces se convirtió en una figura incómoda para el régimen a la que se intentó acallar bajo arresto domiciliario.

Von Lettow regresó a África en 1959, donde algunos de sus viejos *askaris* le reconocieron con cariño. Hasta el final de sus días luchó porque el Gobierno alemán concediera una pensión a los hombres que habían combatido bajo sus órdenes. Tras su muerte en 1964, las autoridades de Berlín accedieron a su petición, pero se planteó el problema de cómo reconocer a los veteranos. La solución fue entregar un palo a todos los solicitantes para ver si sabían hacer la instrucción. A pesar de los casi cincuenta años transcurridos desde que fueron licenciados, los ancianos se irguieron orgullosos y obedecieron las órdenes en alemán.

4. Los posibles enemigos al sur del Río Grande

«América para los americanos» (del Norte)

La Primera Guerra Mundial supuso un cambio de mentalidad en la estrategia diplomática y militar que hasta entonces habían mantenido los Estados Unidos. Aferradas al dogma de un aislacionismo protector en materia de política exterior, las diferentes administraciones norteamericanas habían dedicado todos sus esfuerzos a reforzar su presencia en Sudamérica en cumplimiento de la conocida como doctrina Monroe, elaborada en el primer cuarto del siglo XIX por el presidente James Monroe y según la cual las potencias europeas no tenían ningún derecho a colonizar el Nuevo Continente. Su ideario se resumía en la frase «América para los americanos», declaración de intenciones con la que se justificó la intervención norteamericana en el proceso libertador de la América española, el exterminio de los nativos norteamericanos, la invasión del territorio de México o la guerra de Cuba.

A comienzos del siglo XX, los Estados Unidos ejercían una influencia cada vez mayor en los asuntos latinoamericanos y su presencia en el Pacífico era creciente. En esos años, el expansionismo japonés todavía no suponía ningún problema y para los estrategas de Washington la mayor amenaza procedía de Alemania, que con su flota de guerra podía poner en peligro el control que los norteamericanos ejercían sobre el canal de Panamá, inaugurado en 1914. En previsión de lo que pudiera pasar, desde principios de la década de 1910 los Estados Unidos trazaron planes para mantener una supremacía militar en el Caribe que disuadiera a posibles enemigos.

Embarcados en la tarea de levantar un perímetro defensivo en torno a su costa atlántica, en 1916 los Estados Unidos compraron las Islas Vírgenes, que hasta entonces habían sido un territorio colonial de Dinamarca. La oferta para adquirirlas estaba en las mesas de algunos despachos en Washington desde hacía tiempo, pero fue la Primera Guerra Mundial la que precipitó los acontecimientos. La Administración estadounidense temía que Alemania pudiera invadir Dinamarca y presionar a sus autoridades para que les otorgaran concesiones territoriales en el archipiélago caribeño. En este sentido, se barajaba la amenaza de que los alemanes pudieran establecer una base naval que permitiera a sus buques de guerra operar en esas aguas sitiando el canal de Panamá.

En septiembre de 1915, el secretario de Estado, Robert Lansing, advirtió al Gobierno danés sobre la posibilidad de que tropas norteamericanas invadieran las islas en caso de que las cediera a Alemania, ya fuera con su consentimiento o por coacción. Ante esa tesitura, los daneses optaron por la venta como la solución menos mala. Al fin y al cabo, el archipiélago era una carga que no se podían permitir: demasiado alejado de la metrópoli, era inviable desde el punto de vista económico y no se podía defender. Las negociaciones entre ambos países se desarrollaron en un clima de cordialidad y sin que se produjeran roces importantes. El único escollo que tuvieron que superar fue el que hacía referencia a la nacionalidad de los residentes, que a partir de la cesión pasarían a convertirse en ciudadanos norteamericanos de pleno derecho.

El 4 de agosto de 1916, los representantes de ambas delegaciones firmaron el acuerdo de venta que fue sometido a un referéndum vinculante en Dinamarca y que obtuvo la mayoría de votos a favor. La bandera danesa fue arriada por última vez de las Islas Vírgenes el 31 de marzo de 1917. El pago de veinticinco millones de dólares que el Gobierno de Washington abonó por el archipiélago suscitó las críticas de aquellos que lo consideraban un precio demasiado elevado. En esas mismas fechas, un titular del periódico *New York World* recogió la opinión mayoritaria entre los diplomáticos estadounidenses, al afirmar que el coste podía ser alto, «pero si se consideraba como un seguro contra la amenaza de una potencia enemiga, es bastante barato».

El siguiente paso de los Estados Unidos para reforzar su presencia en el Caribe se dio en relación a la situación de Puerto Rico. El territorio había sido anexionado en 1898 tras la guerra de Cuba y sus habitantes vivían en una especie de limbo jurídico en el que se les denegaba la nacionalidad norteamericana. Los líderes portorriqueños exigieron al Gobierno federal ese reconocimiento, siguiendo el ejemplo de lo que había ocurrido con los ciudadanos daneses en las Islas Vírgenes. Ante la posibilidad de que las reiteradas negativas en este sentido pudieran generar un peligroso clima de inestabilidad en la zona aprovechado por otras potencias para plantar su bandera, los legisladores de Washington aprobaron el 4 de marzo de 1917 la Segunda Ley Jones, por la que los portorriqueños vieron reconocido su derecho.

El 6 de abril de 1917, los Estados Unidos entraron en guerra con los Imperios Centrales, arrastrando a ella a todos los países bajo su órbita de influencia. En Filipinas, la recién creada Asamblea anunció su apoyo incondicional a Washington, y en la República Dominicana, bajo ocupación militar norteamericana, el posicionamiento de la potencia colonial la llevó también a la guerra. En América Central, Cuba y Panamá, aliados incondicionales y sumisos de los Estados Unidos, siguieron el ejemplo de su poderoso vecino del norte, como hicieron posteriormente Nicaragua y Honduras. Solo México y El Salvador se resistieron a las presiones y mantuvieron su neutralidad.

Con el dinamismo propio de una joven potencia emergente que estaba construyendo su propio imperio colonial, las fuerzas armadas de los Estados Unidos desempeñaron un papel fundamental en el tramo final de la Gran Guerra. En el momento del armisticio, los norteamericanos habían reclutado y entrenado a más de cuatro millones de soldados, cifra que resulta más extraordinaria si tenemos en cuenta que antes de entrar en la contienda su ejército se había reducido a la mínima expresión. Esta gran transformación hizo que pasara de ser un pequeño contingente con carácter defensivo y fronterizo a una gran fuerza de combate permanente muy bien equipada y con responsabilidades globales.

Los Estados Unidos también pusieron al servicio de la causa aliada su impresionante potencial industrial que permitió abastecer de armas, munición, combustible, alimentos y suministros de todo tipo a los países de la depauperada y agotada Europa. Durante el último siglo se ha discutido sobre la trascendencia de la participación estadounidense en el desenlace de la Gran Guerra, pero ante estos datos incontestables parece claro que los Imperios Centrales habrían sido finalmente barridos por la superioridad exhibida por los refuerzos llegados desde el otro lado del Atlántico de no haber sido por las crisis internas que los colapsaron.

Soldados bajo una única bandera

En el esfuerzo de guerra desplegado por los Estados Unidos, los países de su entorno tuvieron una participación significativa que la historia suele ignorar. En lo que se refiere a sus fuerzas armadas, los únicos soldados procedentes de otros dominios bajo su control que lucharon en Europa durante la Gran Guerra fueron aquellos que se habían alistado mientras eran residentes en territorio norteamericano, aunque hay que destacar que hubo unidades «coloniales» que realizaron labores auxiliares.

En 1901, los norteamericanos habían creado los *Scouts* filipinos, tropas locales entrenadas como exploradores que sabían cómo moverse sigilosamente en la impenetrable orografía del archipiélago. Nunca llegaron a servir fuera de las islas, pero los funcionarios locales norteamericanos y las élites filipinas presionaron a Washington para que fueran el embrión de una Guardia Nacional Filipina dispuesta a entrar en combate en Europa. También esperaban que pudiera servir como escuela de formación de los futuros oficiales del ejército de una Filipinas independiente. La propuesta fue bien acogida por la población y muchos jóvenes se presentaron voluntarios inspirados por los principios elevados que decían defender los Estados Unidos. Para fomentar este fervor patriótico, las autoridades norteamericanas anunciaron que el servicio militar llevaría implícita la concesión de la ciudadanía.

Para desilusión de las expectativas de muchos, los continuos retrasos burocráticos ocasionados por las reticencias de los responsables estadounidenses, a los que no les gustaba demasiado la idea de un ejército nacional filipino como paso a una futura independencia, demoraron la creación de una Guardia Nacional que pudiera contribuir a la victoria en Europa. Como consecuencia directa de la Gran Guerra, la Armada de los Estados Unidos incrementó el número de filipinos entre sus filas, en la que había servido un pequeño número desde 1901. A partir de 1917 Josephus Daniels, secretario de la Marina, fomentó el aumento de su reclutamiento, pero nunca para ocupar puestos de combate y casi siempre relegados a tareas auxiliares como la de limpiadores o cocineros, de las que desplazaron a los afroamericanos que tradicionalmente las habían desempeñado a bordo de los barcos.

En Puerto Rico, los norteamericanos formaron un contingente de 18 000 soldados, la mayoría de los cuales fueron enviados a proteger las instalaciones del canal de Panamá. También se reclutó a una cifra similar de obreros civiles para construir a toda prisa en Estados Unidos las docenas de campamentos militares necesarios para entrenar a los cientos de miles de reclutas norteamericanos que iban a ser enviados a luchar en el Frente Occidental. Otros trabajadores portorriqueños fueron contratados como peones en las grandes plantaciones en el territorio continental de los Estados Unidos para sustituir a la mano de obra agrícola que había marchado para luchar en la guerra. Considerados como ciudadanos de segunda clase, padecieron condiciones laborales infrahumanas y cuando algunos se plantearon abandonar los campos donde eran tratados casi como esclavos fueron retenidos en contra de su voluntad.

En su esfuerzo de movilización de todos los recursos disponibles emprendido por Washington, las autoridades navales norteamericanas de la estratégica isla de Guam, antigua posesión española en el Pacífico, reclutaron a varios cientos de *chamo-*

rros, nombre que reciben los nativos de este enclave, para servir en la milicia territorial que habían creado para su defensa. Muchos de ellos serían más tarde incorporados a las fuerzas armadas estadounidenses para formar parte de los Auxiliares Nativos del Cuerpo de Marines. También un pequeño número de naturales de las recién adquiridas Islas Vírgenes sirvieron en la estación naval de Santo Tomás, aunque nunca fueron integrados en las filas de ninguna unidad militar.

Servidores norteamericanos de una ametralladora aguardan
un ataque en el Frente Occidental (Fuente: shutterstock).

Para garantizar la seguridad de sus territorios de ultramar, los Estados Unidos crearon fuerzas de policía para neutralizar la posibilidad de un alzamiento contra su autoridad fomentado por agentes alemanes. La amenaza podía parecer infundada o fruto de la psicosis de guerra reinante que hacía ver enemigos por todas partes, pero los acontecimientos de la realidad levantaron sospechas. El contralmirante James Oliver, gobernador de las Islas Vírgenes, advirtió por carta al secretario de Marina Daniels que el archipiélago y el canal de Panamá eran un nido de intrigas que habían provocado algunos disturbios, aunque reconocía que no había encontrado pruebas para vincularlos con la propaganda alemana. Difama, que algo siempre queda.

El modelo para la creación de estas fuerzas de seguridad fue la Policía de Filipinas, creada en 1901 para reprimir a los opositores a la presencia norteamericana en las islas. Estaba integrada en su mayoría por filipinos que servían bajo las órdenes de oficiales del Ejército de los Estados Unidos. Sobre el papel, estaban sometidos a la autoridad civil del Gobierno colonial, pero podían ser empleados como fuerza paramilitar en la lucha contrainsurgente. La estructura de este cuerpo policial fue imitada en el Caribe.

El 28 de julio de 1915, los marines desembarcaron en Haití para sofocar los graves disturbios que se estaban produciendo en el país. La intervención norteamericana se justificó para prevenir una posible infiltración alemana que pudiera aprovechar el clima de inestabilidad con el objetivo de expandir su influencia en la región. Para garantizar la seguridad se creó la Gendarmería de Haití, una fuerza policial bajo supervisión y control directo de los estadounidenses que pronto se haría tristemente famosa por la brutal represión ejercida contra los opositores.

Antes de que transcurriera un año, los marines desembarcaron en la otra parte en la que estaba dividida la isla de La Española. El 5 de mayo de 1916 un importante contingente de soldados norteamericanos ocupó Santo Domingo, capital de la República Dominicana, en medio de un enfrentamiento civil que amenazaba con desembocar en una guerra. Los motivos que esgrimió Washington para argumentar su intervención en los asuntos internos dominicanos fueron parecidos a los de Haití. Estados Unidos estableció un gobierno militar y el 7 de abril de 1917, justo un día después de declarar la guerra a Alemania, publicó una orden por la que se creó la Guardia Nacional Dominicana, una fuerza que debía reemplazar a las fuerzas policiales y militares existentes.

Entre febrero y marzo de ese año, la presencia militar hegemónica de los Estados Unidos en la zona se extendió a Cuba, con el envío de tropas que supuestamente debían velar por la limpieza de unos violentos comicios electorales y ante el temor de que los resultados de los mismos no fueran del agrado de Washington y permitieran la injerencia alemana. En este caso, la cooperación militar se centró en formar y equipar a la Armada de Cuba. En Puerto Rico, Panamá y en las Islas Vírgenes norteamericanas también se crearon fuerzas policiales bajo supervisión del poderoso amigo del Norte que debían velar reforzar el perímetro defensivo que protegía los intereses estadounidenses en la región.

Un desafortunado telegrama

Al margen de las amenazas, reales o imaginarias, de una presencia alemana en el Caribe, lo cierto es que el mayor peligro para la integridad de los Estados Unidos en los años de la Primera Guerra Mundial estuvo mucho más cerca de su frontera sur que de ningún otro lugar.

El derrocamiento del presidente Porfirio Díaz desembocó en una revolución en México con tintes de guerra civil. Como medida de fuerza para impedir que grupos armados pudieran cruzar al norte del río Grande y velar por que se mantuvieran alejados de sus costas los navíos de guerra de otras potencias, el presidente norteamericano Woodrow Wilson ordenó en abril de 1914 el envío de tropas para ocupar la ciudad mexicana de Veracruz en la costa caribeña, lo que generó entre la población local un fuerte sentimiento antiamericano que se oponía a la presencia de los prepotentes *gringos*.

Durante los dos años siguientes, los agentes alemanes en la región habían intentado explotar esa situación para ganarse el favor de las principales facciones implicadas en la contienda civil mexicana. En especial, destacó su apoyo hacia los revolucionarios del llamado Plan San Diego, que promovían la recuperación de los territorios que los Estados Unidos habían arrebatado a México durante la contienda armada que había enfrentado a los dos países entre 1846 y 1848. Antes de la Gran Guerra, algunos funcionarios norteamericanos se habían adelantado a los acontecimientos y advirtieron que la presencia alemana en la zona podía enturbiar las relaciones a ambos lados de la frontera. Fue en este contexto donde el envío de un desafortunado telegrama iba a estar a punto de llevar la guerra a los territorios del norte del continente americano.

El 16 de enero de 1917 Arthur Zimmermann, ministro alemán de Asuntos Exteriores, redactó el texto de una comunicación cifrada al conde Heinrich von Eckardt, embajador del Imperio alemán en México, en uno de esos actos en los que *a posteriori* nos arrepentimos de lo que hemos hecho sin que podamos dar marcha atrás para paliar sus consecuencias. En el documento se daban instrucciones al embajador para que transmitiera al Gobierno mexicano una propuesta para formar una alianza secreta contra los Estados Unidos. También invitaba a los mexicanos a que se unieran a la causa alemana en caso de que los norteamericanos pusieran fin a su neutralidad. A cambio, el káiser se comprometía a brindar ayuda militar y financiera para que México pudiera recuperar la soberanía sobre los territorios de Texas, Nuevo México y Arizona, sin descartar California, que había perdido durante la guerra de 1846.

El verdadero propósito que se ocultaba tras el contenido expreso del telegrama alemán era sembrar la incertidumbre sobre una posible agresión contra el territorio de los Estados Unidos desde el sur del Río Grande que hiciera replantearse a los norteamericanos la conveniencia de su entrada en la Primera Guerra Mundial. Si finalmente se producía un ataque mexicano, los planes del presidente Wilson de intervenir en Europa quedarían relegados para hacer frente a la agresión. En ningún caso los alemanes creyeron en el éxito de una campaña militar contra los Estados Unidos en su propio territorio, pero confiaban en que esta remota posibilidad los pudiera presionar para mantenerse en una posición de neutralidad.

El telegrama fue interceptado por los servicios secretos británicos y su contenido descifrado en parte por los especialistas criptográficos de la unidad de Inteligencia Naval Británica conocida como Room 40 («habitación 40»), dirigida por el almirante William R. Hall. El mensaje puso al Gobierno británico frente a un dilema: si hacía público su contenido, los alemanes se darían cuenta de que sus comunicaciones en clave estaban expuestas y modificarían inmediatamente sus códigos para impedirlo y privarles así de esa ventaja; si guardaban silencio, perderían una oportunidad para involucrar a los Estados Unidos en la guerra.

Otra cuestión que también preocupaba a los británicos era la forma en la que se había obtenido el telegrama, que podía perjudicar su imagen en el exterior. El mensaje había sido enviado desde Berlín al embajador alemán en Washington, el conde Johann Heinrich von Bernstorff, que a su vez lo había remitido a la delegación en México por un complejo entramado que usaba las líneas telegráficas diplomáticas norteamericanas, situación anómala que habían permitido los supuestos deseos pacifistas del presidente Woodrow Wilson. Los alemanes confiaban en la seguridad de la línea porque los agentes estadounidenses tenían órdenes expresas de no interceptar las comunicaciones y tampoco contaban con equipos especializados en descifrarlos.

Los británicos se habían hecho con el mensaje cuando en su recorrido por cable submarino pasó por Gran Bretaña vía Copenhague antes de cruzar el Atlántico, pero no podían revelar su fuente sin arriesgarse a ser acusados de espiar las comunicaciones norteamericanas, por lo que urdieron un plan para evitar sospechas. Al enviarse por conducto ordinario, la oficina central de telégrafos de Ciudad de México guardaba una copia del telegrama de Zimmermann como acuse de recibo y los británicos movilizaron a uno de sus agentes para que se hiciera con una copia que consiguió sin demasiados problemas. El mensaje fue entregado a Arthur James Balfour, secretario de la Foreign Office, quien a su vez se lo entregó a Walter Page, embajador estadounidense en Londres, que no tardó en transmitirlo al presidente Wilson.

Mientras se desarrollaban estos acontecimientos, en México se valoraba la propuesta alemana. El presidente mexicano, Venustiano Carranza, reunió una comisión militar para estudiar las ventajas e inconvenientes de una posible entrada del país en la Primera Guerra Mundial. El resultado de la consulta fue unánime: a pesar de las promesas hechas por Zimmermann, la declaración de guerra a los Estados Unidos sería desastrosa para México por varios motivos. Las fuerzas armadas norteamericanas se estaban preparando para su intervención en el Viejo Continente y su superioridad aplastaría al débil Ejército mexicano, ocupado en esos momentos en sofocar la revolución liderada por Emiliano Zapata y Pancho Villa. En todo caso, la ofensiva mexicana podía provocar que la operación militar punitiva que el general John J. Pershing, militar que posteriormente estaría al mando de la Fuerza Expedicionaria Estadounidense en Europa, lideraba en suelo de su vecino del sur para capturar a Pancho Villa se extendiera por el resto del país.

En medio de la turbulenta situación interna por la que atravesaba México, el presidente Carranza valoró todos estos factores y consideró que lo más prudente era declinar la oferta alemana, postura que se hizo pública el 14 de abril de 1917, cuando ya se había hecho oficial la entrada de los Estados Unidos en la Primera Guerra Mundial.

Descubierto el pastel por los británicos, Zimmermann se vio en una situación apurada ante los norteamericanos. La primera reacción de Washington fue la ruptura de relaciones diplomáticas con Alemania, sin dar oportunidad al embajador von Bernstorff para explicarse. A Zimmermann no le quedó más remedio que reconocer la autenticidad de su telegrama, alegando que no había tratado de presionar directamente a Carranza. En un intento por salvar los muebles que no consiguió el resultado esperado, el ministro de Exteriores alemán señaló que el mensaje debía ser interpretado como un último recurso que debía presentarse a los mexicanos en caso de que el Gobierno norteamericano decidiera abandonar su neutralidad.

El telegrama se hizo público en los Estados Unidos el 1 de marzo. En un principio, la opinión pública norteamericana reaccionó con incredulidad. Muchos pensaban que en realidad se trataba de una falsificación británica con la que se pretendía arrastrar a los Estados Unidos a la guerra, teoría que fue defendida por los diplomáticos alemanes para eludir su responsabilidad. Pero cuando el 3 de febrero el propio Zimmermann reconoció su autenticidad en un gesto de honestidad que sus compatriotas no acabaron de comprender, los sentimientos antialemanes de los norteamericanos crecieron exponencialmente. Al mismo tiempo, muchos reclamaron una acción militar contundente contra México que fuera más allá de las operaciones que al otro lado de la frontera se estaban llevando a cabo para detener a Pancho Villa.

Las incursiones para robar ganado del revolucionario mexicano en territorio de los Estados Unidos nunca fueron interpretadas en Washington como un *casus belli* que les pudiera llevar a una guerra abierta con su vecino del sur. El fracaso de la campaña dirigida por el general Pershing contra él desaconsejó la adopción de una medida de imprevisibles consecuencias. Muy distinta fue la consideración que se otorgó al telegrama de Zimmermann. El impacto que causó en la opinión pública norteamericana generó una oleada de sentimientos prebélicos contra los Imperios Centrales que los ataques de los submarinos alemanes contra barcos de bandera estadounidense no habían conseguido. Los Estados Unidos estaban preparados para entrar en la Gran Guerra.

Capítulo III
España: entre la neutralidad y las trincheras

Tras el asesinato del archiduque Francisco Fernando de Austria en Sarajevo las naciones europeas se apresuraron a tomar partido por uno u otro bando. En el caso de España, el país declaró su neutralidad desde un primer momento, a pesar de las voces que desde distintos ámbitos defendían una intervención a favor de los Imperios Centrales o de la Triple Entente. Estas presiones, procedentes tanto del exterior como de sectores internos, no consiguieron cambiar la postura original adoptada por el Gobierno español, que logró mantenerse al margen de la contienda. No ocurrió lo mismo con Portugal, que finalmente decidió tomar partido por la causa aliada impulsado por las buenas relaciones que nuestro vecino peninsular ha mantenido históricamente con Gran Bretaña.

En medio de la complejidad de la correlación de intereses y los combates generalizados que trajo consigo la Primera Guerra Mundial, la neutralidad española no supuso una garantía de aislamiento respecto a lo que estaba sucediendo en el resto del mundo. Su exclusión voluntaria del amplio listado de naciones contendientes no evitó que el país se viera afectado de manera indirecta por las consecuencias de la guerra. Algunos supieron sacar provecho de la situación internacional para amasar grandes fortunas. La mayoría padeció las consecuencias de la escasez y carestía de productos básicos derivadas por un aumento desmedido de las exportaciones para atender la demanda de los beligerantes. Olvidados por la historia generalista, una minoría de españoles, motivados por diferentes ideales o necesidades, decidió empuñar las armas para participar activamente en los combates.

La neutralidad de España durante la Gran Guerra también convirtió al país en un nido de espías en el que agentes dobles y personajes sin escrúpulos se desenvolvieron con absoluta libertad para recopilar información vital para los intereses estratégicos de las naciones a las que decían servir.

1. La guerra es un gran negocio

Proaliados y germanófilos

En el verano de 1914, España aún se recuperaba de las consecuencias políticas, sociales y económicas derivadas del Desastre del 98. Atrapado en una crisis institucional y de principios de la que no terminaba de salir, el país se había quedado rezagado del resto de las naciones europeas, anclado en una serie de anacronismos más propios del siglo XIX que impedían su desarrollo y multiplicaban los problemas. La inacción de los sucesivos gobiernos, dubitativos a la hora de emprender las profundas reformas que necesitaba España para salir de su atraso, provocaron un clima de inestabilidad y falta de expectativas que terminó desembocando en disturbios prerrevolucionarios como la Semana Trágica de Barcelona en julio de 1909.

Al mismo tiempo, el ruido de sables en los cuarteles se convirtió en una constante amenaza que ponía en peligro el frágil sistema político español de principios del siglo XX. Los militares que se sentían agraviados por diferentes razones parecían siempre dispuestos a protagonizar una asonada involucionista, apoyada por determinados sectores sociales, en la que se presentaban a sí mismos como *salvapatrias* reaccionarios ante los acontecimientos que consideraban que podían poner en peligro los principios de un régimen que empezaba a dar muestras de una peligrosa fragilidad tambaleante.

Por si todo esto fuera poco, España acababa de asumir la responsabilidad del Protectorado de Marruecos, una arriesgada aventura colonial con la que se pretendió resarcir la pérdida traumática y aun reciente de las últimas posesiones ultramarinas del Imperio. La situación en el Norte de África, lejos de estar controlada, degeneró en un conflicto armado que debido a la torpeza exhibida por los responsables políticos y militares se enquistó en la región y trajo consigo consecuencias trágicas.

Eduardo Dato, Presidente del Consejo de Ministros, mantuvo la neutralidad de España en el conflicto (Fuente: Wikimedia Commons).

Inmersos en este ambiente un tanto desolador, los españoles recibieron la noticia del inicio de la contienda en Europa. El Gobierno presidido por Eduardo Dato se apresuró a manifestar la neutralidad de España, postura inamovible que el 7 de agosto de 1914 se hizo oficial. Desde la perspectiva que nos ofrece el paso del tiempo, parece claro que la decisión del presidente, adoptada desde posiciones de prudencia, fue la más acertada, más aun si tenemos en cuenta la delicada situación interna por la que atravesaba el país. Sin embargo, pronto se alzaron algunas voces favorables a la participación en el conflicto, opinión defendida desde diferentes postulados políticos que manifestaron sus preferencias por uno u otro bando en acalorados debates que tuvieron eco en la prensa de la época.

Al hilo de estas discusiones, la opinión pública española se dividió entre los que preferían una victoria de los ejércitos aliados y los que se manifestaban a favor de los Imperios Centrales. Para los primeros, Inglaterra y Francia representaban los ideales democráticos y constitucionales, mientras que para los segundos, Alemania era un país fuerte y autoritario, ejemplo de orden y disciplina. Fieles a estos postulados, no es de extrañar que los sectores obreros y más progresistas de la sociedad española de entonces se identificasen con los aliados, de la misma forma que la gran mayoría de conservadores y reaccionarios fueron germanófilos. También las figuras más destacadas del panorama político se apresuraron a declarar sus preferencias. Eduardo Dato mantuvo una postura neutral, aunque el rey Alfonso XIII manifestó claramente sus simpatías por la causa aliada. El conde de Romanones, que llegó a ser presidente del Gobierno durante la Gran Guerra, coincidió con el monarca en sus opiniones. El líder conservador Antonio Maura y el republicano Alejandro Lerroux también se mostraron favorables hacia el bando francés y británico, mientras que entre los germanófilos su figura más destacada fue el tradicionalista Juan Vázquez de Mella.

Por su labor al frente de la Oficina Pro Cautivos, que velaba por la suerte de los prisioneros y desaparecidos de los dos bandos durante la Gran Guerra, el rey Alfonso XIII fue candidato al Premio Nobel de la Paz (Fuente: Wikimedia Commons).

Mención aparte merece la postura mantenida por el Ejército. En su seno apenas hubo debate ya que los militares que se manifestaban a favor de los aliados eran apenas una minoría. Un sector mayoritario de los mandos y la oficialidad, admiradores de la disciplina y el militarismo prusiano, querían que España participase en la contienda de su lado. Sin embargo, el nivel organizativo y de modernización de las fuerzas armadas españolas hacía inviable su participación en una guerra moderna como la que se estaba desarrollando en los campos de batalla europeos. Al mismo tiempo, la inestabilidad y tensión permanente del Protectorado Español en Marruecos también hizo desaconsejable una intervención militar a favor de alemanes o aliados que pusiese en peligro nuestra presencia en el Norte de África. España tenía poco que ganar si optaba por involucrarse en la Primera Guerra Mundial, pero podía obtener importantes beneficios pagados por ambos bandos si mantenía su neutralidad.

Despegue económico

Al margen de las opiniones internas, España no estuvo sometida a excesivas presiones procedentes del exterior de sus fronteras para que tomase partido. Esta cómoda situación, que permitió al país contemplar la guerra desde la distancia, contribuyó a mantener la neutralidad y tuvo un efecto beneficioso para la economía española. Los países beligerantes necesitaban todo tipo de bienes y materias primas para mantener el esfuerzo de guerra, y España se mostró dispuesta a suministrárselos. Se produjo entonces un auténtico despegue económico que favoreció a distintos sectores industriales y comerciales que, al no tener que enfrentarse a la competencia de otros países europeos, se apresuraron a fabricar y suministrar los productos que equiparon y alimentaron a los soldados de ambos bandos.

El desarrollo más importante se produjo en la industria textil catalana y en la siderurgia establecida en la cornisa cantábrica. La minería, sobre todo la del carbón y la del hierro, también experimentaron un espectacular crecimiento, al mismo tiempo que se produjo un aumento de la producción de cereales dedicada a la exportación. La industria química, relacionada con la fabricación de armas y explosivos, y la construcción naval, esta última centrada en la creación de una flota mercante neutral dedicada al transporte con relativa seguridad de las materias y bienes que necesitaban ambos contendientes, alcanzaron un incremento sin precedentes. También se vieron especialmente favorecidas por esta prosperidad bélica las factorías y empresas dedicadas a la fabricación y venta de armamento. Ingentes cantidades de pistolas, fusiles y municiones españolas sirvieron para armar a los ejércitos enfrentados, sobre todo a los soldados del bando aliado.

Gracias a este espectacular crecimiento de las exportaciones, se produjo un vuelco de la balanza comercial española, hasta entonces deficitaria, alcanzando un superávit desconocido hasta entonces. Al mismo tiempo, los beneficios empresariales se multiplicaron vertiginosamente, dando lugar a la aparición de una oligarquía compuesta por los dueños de grandes fortunas obtenidas de la noche a la mañana en un clima de capitalismo desaforado. Los efectos lucrativos de esta época de grandes negocios se tradujeron en una cancelación de la deuda exterior española y en un aumento de las reservas de oro en el Banco de España.

En el término municipal de la localidad cacereña de Cuacos de Yuste, muy cerca del monasterio donde pasó sus últimos días el rey Carlos I, se encuentra el Cementerio de los Alemanes, donde reposan los restos de los soldados alemanes muertos en territorio español durante las dos guerras mundiales (Foto colección del autor).

Pero la Gran Guerra no solo trajo consigo consecuencias positivas para la economía del país. También generó una serie de graves desequilibrios que terminaron afectando a su estabilidad social. A partir de 1917, y coincidiendo con el estancamiento del conflicto, se inició una grave crisis que afectó a las clases menos favorecidas por este periodo de bonanza. Debido a las ventajosas exportaciones de cereales —los países en guerra pagaban mucho más— se produjo un desabastecimiento del mercado interior que provocó una escasez de alimentos básicos y un aumento de los precios muy por encima de los salarios, circunstancias que dieron lugar a situaciones de verdadera hambruna y empobrecimiento cercano a la miseria.

Las tensiones sociales desembocaron en la que es conocida como crisis española de 1917, que se produjo durante el verano de ese año. En esos turbulentos días, el Gobierno tuvo que hacer frente a tres grandes desafíos que pusieron en duda su autoridad. La creación de las denominadas «juntas de defensa», dentro del estamento militar, surgieron como movimiento político para defender los intereses de los oficiales intermedios. Los intentos reiterados por disolverlas generaron un profundo malestar entre los militares que obligó a ceder al Gobierno. La constitución de la Asamblea de Parlamentarios de Barcelona, a primeros de julio de 1917, cuestionó el sistema surgido de la Restauración y exigió la convocatoria de unas elecciones constituyentes de las que debía surgir un nuevo régimen dispuesto a afrontar una nueva organización del Estado que reconociera la existencia de nacionalidades históricas. La Asamblea mantuvo su pulso con el Gobierno en un tira y afloja que se prolongó hasta mediados de agosto en busca de un acercamiento que nunca se produjo. En esas mismas fechas el sindicato UGT, con el apoyo de los anarquistas de la CNT, convocó una huelga general revolucionaria en todo el país. El paro tuvo una gran repercusión en las zonas industriales y urbanas, pero fue reprimido en pocos días gracias a la intervención del Ejército.

2. Los voluntarios españoles

En la Legión Extranjera

Al inicio de la Primera Guerra Mundial, la Legión Extranjera, cuerpo de élite dentro del Ejército francés, contaba con unos 12 000 soldados. Entre su filas, había representadas más de cincuenta nacionalidades, incluyendo a un puñado de españoles que servían en sus diferentes unidades. Tras los primeros combates, todos sus efectivos fueron rápidamente movilizados hacia el frente para entrar en acción. De esta forma, los pocos españoles que ya servían en la Legión Extranjera se convirtieron en los primeros soldados de nuestro país que combatieron en la Gran Guerra.

En un principio, el Gobierno francés había prohibido el reclutamiento de soldados extranjeros en su Ejército, aunque dejó la puerta abierta a la posibilidad de hacerlo a través de la Legión. Así, a través de la Association Internationale des Amities Francaises se gestionó una auténtica avalancha de solicitudes de voluntarios de otros países que por diferentes motivos querían unirse a la lucha contra los Imperios Centrales, entre ellas las de varios cientos de españoles que decidieron pasar de las palabras a los hechos, dispuestos a alistarse y tomar las armas para defender unos ideales que sentían como propios. Originarios de todas las regiones de España, destacaron por su número los vascos, aragoneses y, sobre todo, catalanes.

Las motivaciones ideológicas de los primeros, y sobre todo las de estos últimos, se han venido relacionando tradicionalmente con sectores independentistas. Algunos grupos y partidos catalanistas consideraban que era necesaria una proyección internacional del movimiento para un posterior reconocimiento como nación. La Gran Guerra les ofreció el escaparate que estaban buscando para vincular sus reclamaciones a la lucha contra la dominación representada por los Imperios Centrales. De la misma forma, las simpatías de gran parte de la población vasca por la causa aliada, a la que se consideraba representante de los más altos principios democráticos y defensora de los pueblos oprimidos, impulsó a un puñado de jóvenes idealistas a alistarse en la Legión Extranjera.

Para los españoles alistados procedentes de otras regiones, había tantas motivaciones como número de voluntarios. Las razones podían ir desde un sentimiento romántico de luchar por la libertad de los pueblos hasta un deseo de conocer mundo y vivir aventuras, sin olvidar a aquellos que pretendían eludir la acción de la justicia. Los porcentajes de participación varían considerablemente según las fuentes, pero atendiendo a los últimos estudios objetivos que se han realizado, la mayoría de ellos procedían de ciudades de la costa mediterránea. Aunque también hubo voluntarios cántabros y castellanos, estos fueron pocos debido al carácter germanófilo de la mayoría de la población de estas regiones.

En la línea de fuego

Después de firmar un contrato *por tiempo de guerra*, del que quedarían libres de sus obligaciones militares al término de la contienda, a los voluntarios españoles recién alistados se los agrupó en los cuarteles de Toulouse y Bayona, los más cercanos a la frontera, y en los de Orleáns y Lovoy. En estas instalaciones militares recibieron la instrucción básica, aprendieron a usar un arma y se entrenaron en técnicas de combate. Desde allí fueron enviados a la École d´Application de Tir («Escuela de Entrenamiento de Tiro») con base en el Camp de La Valbonne, situado al este de Francia en el departamento de Ain y muy próximo al frente, donde completaron su formación militar. A fecha del 1 de enero de 1915, el número de soldados españoles entrenados y equipados para ser enviados a primera línea ascendía oficialmente a 969. Tanto al inicio como durante el resto de la contienda, nunca llegaron a formar una fuerza militar con identidad propia al ser repartidos entre diferentes unidades. La mayoría fueron destinados al 1er. Regimiento de Marcha de la Legión Extranjera, donde sirvieron en los batallones 1º, 2º y 3º.

En un principio, los españoles mantuvieron la moral alta, ajenos a los horrores que les iba a deparar la guerra y eufóricos por un quijotismo que los cegaba. En un ambiente de cordial camaradería, se integraron perfectamente en la Legión Extranjera y convivieron con voluntarios procedentes de todo el mundo. Vascos y catalanes, unidos por los mismos ideales nacionalistas, confraternizaron rápidamente hasta formar un grupo cohesionado gracias a la actividad desarrollada por sus líderes políticos.

En febrero de 1916, la Unió Catalanista constituyó el comité Germanor amb els Voluntaris Catalans («Hermandad con los Voluntarios Catalanes»), que abrió dos centros en París y en

Perpiñán para asistir a los soldados catalanes en sus permisos, ofreciéndoles un lugar donde descansar y reponerse. Al mismo tiempo, desde la organización se les hacía llegar paquetes con ropa, libros o tabaco y se fomentó la labor de las llamadas «madrinas de guerra», voluntarias que con sus afectuosas misivas les ayudaban a hacer más llevadera la vida en el frente. De la misma forma, los vascos alistados en la Legión Extranjera se beneficiaron de estas ventajas y muchos de ellos también tenían una «madrina» catalana de la que recibían cartas y envíos.

El ingenuo optimismo entre los soldados españoles aún perduraba cuando entraron por primera vez en acción. Así lo refleja gran parte de la correspondencia que escribieron en aquellos dramáticos días. Sus cartas están llenas de palabras y frases que expresan la camaradería y el valor que había entre las filas de la Legión Extranjera, sin olvidar el relato de la vida cotidiana de los soldados en las trincheras. El tono confiado de las primeras misivas pronto se tornaría oscuro y deprimente ante la crueldad de los combates que segaron la vida de sus compañeros.

Como unidad de élite del Ejército francés, la Legión Extranjera sirvió en primera línea durante toda la guerra. Sus hombres lucharon en casi todos los frentes, destacando por su valor y heroísmo pero pagando a cambio un alto precio en muertos y heridos. Allí también estuvieron los soldados españoles, algunos de los cuales brillaron en los combates convirtiéndose en auténticos héroes. En una fecha tan temprana como septiembre de 1914 muchos de ellos tuvieron su bautismo de fuego participando en la ofensiva del Marne.

Sin embargo, es a partir de la primavera de 1915 cuando se suceden las grandes acciones bélicas de la Legión Extranjera. En mayo de ese año, durante los sucesivos asaltos para tomar la estratégica Cota 140 situada en La Targette, murieron 1200 legionarios. En los feroces combates cuerpo a cuerpo que allí tuvieron lugar dejaron la vida varios españoles, destacando el número de bajas entre los voluntarios vascos. Entre el 21 de febrero y el 19 de diciembre de 1916 tuvo lugar la batalla de Verdún, la más larga y sangrienta de toda la guerra. Nada más iniciarse las operaciones fue enviado allí el 1er. Regimiento de Marcha de la Legión Extranjera como fuerza de choque. Su espíritu combativo consiguió romper las formidables defensas que los alemanes habían acumulado en el lado izquierdo del río Meuse, pero sufrieron a cambio un gran número de bajas, entre ellas las de muchos españoles que dejaron sus vidas sobre los campos embarrados. Amiens, Argonne, Saint-Baudry, Montigny sur Marne, Arras, Soissons, Champagne y el Somme fueron otros frentes y escenarios bélicos de pesadilla en donde destacaron las acciones de los voluntarios llegados desde España.

Veteranos de los voluntarios catalanes posan para una imagen tomada en la posguerra (Fuente: Wikimedia Commons).

Como reconocimiento a sus actos heroicos, algunos de ellos fueron recompensados con las más altas condecoraciones de Francia. Los casos más destacados fueron los del cabo Andrés Arocas, que recibió la Legión de Honor en 1917 de manos del mariscal Petain, y el del capitán José Martínez, que alistándose como soldado raso se convirtió en oficial, obteniendo la máxima graduación permitida en la Legión Extranjera a los extranjeros que no renunciaban a su nacionalidad. Entre otras condecoraciones, el capitán Martínez también recibió la Legión de Honor, concedida por la audaz misión que lideró el 21 de abril de 1917, cuando al mando de un grupo de dieciaiete voluntarios vascos y catalanes cruzó las líneas enemigas para dar un golpe de mano. A pesar de que en el transcurso de la acción fue herido dos veces, siguió al frente del ataque y regresó a las filas de su compañía con 150 prisioneros alemanes, entre ellos cuatro oficiales.

Hubo también otros héroes españoles menos conocidos, entre ellos el aragonés José Cameo, que alistado en el Regimiento Italiano de la Legión Extranjera murió en acción en abril de 1918 y recibió a título póstumo la Cruz de Guerra, la misma condecoración que recibió el catalán Ramón Comin, inválido de guerra.

En la labor de recuperación de la memoria histórica de aquellos días, hay que destacar el trabajo emprendido por los investigadores Emilio Condado y Myriam Mayer que han conseguido rescatar del olvido los nombres de muchos de los voluntarios cántabros que lucharon en la Primera Guerra Mundial en las filas de la Legión Extranjera. Entre todos ellos destacaríamos el de José Gonzáles, un joven santanderino que se alistó en el banderín de enganche de Bayona el 29 de octubre de 1914, incorporándose al Regimiento de Marcha. Gonzáles participó en numerosos combates y en agosto de 1917 fue condecorado con la Cruz de Guerra por su arrojo y valentía. El 18 de septiembre del año siguiente resultó gravemente herido en los ataques a Laffaux, muriendo al día siguiente. Su cuerpo fue enterrado en una modesta tumba del cementerio de la localidad de Pressoir.

Entre las unidades francesas enviadas a luchar a la península de Galípoli estaba el 1er. Regimiento de Marcha de África de la Legión Extranjera, compuesto por casi 1200 hombres, algunos de los cuales eran españoles que llevaban luchando en los campos de batalla europeos desde hacía meses. El 28 de abril de 1915, el regimiento desembarcó en Sedd el Bahr bajo un intenso fuego enemigo. A pesar de la dura resistencia presentada por el enemigo, los legionarios avanzaron sobre el árido terreno pedregoso y tomaron una posición turca al final del día. El recuento de bajas de aquella sangrienta jornada permite hacernos una idea del sacrificio en vidas que costó aquel combate: 8 oficiales y 180 legionarios, cifras dramáticas que como vimos fue una constante durante el resto de la batalla de Galípoli.

Cuando a principios de enero de 1916 se ordenó la evacuación de las tropas aliadas de Galípoli, el 1er. Regimiento de Marcha de África había sido una de las unidades más castigadas durante la campaña. En junio de ese año, sus efectivos habían quedado reducidos a un batallón de 400 hombres de los que apenas 100 estaban en condiciones de luchar. Para cubrir las enormes bajas se tuvo que recurrir al envío de otros 700 legionarios procedentes de las colonias francesas en Indochina. En octubre de 1916, el debilitado regimiento fue enviado de regreso a Europa para ayudar al Ejército serbio en su campaña contra los búlgaros, aliados de los alemanes. Entre los 200 legionarios supervivientes que continuaron luchando en Serbia hasta el 11 de noviembre de 1918, día del armisticio, quedaban unos pocos españoles veteranos de todas las campañas desde el inicio de la guerra.

Tras la Revolución de Octubre, se formó un batallón perteneciente al 1er. Regimiento Extranjero para ayudar a los «rusos blancos» en la guerra civil contra los bolcheviques. Aunque no está confirmada su presencia, algunos testimonios hablan de la presencia de legionarios españoles en la unidad. Su estancia sobre territorio ruso no duró demasiado y en el mes de julio, el batallón Sibérien fue repatriado a Francia.

Balance final

Apenas existen datos históricos que prueben la participación de españoles en la Primera Guerra Mundial que no fuera bajo las banderas francesas de la Legión Extranjera. Tan solo las declaraciones y recuerdos, difuminados por el paso del tiempo, de algunos de sus familiares, aportan pocos datos sobre ellos. Las más llamativas sean quizá las que hacen referencia a la presencia de españoles de origen alemán pilotando primitivos biplanos bajo las órdenes del mítico Barón Rojo.

Al margen de estos españoles que supuestamente sirvieron en las filas alemanas, hay un caso que resulta especialmente llamativo. Antonio Beltrán Casaña nació en Jaca en 1897. Conocido por el apodo de El Esquinazau («el Esquinazao») debido a su carácter indómito y fuerte personalidad, fue enviado por sus padres a casa de unos familiares que residían en la ciudad de Flagstaff, Estados Unidos. Siendo aún muy joven decidió cruzar la frontera con México para unirse a Los Dorados, las tropas revolucionarias dirigidas por Pancho Villa. Tras varios años de lucha, decidió dejar atrás su etapa mexicana y emigró a Canadá donde trabajó como leñador. Cuando se produjo la entrada de los Estados Unidos en la Primera Guerra Mundial, Beltrán no dudó en alistarse como voluntario. A su llegada a los campos de batalla europeos destacó por su valor y fue condecorado, pero aprovechó un permiso para desertar y volver a Jaca. Durante la guerra civil española puso su amplia experiencia militar al servicio de la causa republicana, llegando a mandar la 72ª Brigada Mixta.

El final de la guerra supuso el regreso a nuestro país de muchos de los españoles que habían participado en la contienda. El 9 de Mayo de 1918 se creó el Patronato de Voluntarios Españoles con la finalidad de facilitar la vuelta de todos ellos. Sin embargo, tras licenciarse algunos decidieron quedarse en Francia rehaciendo sus vidas en el país por el que habían luchado. Hubo también otros que continuaron prestando servicio en la Legión Extranjera, formando parte de las tropas de ocupación francesa que permanecieron en territorio alemán.

En cuanto a lo que se refiere al número total de soldados españoles que participaron en la contienda existen algunas contradicciones. En el informe que el barón Lyons de Feuchan presentó ante la Cámara de Diputados, se cifraba en 1328 los voluntarios que procedentes de España habían luchado en las filas francesas, de los cuales 335 habían muerto en acto de servicio. Si atendemos a las listas elaboradas por la Legión Extranjera, estas registran a 624 españoles alistados y establecen en 435 el número de bajas. A este baile de cifras se une la confusión generada por el mito difundido por sectores nacionalistas, que hablaba de la participación de entre 10000 y 20000 voluntarios catalanes. Recientes investigaciones objetivas han reducido considerablemente su número a apenas 954 soldados. Otros estudios aportan datos adicionales sobre 120 voluntarios de origen vasco, a los que habría que añadir los de otras regiones españolas.

En todos los casos llama profundamente la atención el elevadísimo número de bajas entre muertos, heridos y desaparecidos, porcentajes que en algunos casos superan el 85 % del total, muy por encima de los de otras nacionalidades, lo que permite hacernos una idea del horror que los combatientes españoles vivieron durante la contienda. Del puñado de vascos que se alistaron para combatir contra los Imperios Centrales, tan solo dieciséis consiguieron sobrevivir hasta el final de la guerra.

En medio de la movilización de millones de soldados que supuso la Primera Guerra Mundial, la participación de unos cientos de españoles se diluyó entre aquella marea humana destinada a convertirse en carne de cañón. Sin embargo, su arrojo, valentía y disciplina estuvo a la misma altura que los contingentes mucho más numerosos de otras nacionalidades. El recuerdo de sus gestas, en algunos casos con nombres y apellidos, ha sido prácticamente olvidado. El monumento erigido en 1925 en el Parque de la Ciudadela en Barcelona, dedicado a los voluntarios catalanes que lucharon en la Gran Guerra, es el único que en España mantiene viva su memoria.

3. Espías al servicio de los dos bandos

Doble vida

La participación de espías españoles en la contienda es un tema que merece ser tratado con cierto detenimiento. Al igual que ocurrió con los voluntarios que se alistaron en la Legión Extranjera, las motivaciones que los impulsaron para ofrecer sus servicios a uno de los dos bandos fueron diversas, oscilando desde los puramente económicos de la mayoría hasta los aparentemente ideológicos. Por razones obvias, nunca se ha podido determinar su número exacto ni a quién sirvieron, pero algunos de ellos alcanzaron cierta fama por sus andanzas, en realidad nada comparables a las protagonizadas por otros «colegas» de profesión, también españoles, durante la Segunda Guerra Mundial.

La neutralidad de España convirtió a nuestro país en un centro del espionaje internacional de primer orden en donde los espías de las potencias enfrentadas se movían con aparente libertad de movimientos. Está históricamente demostrada la presencia de la agente H 21, nombre en clave de la mítica Mata Hari, alojada en el hotel Palace de Madrid. Fue en la capital donde los servicios secretos franceses le tendieron la trampa que desvelaron su doble vida como espía al servicio de los alemanes. Fue también en España donde Wilhelm Canaris, un joven y apuesto oficial de la Marina Imperial alemana, adquirió como veremos la experiencia necesaria que muchos años después le serviría para dirigir los servicios secretos nazis.

Durante su estancia en España, a la famosa espía Mata-Hari se le tendió una trampa que reveló su faceta como agente al servicio de los alemanes, para caer víctima de un doble juego que le acabaría costando la vida (Fuente: shutterstock).

En medio de este peligroso mundo de identidades falsas y traiciones, algunos españoles decidieron probar suerte. La historia de Adolfo Guerrero es quizá una de las más sorprendentes. En 1916, los servicios de inteligencia británicos fueron advertidos sobre la llegada a su territorio de un ciudadano español procedente de París que desde un primer momento despertó sospechas sobre su verdadera identidad. Cuando entró en el Reino Unido, Guerrero se identificó como redactor del diario *El Liberal* de Madrid, que lo había enviado como corresponsal para escribir artículos sobre la marcha de la guerra desde suelo inglés. En un principio, las autoridades británicas lo dejaron entrar pero lo sometieron a una estrecha vigilancia.

Unos días más tarde llegó también Raimunda Amarandain, bailarina española de variedades conocida en el mundo artístico como la Aurora de Bilbao o la Sultana. La artista llegó al Reino Unido sin ninguna actuación contratada, pero Adolfo Guerrero la consiguió un empleo, sin ocupación exacta, en las oficinas de un comerciante español. A los agentes británicos que los vigilaban les llamó la atención el alto nivel de vida de la pareja, que no se ajustaba para nada a los supuestos ingresos que ellos declaraban. Como respuesta a una petición oficial, les llegó desde España por vía diplomática una serie de informes que confirmaron sus sospechas. En ellos se afirmaba que el supuesto periodista se había relacionado en nuestro país con destacadas personalidades de los servicios de inteligencia alemanes, al mismo tiempo que el director de *El Liberal* negaba conocer a Guerrero. Tras confirmar estos testimonios, el 18 de febrero de 1916 las autoridades británicas ordenaron su inmediata detención junto a la de Raimunda. En su poder se encontró una carta en la que se le citaba en una casa que era conocida como refugio de espías alemanes.

Como en todos los casos de espionaje, el proceso y su posterior juicio se desarrolló con rapidez y Guerrero fue condenado a muerte. En un intento desesperado por evitar que se cumpliera su sentencia, el espía español prometió revelar la trama de los servicios de inteligencia alemanes que habían contactado con él en España si era indultado. Los ingleses se mostraron entonces dispuestos a escuchar sin prometerle nada. Guerrero contó entonces que su verdadero nombre era Víctor Cumantas y que su misión era la de controlar los barcos mercantes aliados atracados en los puertos ingleses para comunicar a los alemanes el día de partida y la ruta que seguían, datos que permitían a sus submarinos esperar en un punto determinado para torpedearlos. Guerrero recibía por su trabajo 50 libras semanales, más una prima variable según la carga y el tonelaje de cada barco hundido. Con ese dinero, el espía español se podía permitir el lujoso tren de vida que llevaba junto a Raimunda.

En su declaración, adornada con detalles exagerados que no se correspondían con la realidad, nunca reveló la supuesta trama de espionaje alemana que había prometido destapar. Cansados de su juego, los británicos confirmaron su pena de muerte. Tan solo las presiones diplomáticas españolas consiguieron evitar su ejecución, conmutada por una pena de trabajos forzados a perpetuidad. Poco más se sabe de la suerte corrida por Guerrero y su amante bailarina.

Entre los espías españoles que trabajaron para el bando aliado, el caso de Jaime Mir es quizá el más destacado. Mir era un catalán residente en Bélgica que tras el estallido de la guerra y la invasión del país por los alemanes decidió trabajar para la causa de su patria de adopción. Armado con tan solo un pasaporte diplomático que le permitía viajar libremente y cruzar la frontera con Holanda, organizó una vasta red de enlaces y contactos que le informaban sobre los movimientos alemanes, proporcionándole una valiosa documentación que él se apresuraba a comunicar a los aliados.

Confiado en sus posibilidades, sus acciones se hicieron cada vez más audaces, llamando la atención de los alemanes. Atraído hacia una trampa, fue detenido finalmente en Lieja y condenado a muerte en un consejo de guerra. Antes de ser ejecutado, los alemanes intentaron extraer de él una confesión que revelase los nombres de sus colaboradores. A pesar de que se le amenazó con hacer daño a su mujer e hijos, Mir no dijo nada. Como ocurrió con el caso de Guerrero, la intervención de las autoridades diplomáticas españolas evitó su ejecución. El espía fue conducido entonces a la cárcel de Rheinbach en donde permaneció preso hasta el final de la guerra.

Canaris, el amigo de España

La biografía del almirante Wilhelm Canaris, jefe durante el nazismo del *Abwehr*, el servicio de inteligencia militar alemán, contiene en sus años de juventud datos muy poco conocidos que vinculan su pasado con el de España dentro del contexto de la Primera Guerra Mundial.

Canaris nació el 1 de enero de 1887 en la localidad de Aplerbeck, un suburbio de Dortmund. Era el menor de los tres hijos del matrimonio formado por Carl Canaris, director de unos altos hornos, y su esposa Auguste Amélie Popp. Durante toda su vida, el que llegaría a ser almirante presumió que su familia fuera descendiente de Konstantin Canaris, uno de los líderes de la independencia griega. Sin embargo, sus antepasados en realidad habían emigrado a Alemania procedentes del norte de Italia unos trescientos años antes de que él naciera. El joven Wilhelm creció en un ambiente de familia acomodada y tuvo una infancia en la que no le faltó de nada para ser feliz.

Desde muy pequeño llamó la atención de todos los que le rodeaban por sus originales ocurrencias, inteligencia y dotes de observación. En el colegio demostró estar dotado especialmente para los idiomas y antes de cumplir los 18 años hablaba inglés y francés con fluidez. También era un ávido lector que absorbía la información contenida en todos los libros que leía, especialmente los de historia y geografía, sus preferidos, al mismo tiempo que demostraba poseer una capacidad memorística prodigiosa.

Sus lecturas influyeron decisivamente en él a la hora de elegir cuál iba a ser su profesión. El joven Wilhelm pertenecía a una familia que tradicionalmente se había dedicado a los negocios industriales y cuando anunció a sus padres su deseo de convertirse en oficial de la Marina Imperial la noticia causó una lógica conmoción. La muerte prematura de su padre le allanó el camino y en 1905 ingresó como cadete en la Academia Naval de Kiel. Durante su formación sobresalió por su carácter discreto y dotes diplomáticas, cualidades que le serían de gran utilidad en el futuro. Canaris finalizó su formación con altas calificaciones y tras recibir su despacho como alférez de marina su primer destino fue a bordo del crucero *Bremen*.

Enviado a las costas de América del Sur, el *Bremen* inicio un periplo naval que le llevó a visitar los puertos de un gran número de países iberoamericanos, en aquel entonces sacudidos muchos de ellos por violentas revoluciones y turbulencias políticas. La misión del barco de guerra era la de lucir el pabellón para proteger a los ciudadanos alemanes y sus intereses mientras el políglota Canaris aprovechaba ese tiempo para aprender español y mejorar sus conocimientos geográficos y políticos de la zona.

Tras navegar a bordo del *Bremen*, Canaris sirvió en la flota de torpederos del mar del Norte, un destino que era considerado duro y difícil por las condiciones del servicio y que era aprovechado por los mandos para evaluar y curtir el carácter de los jóvenes oficiales de la Marina Imperial. Como era de esperar, Canaris superó la prueba sin mayores problemas y tras la experiencia fue destinado de nuevo a prestar servicio en un buque de mayor porte. En otoño de 1912 embarcó en el crucero *Dresden* que puso rumbo al Mediterráneo Oriental. Después de una breve estancia en Turquía, el barco navegó hacia América del Sur para sustituir al *Bremen*. La experiencia y los conocimientos adquiridos por Canaris en travesías anteriores fueron de gran utilidad para el capitán Erich Köhler, comandante del *Dresden*. Ascendido a teniente primero, el joven Wilhelm tendría muy pronto ocasión de demostrar sus capacidades.

Durante la Revolución mexicana, la ciudad de Tampico fue escenario de violentos enfrentamientos entre las tropas gubernamentales del presidente Huerta y las fuerzas revolucionarias. Un gran número de extranjeros se vieron atrapados en medio de los combates, sin posibilidad de escapar cuando los barcos de las potencias europeas se retiraron de las aguas territoriales mexicanas. Únicamente el *Dresden* se mantuvo cerca de la costa, lo que le permitió rescatar a varios cientos de ciudadanos norteamericanos. Cuando en julio de 1914 dimitió el presidente Huerta, el crucero alemán alcanzó de nuevo protagonismo al recibir la orden de trasladarle hasta su exilio en Kingston, la capital de Jamaica. En todas estas delicadas misiones, Canaris jugó un papel destacado, ejerciendo como intérprete y ayudando en todo momento al capitán Köhler en sus gestiones.

Tras su agitada travesía sudamericana, el *Dresden* debía regresar a Alemania, pero el estallido de la Primera Guerra Mundial trastocó estos planes. En Puerto Príncipe, capital de Haití, Köhler cedió el mando del barco al capitán de fragata Emil Fritz Lüdecke. Aunque hablaré con mayor detalle sobre la odisea de este crucero alemán en el apartado dedicado a los buques corsarios del capítulo V, en este punto adelantaré que el 9 de marzo de 1915 su capitán lo hundió en aguas jurisdiccionales de Chile cuando se vio rodeado por los barcos británicos que lo perseguían. Los oficiales y marineros de su tripulación fueron internados por las autoridades chilenas en la pequeña isla de Quiriquina, en la bahía de Concepción, bajo una relajada vigilancia.

Canaris no se resignó a permanecer confinado en ese apartado lugar y decidió intentar la huida. Tras obtener el permiso del capitán Lüdecke, el joven teniente planeó con meticulosidad todos los detalles de su plan de escape. El largo viaje que se disponía a emprender, rodeado de peligros, reunía muchos de los elementos de los libros de aventuras que le gustaba leer cuando era niño.

Canaris escapó de Quiriquina en un bote de remos con el que alcanzó la cercana costa chilena. Su dominio del español le ayudó a cruzar los Andes a caballo. En las navidades de 1915, ya en suelo argentino, encontró refugio en casa de los von Bülow, una familia de terratenientes de origen alemán. En Buenos Aires, consiguió hacerse con un pasaporte chileno falsificado a nombre de Reed Rosas y allí espero el momento oportuno para embarcarse en un buque que lo llevase de vuelta a Europa. Bajo su falsa identidad, Canaris consiguió un pasaje en un vapor holandés que hacía la travesía del Atlántico, sin despertar sospechas entre el resto de pasajeros y tripulantes.

Antes de llegar a su destino, el barco fue interceptado por las autoridades navales británicas y desviado al puerto de Plymouth para someterlo a un riguroso registro. Todos los pasajeros fueron interrogados y cuando le llegó el turno a Canaris supo mantener la suficiente sangre fría para engañar a los oficiales.

Tras superar el trámite, el barco holandés prosiguió su travesía hasta llegar al puerto de Rotterdam sin más incidentes. Desde Holanda, y gracias a su pasaporte chileno, el joven marino atravesó la frontera con Alemania y tras descansar unos días en casa de su tía Dorothea Popp, se presentó a sus superiores con un detallado informe de su aventura.

Armado con su convincente pasaporte chileno y bajo la máscara de Reed Rosas, en el verano de 1916 Canaris hizo su aparición en Madrid sin que sepamos como el intrépido oficial consiguió atravesar las fronteras hasta llegar a nuestro país. En aquellos días, la capital era un hervidero de espías a la caza de información. Su brillante expediente debió convencer a sus superiores de que era el hombre idóneo para desempeñar en España una nueva misión como agente secreto.

Oficial, caballero y agente secreto

Bajo las órdenes de von Krohn, agregado naval en la embajada alemana en Madrid, Canaris debía seleccionar y entrenar a los colaboradores que en los puertos españoles debían observar los movimientos de los barcos mercantes y de guerra aliados para averiguar cuáles eran sus cargas y rutas, valiosa información que era transmitida a los submarinos alemanes para que pudieran interceptarlos. Entre sus misiones, Canaris también debía contactar con comerciantes dispuestos a suministrar los víveres, combustible y piezas de recambio que pudiera necesitar la flota alemana, así como con aquellos capitanes que se atreviesen a realizar el abastecimiento en alta mar a los barcos y submarinos de la Marina Imperial. Por razones obvias, esta actividad «extraoficial» no podía ser realizada directamente por el agregado naval, el cual delegaba en Canaris para ejecutar las órdenes llegadas desde Berlín. Su perfecto dominio del castellano y el encanto personal que irradiaba su personalidad franca y abierta, le ayudaron a cumplir con éxito las misiones encomendadas.

En aquellos días, el joven, simpático y atractivo «chileno» se relacionó con lo más selecto de la sociedad madrileña de la época, ganándose la confianza de personajes influyentes con los que establecería una serie de contactos personales que le resultarían muy útiles en el futuro. A Canaris le gustaba mucho España pero llegó un momento en que su actividad como espía se hizo demasiado evidente. Decidió entonces salir del país por la puerta de atrás y llegar a Alemania para reincorporarse, como era su deseo, al servicio activo en la Marina Imperial.

Perseguido por los servicios de inteligencia británicos, Canaris fue interceptado cuando intentaba atravesar la frontera italiana. Encarcelado en una oscura celda, soportó los interminables interrogatorios sin revelar su verdadera identidad. En todo momento mantuvo su coartada sin contradecirse, afirmando que era ciudadano chileno, hijo de madre británica, que viajaba de España a Suiza para tratarse la tuberculosis que padecía. Para hacer más creíble su relato, Canaris se mordía los labios hasta hacerse sangre que luego escupía aparatosamente.

El contraespionaje aliado no tenía nada contra él —tan solo la sospecha de que podía tratarse de un espía alemán— pero se negaban a dejarle en libertad. Mientras tanto, el joven oficial esperaba resignado en su celda la noticia de su más que probable condena a muerte, sentencia sumarísima que él creía segura. Cuando todo parecía presagiar que ese era el destino que le aguardaba, se produjo un giro inesperado a su peliaguda situación.

Al conocer la noticia de su detención en Italia, sus influyentes amistades españolas movieron los hilos necesarios para obtener su libertad, insistiendo en que el joven Reed Rosas era quien afirmaba ser. Las presiones diplomáticas surtieron efecto y Canaris fue finalmente liberado con la única condición de que no continuase viaje hacia Suiza y regresase a nuestro país a bordo de un barco español que partiría de Génova con destino al puerto de Cartagena. Sin embargo, los servicios de inteligencia aliados no se dieron tan fácilmente por vencidos y esperaban detenerlo de nuevo en una escala prevista en Marsella.

Intuyendo las intenciones del enemigo, Canaris habló directamente con el capitán español al que reveló su verdadera identidad, al mismo tiempo que le hacía partícipe de sus temores ante un más que probable intento de ser desembarcado a la fuerza en el puerto francés. Impresionado por su relato, el oficial navegó hasta Cartagena sin realizar la escala prevista, decisión que salvó a su nuevo amigo del destino que le estaba esperando en Marsella. Gestos como este hicieron que en el joven oficial de inteligencia creciera un sentimiento de admiración y respeto hacia España y los españoles.

Pálido y muy delgado, Canaris se presentó en la residencia de von Krohn en Madrid. Tras disfrutar de un permiso de varios días, el inquieto oficial manifestó de nuevo su deseo de incorporarse a toda costa al servicio activo. Sus peticiones reiteradas e insistentes de traslado forzaron a su superior a buscar una forma segura para sacarlo de España sin dar al enemigo la oportunidad de detenerle. Ante este desafío, desde un primer momento se planteó la posibilidad de utilizar un submarino que le pudiera llevar hasta Alemania.

Hacía poco tiempo que el submarino alemán *UB-35* había recalado en el puerto de Cartagena en visita oficial para entregar una carta personal del káiser Guillermo II dirigida al rey Alfonso XIII. Arnauld de la Periére, comandante del sumergible, conocía por tanto las condiciones del fondeadero y por ello se le encomendó la misión furtiva de sacar a Canaris de España a bordo de su barco. Tras dos intentos frustrados, el joven oficial consiguió burlar la vigilancia del contraespionaje aliado y a bordo de una barca llegó al submarino que le estaba esperando a la salida del puerto. Esa noche, Canaris se despidió de España sin saber que años más tarde sus destinos volverían a encontrarse. Desde su puesto al frente del *Abwehr*, mantendría una estrecha relación con el general Franco durante la guerra civil española y en los primeros años de la posguerra.

Sin mayores problemas, Canaris alcanzó territorio alemán y hasta el final de la contienda desempeñó mando de combate en el arma submarina de la Marina Imperial. La rendición alemana supuso un duro golpe para la moral del oficial de 32 años, que contempló desde primera fila los sucesos prerrevolucionarios de la primera quincena de enero de 1919 en Berlín. Monárquico declarado, no dudó en unirse a otros oficiales de la Marina y el Ejército para enfrentarse a los *espartaquistas* que bajo el liderazgo de Kart Liebknecht y Rosa Luxemburg intentaron sin éxito proclamar la República Socialista Alemana durante el invierno de 1918-1919.

En la década posterior, la carrera militar de Canaris quedó estancada en un punto muerto, como la de tantos otros oficiales alemanes que habían participado en la Gran Guerra. Con la llegada de los nazis al poder, el prestigio y la dilatada experiencia del curtido marino le llevaron a ser elegido por los nuevos amos de Alemania para ocupar la jefatura del *Abwehr*. A pesar de que la inmensa mayoría de los mandos de la *Kriegsmarine* apoyaban a Hitler y sus secuaces, Canaris los despreciaba al considerarlos unos patanes peligrosos y advenedizos que habían conquistado el poder mediante la coacción y la violencia. Estas opiniones le llevaron a conspirar contra Hitler en un arriesgado desafío que le acabó costando la vida. Implicado en la Operación Valkiria, el almirante Canaris fue ahorcado el 9 de abril de 1945 en el campo de concentración de Flossenbürg, pocos días antes de que el recinto fuera liberado por tropas norteamericanas.

4. Tocados y hundidos

Negocio arriesgado

Para los barcos que en plena Primera Guerra Mundial se atrevían a surcar los mares con sus bodegas cargadas de todo tipo de mercancías, exhibir en sus mástiles la bandera de un país neutral no era sinónimo de inmunidad. En este sentido, los buques españoles tampoco fueron una excepción y sus tripulaciones se enfrentaron al riesgo constante de impactar contra una mina o ser atacados en cualquier momento por los temibles submarinos alemanes, experiencias que muchos tuvieron la desgracia de sufrir.

Durante la contienda, la marina mercante española alcanzó un espectacular crecimiento. Constructores navales, banqueros y empresarios se unieron para crear una flota que transportase las materias primas, armas y bienes de equipo que España exportaba a las naciones en conflicto. En esos años, las compañías navieras bilbaínas obtuvieron grandes beneficios derivados del enorme aumento del tráfico comercial con Gran Bretaña, mientras el puerto de Bilbao se convertía en la principal puerta de salida de las exportaciones españolas. En este contexto, la flota mercante vasca creció hasta representar el 70 % del total nacional, con un gran número de compañías que tenían la mayor parte de sus buques matriculados en Bilbao.

De entre todos los grandes navieros de aquella época destacó la figura de Ramón de la Sota, nacionalista vasco y defensor de la causa aliada. Hombre rico y poderoso, amasó una gran fortuna transportando mineral de hierro a Gran Bretaña, país con el que mantuvo una estrecha relación hasta el punto de ser nombrado en 1921 Caballero Comendador de la Orden del Imperio Británico. Este clima de negocios florecientes no consiguió ocultar la dramática situación de muchos marinos españoles, que no solo se enfrentaban a la cruel ruleta rusa de los torpedos y minas alemanas.

El llamado derecho de inspección otorgaba a las naciones aliadas la potestad de detener y registrar a los barcos de pabellón neutral para comprobar su documentación y el destino de la carga que transportaban en sus bodegas. Cuando se producía la captura de un buque, el llamado *tribunal de presas* decidía sobre la legalidad del apresamiento después de realizar una larga deliberación que en ocasiones podía demorarse durante meses. Sus resoluciones estaban fundamentadas teniendo en cuenta los intereses de la nación que había realizado el apresamiento y la interpretación arbitraria de una legislación internacional bastante confusa.

El primer incidente de este tipo en el que se vio involucrado un barco de bandera española se produjo el 10 de octubre de 1914, cuando el vapor *Federico* fue interceptado por torpederos franceses que lo obligaron a dirigirse hacia el puerto de Tolón. El barco español realizaba la ruta entre los puertos de Barcelona y Génova, transportando carga general y varios pasajeros. Entre estos últimos había varios súbditos alemanes y austríacos en edad militar, aunque no habían sido movilizados. Esta circunstancia hizo que el *Federico* fuese declarado «buena presa» y se ordenase el internamiento en Francia de los ciudadanos de los Imperios Centrales que viajaban a bordo.

Los aliados, y especialmente Gran Bretaña, pretendieron someter a los puertos de los países enemigos a un estricto bloqueo con el fin de ahogar sus economías, forzándolos de este modo a la rendición. Sin embargo, no se pudo llevar a cabo de manera efectiva hasta la entrada en la guerra de los Estados Unidos, cuando el refuerzo proporcionado por los barcos norteamericanos contribuyó a estrechar el cerco sobre Alemania y sus aliados. En aquel entonces, la mayor parte de la flota mercante mundial precisaba del carbón como combustible. Gran Bretaña controlaba las principales estaciones carboneras repartidas por las principales rutas marítimas del mundo. De esta forma, podía presionar a las flotas de los países neutrales, entre ellas la española, para que navegasen transportando fletes necesarios para cubrir las necesidades estratégicas aliadas a cambio de obtener cupos de carbón en los puertos de abastecimiento. En caso de no aceptar el chantaje o llevar en sus bodegas cargamentos para los Imperios Centrales, se arriesgaban a entrar en listas negras y ser considerados incluso como buques enemigos.

Otro de los instrumentos empleados para llevar a cabo este bloqueo era el sistema denominado navicert o pasavante. Consistía en que antes de proceder a su embarque, los exportadores de las naciones neutrales podían someter sus mercancías a la inspección de un agente aliado, casi siempre el cónsul del país que representaba sus intereses en el puerto de salida. Si la carga no era sospechosa, se extendía un certificado que funcionaba como un salvoconducto que permitía superar los controles del bloqueo. De esta forma, proveedores y armadores neutrales evitaban el riesgo a que sus mercancías y barcos pudieran ser requisados. A muchos navieros españoles no les quedó más remedio que someterse a las exigencias de los aliados. Otros, en cambio, prefirieron amarrar sus flotas antes de arriesgarse a que sus barcos pudieran ser apresados al no respetar las condiciones del bloqueo.

Peligro acechante bajo el agua

Una de las armas navales más temibles e indiscriminadas desplegadas por los alemanes en los mares fueron las minas, muy útiles para interrumpir, o al menos obstaculizar, el tráfico marítimo con destino a los países aliados. Como veremos en el capítulo dedicado a la guerra en los océanos, emplearon buques corsarios y submarinos para sembrar con ellas las aguas transitadas por mercantes.

Estos artefactos eran armas indiscriminadas que no hacían distinción entre enemigos y neutrales. Muchas de ellas se desprendieron de sus anclajes por acción de las corrientes o del oleaje y se convirtieron en una mortífera amenaza para los barcos que no tenían nada que ver con el conflicto. En su navegación sin rumbo, algunas de estas minas errantes llegaron hasta las costas españolas. El 22 de diciembre de 1917, unos pescadores se encontraron una mina magnética frente a la playa del Poblenou en Barcelona. Depositado sobre una barca, el artefacto fue inspeccionado por las autoridades navales de la Comandancia de Marina, quienes determinaron que estaba desactivado y que por tanto era inofensivo. En un gesto irresponsable, fue lanzada de nuevo al agua y se perdió su rastro hasta que apareció de nuevo varios meses después con ocasión de un dragado que se realizó en la dársena de Morrot. En esta ocasión, una vez recuperada fue fondeada a varias millas del puerto para que dejase de ser un peligro para la navegación.

Además de las minas, los barcos mercantes españoles se enfrentaban a otra amenaza aún más peligrosa que acechaba sigilosamente bajo la superficie de las aguas del mar. El submarino, un arma innovadora surgida al principio de la guerra, fue empleada a gran escala por los alemanes para estrangular el tráfico marítimo aliado. Al inicio de la contienda, Alemania no pudo desplegar el número suficiente de sumergibles para cumplir con sus objetivos, pero en poco tiempo la efectividad letal de estos barcos estuvo a punto de inclinar la balanza del lado de los Imperios Centrales.

El primer encuentro de un barco español con un submarino alemán se produjo el 29 de marzo de 1915, cuando el vapor

Peña Sagra fue interceptado por un sumergible no identificado, sin que llegase a ser atacado. Apenas un mes más tarde, el vapor *Peña Agustina*, que navegaba cubriendo la travesía desde Glasgow a Santander con un cargamento de brea, se encontró con el *U-28*. En este caso tampoco hubo ningún problema, pero el aumento de este tipo de incidentes multiplicó las posibilidades de que se produjese una desgracia, como finalmente ocurrió.

El primer barco español víctima de la guerra submarina fue el vapor *Isidoro* de la naviera bilbaína Echevarrieta y Larrinaga. El 17 de agosto de 1915 fue torpedeado y hundido por el *U-24*, al mando del comandante Schneider, en el Canal de San Jorge, que separa las costas de Gales de las de Irlanda, cuando hacía la ruta entre Bilbao y Cardiff con un cargamento de hierro en sus bodegas. Afortunadamente, toda la tripulación pudo ponerse a salvo. Otros, en cambio, no tendrían tanta suerte.

En la madrugada del 19 de agosto de 1915, el vapor *Peña Castillo*, propiedad de la Compañía Santanderina de Navegación, fue echado a pique en apenas quince segundos por el impacto y posterior explosión de un torpedo lanzado por un submarino alemán no identificado. En este caso hubo que lamentar la muerte de veintiún tripulantes españoles, las primeras víctimas de nuestro país en el conflicto. Los escasos supervivientes fueron rescatados por un transporte de guerra británico.

En este contexto de constantes ataques, la marina mercante española intentó mantener las rutas abiertas mientras se producía un aumento imparable de las pérdidas en vidas y barcos. El 13 de enero de 1916, el vapor *Bayo*, propiedad de La Marítima Esperanza, navegaba de Huelva al puerto francés de La Pallice transportando un cargamento de hierro cuando a unas 40 millas de su destino chocó contra una mina, hundiéndose en pocos minutos. De sus veinticinco tripulantes solo se salvó el segundo oficial. También fue uno de estos artefactos el causante del naufragio en la madrugada del 15 de enero de 1916 del *Bélgica*, barco que pertenecía a la Compañía Naviera Internacional de Bilbao. Tras la explosión, el buque se hundió en cinco minutos, muriendo un maquinista y un fogonero. Se da la circunstancia de que este barco había sobrevivido al ataque de una escuadra alemana de superficie cuando se encontraba fondeado en la costa de Hartlepool, en el noreste de Inglaterra.

Los submarinos también se siguieron cobrando víctimas. El 31 de marzo de 1916 el vapor *Vigo*, de la Compañía Ortiz Antiñano de Bilbao, que llevaba en sus bodegas un cargamento de madera consignado para el puerto de Cardiff, fue hundido por un submarino alemán no identificado. En este caso, el comandante del sumergible dio diez minutos a la tripulación para que abandonase el barco antes de echarlo a pique, pero ante el pánico desatado ocho marineros murieron ahogados. El 8 de abril, el vapor *Santanderino* fue hundido a la altura de la pequeña isla de Ouessant frente a la costa de Bretaña, cuando navegaba haciendo la ruta entre Liverpool y La Habana, naufragio en el que fallecieron cuatro de sus tripulantes.

A lo largo del año 1916 se sucedieron los ataques contra barcos españoles. *Vinifreda, Bakio, Aurrerá* o *Mendivil Mendi*, son los nombres de algunos de los navíos de nuestro país que fueron hundidos por las minas o los torpedos alemanes, convirtiéndose en la sepultura de muchos marinos. Como consecuencia del alto riesgo al que se enfrentaban las navieras con el recrudecimiento de la guerra submarina, los precios de los fletes se dispararon. A pesar de los peligros que corrían barcos y tripulaciones, los armadores decidieron correr el riesgo de un lucrativo negocio que dejaba grandes márgenes de beneficio. Así, las compañías preferían que los barcos españoles transportasen cargas a puertos en la costa inglesa, aunque luego tuvieran que regresar con sus bodegas vacías, antes que realizar cabotaje en nuestras costas o realizar travesías en rutas que no fueran tan peligrosas, fletes que generaban ingresos muy inferiores.

El verano de 1916 fue especialmente trágico en lo que se refiere a pérdidas de barcos españoles. En el periodo comprendido entre el mes de agosto y septiembre de aquel año fueron hundidos el *Ganekogorta Mendi*, el *Pasagarri*, el *Mayo* y el *Olazarri*. Sin embargo, el ataque contra el *Luis Vives* fue la gota que colmó la paciencia de armadores y marineros españoles. El 11 de septiembre este barco, propiedad de la Compañía

Valenciana de Vapores Correos de África, transportaba un cargamento de naranjas entre Valencia y Liverpool. A la altura de las Islas Sorlingas, situadas frente a las costas de Cornualles, fue atacado por el *UB-18*, al mando del teniente de navío Franz Wager.

Después de un combate naval, el 24 de mayo de 1918 el submarino alemán UC-56 resultó gravemente averiado y buscó refugio en el puerto de Santander, donde permaneció internado hasta el final de la guerra (Fuente: Wikimedia Commons).

Aunque los 42 tripulantes del *Luis Vives* consiguieron ponerse a salvo, la pérdida de este barco puso en pie de guerra, nunca mejor dicho, al sector naviero español. Hay que tener en cuenta que la exportación de naranjas constituía uno de los puntales del comercio exterior español, sector que no podía consentir quedar a merced de los ataques de una potencia extranjera que vulneraba nuestra neutralidad, lo que explicaría el cariz que alcanzaron las protestas. Fue entonces cuando las asociaciones que representaban los intereses de los armadores lanzaron un ultimátum al Gobierno, al que amenazaron con suspender toda la navegación y paralizar la actividad de los puertos españoles si no garantizaban la seguridad de sus buques frente a los ataques de los submarinos alemanes.

El ejecutivo intentó responder a las demandas con una política intervencionista que permitiera controlar las exportaciones en general, y a la flota mercante en particular, para impedir que España pudiera quedar desabastecida por la falta de barcos. Incluso se pensó en gravar fiscalmente los enormes beneficios obtenidos por las exportaciones realizadas a los países beligerantes para emplear estos fondos en mejorar la seguridad. Pero la Primera Guerra Mundial había brindado la oportunidad de hacer grandes negocios a un privilegiado sector de la sociedad española que no estaba dispuesto a que se cerrase el grifo de las fabulosas ganancias por culpa de una reacción desproporcionada de un Gobierno asustado.

El 3 de junio de 1916, el ministro de Hacienda Santiago Alba presentó ante las Cortes un proyecto de ley que establecía un impuesto sobre los beneficios extraordinarios obtenidos por sociedades y particulares. De esta forma se hizo evidente que las presiones de los armadores habían provocado el efecto contrario al deseado. Las reacciones ante las pretensiones del Ejecutivo no se hicieron esperar y la oligarquía industrial y naviera se movilizó amenazando con una paralización absoluta que podía suponer el colapso de la economía española. Atrapado entre la espada y la pared, al Gobierno no le quedó más remedio que ceder y paralizar el proyecto.

Mientras las grandes fortunas se hacían en los despachos de las navieras, la lista de barcos españoles hundidos y marinos muertos no dejaba de crecer. Los armadores se llenaban los bolsillos mientras en alta mar las abnegadas tripulaciones se enfrentaban al peligro de los submarinos alemanes sedientos de presas. El mes de diciembre de 1916 fue especialmente trágico, con varios buques hundidos y un número cada vez mayor de marinos muertos en los ataques. El Gobierno español se limitaba a protestar por cauces diplomáticos, tímidas denuncias que no servían para poner fin a la situación. Fue entonces cuando los hombres del mar solicitaron ante las autoridades que se permitiera a los mercantes de nuestro país embarcar artillería para defenderse, a imitación de lo que hacían los barcos aliados y los de los Estados Unidos, en aquel entonces todavía un país neutral. También se barajó la posibilidad de obligar a los buques de más de quinientas toneladas a instalar estaciones radiotelegráficas. Además de usarse para auxiliar a un navío en apuros, estos equipos eran un eficaz elemento disuasorio para evitar ataques. En caso de avistamiento de un submarino hostil, podían transmitir rápidamente su situación para que el cazador pudiera ser cazado por los barcos de guerra aliados.

Esta propuesta se plasmó en una real orden del 20 de febrero de 1917, pero se encontró con muchas dificultades a la hora de ser llevada a la práctica. Su instalación era muy costosa y los armadores no estaban dispuestos a asumir ese gasto. Además, no había un número suficiente de profesionales que supieran manejar y mantener lo que por aquel entonces eran sofisticados equipos de comunicaciones. Por si todo esto fuera poco, los aparatos debían ser importados en un momento en que no eran fáciles de conseguir debido a las circunstancias derivadas de la guerra. En consecuencia, lo que en un principio había sido una buena idea que podía haber ayudado a salvar muchas vidas, se convirtió en una medida que tardó demasiado tiempo en adoptarse.

Al borde de la guerra

El nuevo año empezó igual que había terminado el anterior. Como única respuesta a los ataques de los submarinos alemanes contra los buques de bandera española, el 6 de enero de 1917 el Gobierno entregó a los embajadores de Alemania y Austria una nota de protesta en la que denunciaba estos actos de agresión, a los que calificaba de injustos si además se tenía en cuenta la especial consideración que recibían los súbditos de los Imperios Centrales internados en España. Como era de esperar, las cancillerías de las naciones acusadas no prestaron mayor atención al tibio reproche.

Durante los primeros meses de 1917, el hundimiento de buques españoles se convirtió en una dramática rutina que ya ni siquiera aparecía en las primeras páginas de los periódicos. Sin embargo, el ataque contra el *San Fulgencio* hizo aumentar en varios grados la tensión. Este barco pertenecía a la Compañía Cartagenera de Navegación y se dirigía a Barcelona con un cargamento de carbón inglés cuando sin previo aviso fue torpedeado por el *UC-75*. La tripulación consiguió ponerse a salvo en los botes arriados en medio de un mar embravecido. Días antes del hundimiento, el barco español había transportado fruta a Gran Bretaña gracias a un salvoconducto alemán, por lo que el ataque se consideró completamente injustificado y una afrenta que exigía compensaciones.

El Consejo de Ministros, presidido por el conde de Romanones, discutió sobre las medidas que se debían adoptar al respecto mientras la tensión con Alemania aumentaba en varios grados. Una mayoría de la opinión pública española se mostraba partidaria de dar un ultimátum a los Imperios Centrales, mientras que los germanófilos se decantaban por contemporizar hasta que volviera la calma.

El presidente del Consejo de Ministros había criticado duramente los ataques contra barcos españoles, postura que había evidenciado sus preferencias por uno de los bandos contendientes. Un sector de la prensa favorable a las posiciones alemanas le acusó de mezclar los intereses nacionales con los personales. Además de ser uno de los políticos más influyentes de su tiempo, el conde de Romanones era un poderoso hombre de negocios con participaciones en varias empresas. Una de ellas era la Sociedad Minera de Peñarroya, compañía en la que había una importante presencia de capital británico y que había sufrido importantes pérdidas por los torpedeamientos de los submarinos alemanes.

La falta de unidad a la hora de tomar una decisión respecto a la actitud de los Imperios Centrales también afectó a los miembros del Gobierno, que se dividieron entre partidarios y detractores de enviar el ultimátum. Esta falta de consenso acabó provocando la dimisión del conde de Romanones. Finalmente, el 28 de abril de 1917, el Gobierno de España emitió una nueva nota de protesta dirigida a Alemania en la que usaba una retórica confusa para exigir poner fin a los ataques de los submarinos contra nuestra flota mercante mientras se apelaba a la tradicional amistad entre los dos países. El tono expresado en su texto pretendía ser duro e inflexible, pero en realidad transmitía la debilidad e impotencia de un país cuya opinión hacía tiempo que había dejado de ser tenida en cuenta en los foros internacionales. Salvo la leve insinuación a una posible entrada en el conflicto que podía deducirse de su lectura, lo cierto es que la situación no cambió demasiado y España siguió siendo un país neutral. Como era de esperar, las protestas fueron ignoradas y los ataques se siguieron produciendo.

En la madrugada del 4 al 5 de mayo de 1917, varios pesqueros españoles y franceses se encontraban faenando a unas cuarenta millas de la costa de San Sebastián cuando fueron atacados por un submarino alemán que los cañoneó en superficie. Los barcos franceses respondieron al fuego con los pequeños cañones que llevaban para protegerse, iniciándose un intenso combate en el que todos los pesqueros, incluidos los españoles, fueron hundidos. El ataque se cobró las vidas de casi todos los marinos franceses y de cuatro españoles. En compensación por el error cometido contra nuestros barcos, la embajada alemana en Madrid entregó 1000 marcos como compensación a cada una de las viudas de los pescadores españoles.

Ese mes de mayo de 1917 fue especialmente funesto para la flota mercante española, cerrándose con la que acabó siendo la mayor tragedia naval que sufrió nuestro país durante la guerra. El *Carlos de Eizaguirre* era un buque de 4376 toneladas, propiedad de la Compañía Trasatlántica, que el 23 de abril de 1917 había zarpado del puerto de Barcelona con rumbo a Manila llevando a bordo a 106 tripulantes y 39 pasajeros. En la madrugada del 26 de mayo, el barco sufrió una tremenda explosión en el costado de estribor cuando navegaba a unas 15 millas de Ciudad del Cabo. Su casco se elevó varios metros sobre la superficie del mar y se partió en dos, hundiéndose en 5 minutos. Tan solo se consiguió arriar un bote salvavidas en el que consiguieron subirse a bordo 23 tripulantes y pasajeros. Tras alcanzar la costa, los náufragos llegaron a Ciudad del Cabo donde pidieron ayuda. Varios barcos rastrearon el lugar del desastre y entre los restos flotantes encontraron a otro superviviente y los cuerpos de 8 cadáveres.

Existe cierta confusión sobre las causas del hundimiento. Algunas versiones apuntaron a la posibilidad de que en medio de la noche hubiera chocado contra un escollo, aunque lo más probable es que se fuera a pique por la explosión de una de las minas que había sembrado en esa zona el *SMS Wolf*, uno de los barcos corsarios alemanes que recorrían los océanos del mundo en busca de presas y al que dedicaré unas líneas en un próximo capítulo. Parece ser que la razón de esta controversia radicaba en que el barco no estaba asegurado contra riesgos de guerra, por lo que convenía declarar que se había hundido por otras causas para cobrar la prima. Como epílogo a la tragedia, la Compañía Trasatlántica compró una tumba en el cementerio católico de Ciudad del Cabo para enterrar los cuerpos de las únicas 8 víctimas mortales que pudieron ser recuperadas.

La tragedia del *Carlos de Eizaguirre* reabrió el debate en la opinión pública y en la clase política sobre la conveniencia de romper relaciones con los Imperios Centrales. Mientras una gran parte de la derecha germanófila se mostraba partidaria de dejar las cosas como estaban, un sector de la izquierda presionó para que se abandonase la neutralidad y España entrase en la guerra del lado de Francia y Gran Bretaña. Finalmente, la cuestión volvió a quedar en un punto muerto mientras nuestros barcos seguían siendo víctimas indefensas del conflicto mundial.

El final de una pesadilla

Durante los últimos meses de 1918 prosiguió el goteo constante de barcos españoles hundidos por ataques de submarinos y explosiones de minas. El 5 de octubre, el vapor *María*, de la naviera Barcelonesa de Navegación, fue torpedeado en el golfo de Salónica. Tras ser alcanzado, su casco se partió en dos, desapareciendo en pocos minutos bajo las profundidades del mar. Nueve de sus tripulantes murieron en el ataque, entre ellos el capitán, mientras que los náufragos fueron rescatados por un buque de la Marina francesa. El *María* fue el último barco español hundido durante la Primera Guerra Mundial antes de la firma del armisticio. Sin embargo, la paz no puso término a las desgracias sufridas por nuestros barcos en océanos que hasta hacia poco tiempo habían sido campos de batalla.

Las minas flotantes seguían siendo un peligro para la navegación y las operaciones de dragado y limpieza de los mares afectados, además de ser muy costosas, iban a durar bastante tiempo. En España, una real orden de 12 de julio de 1919 ofrecía recompensas en metálico a todos aquellos que indicasen con precisión la situación de estos artefactos para su posterior destrucción. Sin embargo, en muchos casos todos estos esfuerzos no evitaron que las consecuencias sangrientas de la guerra se prolongasen más de lo previsto.

El 21 de marzo de 1919, el *Manuel Calvo* de la Compañía Trasatlántica, zarpó del puerto de Barcelona con doscientos ciudadanos rusos a bordo sospechosos de actividades revolucionarias que habían sido expulsados por el Gobierno español de vuelta a su país, escoltados por una guardia armada de cuarenta marinos pertenecientes al acorazado *Alfonso XIII*. A la altura de la isla de Ténedos, cercana a la entrada del estrecho de los Dardanelos, el barco fue sacudido por la explosión de una mina en el costado de estribor que abrió una enorme brecha en el casco. A pesar de los graves daños sufridos, el buque no llegó a hundirse, aunque murieron 105 personas entre tripulantes, marinos y pasajeros. A pesar de que ningún otro navío atendió a sus llamadas de auxilio por miedo a las minas, el *Manuel Calvo* consiguió quedar varado en la costa turca, donde desembarcaron los supervivientes. Desde allí fue remolcado hasta Constantinopla, donde fue reparado. El 17 de mayo, el último navío español en sufrir los horrores de la Gran Guerra regresaba por sus propios medios al puerto de Barcelona.

No se puede cuantificar con exactitud el número total de pérdidas humanas y materiales sufrido por la marina mercante de nuestro país durante la contienda. Las cifras que ofrecen los historiadores navales oscilan entre los setenta y noventa barcos, sin contar aquellos que durante el periodo comprendido entre 1914 y 1918 se perdieron para siempre en el mar sin que se conozca la causa de su desaparición. En cuanto al número de víctimas mortales, hay que tener también en cuenta a los marinos de nuestro país fallecidos mientras servían a bordo de barcos bajo banderas extranjeras. En total, se calcula que más de trescientos españoles murieron por culpa de los ataques de las minas y los submarinos alemanes, un coste demasiado alto para una nación neutral. La memoria de los hombres, casi siempre frágil, honra su recuerdo con el monumento que fue inaugurado el 16 de julio de 1928 sobre la cima de Monteferro, situado en el término municipal de la localidad de Nigrán, en la margen sur de la ría de Vigo.

5. El Frente Occidental merece un fado. La participación portuguesa en la contienda

Malos vecinos

La intervención de Portugal en la Primera Guerra Mundial para empuñar las armas en favor del bando aliado es quizá unos de los episodios más desconocidos del conflicto. Como comenté en la introducción que presenta este capítulo, algunos autores citan como causa principal de la intervención lusa las buenas relaciones que nuestro vecino peninsular ha mantenido con Gran Bretaña desde la firma del tratado de Windsor en 1386. Sin embargo, existieron otras razones de mayor peso que influyeron poderosamente en los políticos portugueses a la hora de tomar esa decisión.

En África, los alemanes no habían sido precisamente unos buenos vecinos de los portugueses. La colonia germana del África del Sudoeste limitaba al norte con Angola, posesión lusa, y la del África Oriental Alemana lo hacía al sur con Mozambique, otro de los territorios portugueses en el continente. En la línea de demarcación angoleña, los incidentes fronterizos habían sido relativamente frecuentes antes de la guerra, protagonizados por tropas coloniales alemanas que atravesaban la permeable frontera sin permiso de las autoridades portuguesas. Al iniciarse la contienda, se produjo un incremento de estos actos que no respetaban la neutralidad de Portugal.

La falta de respeto a las fronteras coloniales africanas parece ser que era una costumbre bastante arraigada por parte alemana. El 30 de diciembre de 1916, el Gobierno español tuvo que enviar una compañía de infantería de marina a Guinea para custodiar a las tropas alemanas internadas en este enclave bajo control de España. En este caso, los soldados teutones y sus *askaris* se habían infiltrado en territorio guineano desde Camerún huyendo de la presión británica, por lo que en principio no había motivo que pudiera hacer pensar en que sus intenciones fueran otras. Aun así, los soldados alemanes permanecieron internados en una situación que se prolongó hasta el final de la guerra.

Tumbas de soldados portugueses muertos en la Gran Guerra en el cementerio de la localidad lusa de Almeida (Foto colección del autor).

El 19 de octubre de 1914, una columna de la *Schutztruppe*, integrada por una veintena de hombres entre soldados europeos y *askaris*, atravesó la frontera con Angola con la excusa de perseguir a un desertor. Esta pequeña «fuerza de invasión» fue interceptada por tropas portuguesas cerca de la localidad de Naulila. En un principio, el encuentro se desarrolló en un clima de cierta cordialidad, pero una serie de malentendidos degeneró en un intercambio de insultos y amenazas que acabó en un enfrentamiento armado que se saldó con la muerte de tres soldados alemanes y dos *askaris*. Este grave incidente, calificado por la prensa alemana como «el asesinato de Naulila» y llamado por la historiografía portuguesa como «el combate de Naulila», generó una gran indignación entre los colonos germanos, que exigieron cobrarse una venganza que no tardaría en llegar.

El 31 de octubre, tropas alemanas bajo el mando del sargento de la policía indígena Oswald Ostermann atacaron el puesto portugués de Cuangar, situado al este de Naulila. Los hombres de Ostermann cogieron por sorpresa a los portugueses que fueron literalmente masacrados. En la acción murieron dos oficiales, un sargento, cinco soldados europeos, otros trece del contingente indígena y un comerciante. Los supervivientes de la guarnición consiguieron salvar la vida al huir y esconderse entre la vegetación.

Este incidente, conocido como «la masacre de Cuangar», marcó el inicio del hostigamiento de las fuerzas alemanas a las portuguesas a lo largo de la frontera y sin que mediara una declaración de guerra. En las semanas siguientes, los alemanes entregaron armas y suministros a los guerreros de la etnia cuamato para que atacasen los puestos portugueses y las aldeas de los nativos amistosos con el fin de expulsarles de la región ribereña del río Cubango, curso de agua que marcaba el límite fronterizo. Ante aquella presión hostil, los portugueses abandonaron las estaciones de Bunja, Sambio, Dirico y Mucusso, dejando a los alemanes vía libre.

El 19 de noviembre de 1914, una columna integrada por cerca de seiscientos hombres al mando del brutal y despiadado comandante alemán Victor Franke, tristemente famoso por sus tendencias genocidas hacia la población nativa rebelde, marchó decidida hacia la frontera con Angola. Esta fuerza de combate, armada con cañones y ametralladoras, contaba con el apoyo de varios cientos de guerreros nativos contrarios a la presencia lusa en la región. Alertados de su presencia, los portugueses se prepararon ante lo que era una invasión en toda regla, pero dividieron sus tropas al desconocer cuál era su objetivo principal.

A mediados de diciembre, se produjeron varias escaramuzas entre soldados alemanes y portugueses que se saldaron con varios muertos y heridos. Según la confesión de algunos prisioneros, los hombres de Franke tenían órdenes de atacar Naulila, pero a pesar de contar con esta información, los portugueses no reforzaron sus posiciones defensivas en torno a la localidad. Hay que recordar que entre los dos países no existía una declaración formal de guerra y en medio de la incertidumbre las autoridades políticas portuguesas no sabían muy bien qué postura adoptar ante la agresión alemana.

En la madrugada del 18 de diciembre, las tropas de Franke lanzaron el ataque previsto contra Naulila. Después de cuatro horas de intensos combates, el fuerte portugués fue arrasado y el campo de batalla quedó cubierto de cadáveres. El balance de bajas ascendió a 69 muertos, 76 heridos y 36 prisioneros por el bando luso, mientras que los alemanes perdieron 19 hombres y tuvieron varias decenas de heridos. Tras esta derrota, los portugueses abandonaron sus posiciones en la región mientras los alemanes consolidaban su presencia para garantizar la seguridad de la frontera norte de su colonia africana.

Crónica de un desastre

Ante estos hechos tan graves, el Gobierno de la Primera República portuguesa consideró que la única manera de salvar sus colonias africanas de Angola y Mozambique ante la agresión alemana era entrar en la contienda. Solo así podrían contar con el apoyo de las naciones de la Triple Entente para hacerles frente.

En un principio, los británicos despreciaron el ofrecimiento portugués al considerar que su participación no aportaría nada al esfuerzo de guerra aliado. Sin embargo, la necesidad de nuevas tropas con las que cubrir el gran número de bajas que se estaba produciendo en los campos de batalla europeos hizo que reconsiderasen su opinión inicial, admitiendo la entrada de Portugal en la guerra. Para justificar su intervención era necesario un *casus belli* y el Gobierno portugués, asesorado por el británico, ordenó el 24 de febrero de 1916 el apresamiento de 36 barcos con banderas de los Imperios Centrales que permanecían fondeados frente a Lisboa desde el principio de la contienda. Como estaba previsto, la reacción alemana no se hizo esperar y el 9 de marzo se produjo la declaración formal de guerra, alegando que Portugal era un «vasallo inglés», acusación que tuvo una réplica inmediata.

Desde ese momento, el Gobierno portugués aceleró los preparativos para la formación de una fuerza expedicionaria para ser enviada al frente occidental. El Corpo Expedicionário

Português (CEP) estaba compuesto por casi 60000 hombres, organizados en un cuerpo de artillería pesada, equipado con piezas inglesas pero bajo mando francés, y dos cuerpos de división integrados en el Primer Ejército británico que combatía en Flandes. Al mismo tiempo, fueron enviadas tropas para reforzar las guarniciones coloniales en África contra los ataques alemanes en el norte de Mozambique y en el sur de Angola.

Monumento en Almeida a los caídos portugueses
en la Gran Guerra (Foto colección del autor).

Sin embargo, las perspectivas de los planes sobre el papel no tenían nada que ver con la situación real que se vivía en el frente y los problemas se sucedieron en cuanto el contingente luso puso un pie en las trincheras. Los combates y las duras condiciones de vida minaron la frágil moral de los soldados portugueses, que no entendían por qué estaban allí mientras permanecían largos meses en primera línea sin recibir reemplazos ni suministros. El alto número dc bajas empezó a pasar factura y cuando los motines y deserciones dejaron en cuadro a las unidades sonaron las primeras señales de alarma.

El Gobierno portugués, desbordado por un escenario que ponía en evidencia su incompetencia, delegó su responsabilidad en los mandos británicos, que se apresuraron a reorganizar el CEP. Mientras tanto, el Sexto Ejército alemán desplegó entre la primavera y el verano de 1918 más de 100000 hombres y 1700 piezas de artillería frente al sector ocupado por los portugueses en preparación de la que sería conocida como

Operación Georgette. Durante la batalla, las posiciones lusas fueron machacadas por una barrera de fuego artillero que convirtió las trincheras en un infierno. Las sucesivas oleadas de soldados alemanes desbordaron a los aturdidos portugueses que apenas opusieron resistencia. Ante la gravedad de la situación, los británicos reaccionaron y enviaron a un cuerpo de reserva para frenar el avance enemigo y tapar la brecha abierta en la línea del frente. Ante la presión alemana, los portugueses se retiraron en desorden y dejaron atrás a sus heridos y equipos. La derrota infligida fue aplastante y absoluta.

Tras la ofensiva alemana, el CEP prácticamente dejó de existir. Abandonados a su suerte por su propio Gobierno, los supervivientes fueron utilizados por los británicos en tareas auxiliares. Infravalorados, mal equipados, peor entrenados y olvidados por todos, las bajas totales de soldados portugueses en el frente occidental al final de la Primera Guerra Mundial ascendieron a 2160 muertos, 6678 heridos y 5224 prisioneros. A tenor de estas cifras, el relato de la experiencia vivida por estos combatientes merece la letra fatalista y la música melancólica de un triste y hermoso fado.

Capítulo IV
La delgada línea entre la propaganda y el misterio

En medio del horror vivido en las trincheras y campos de batalla de la Gran Guerra, circularon historias que hablaban de apariciones fantasmales y hechos inexplicables que los soldados escuchaban en las pausas de los combates. Algunos fueron recogidos por las crónicas de la época o en los libros de algunos autores contemporáneos, que transcribieron los relatos de los supuestos testigos.

Resulta cuando menos curioso que hombres curtidos en la contienda, muchos de ellos con los ojos fijados en la nada por *la mirada de los mil metros*, se sobrecogieran al escuchar o leer narraciones que describían visiones de ejércitos celestiales participando en la batalla, la presencia inquietante de espectros de soldados muertos o desapariciones misteriosas de unidades militares al completo. En medio de una atmósfera de pesadilla que a veces alteraba los sentidos, nadie dudaba de su veracidad. Si tenemos en cuenta que unidades especiales aprovechaban la oscuridad de la noche para infiltrarse en las líneas enemigas y matar o hacer desaparecer a los infortunados que caían en sus manos, no debe extrañarnos que los soldados en constante tensión se volvieran supersticiosos y llegasen a creer en extrañas criaturas sedientas de sangre.

El impacto causado en la retaguardia por estos relatos sorprendentes fue aún mayor, hasta el punto de convertirse en auténticas leyendas urbanas que se transmitían por el boca a boca. Esta circunstancia fue aprovechada por los servicios de propaganda militar para manipular el desarrollo de la historia, alterar su contenido y adaptarlo a su interés. El resultado distorsionado acabó teniendo una gran difusión que contribuyó a darle la credibilidad de una mentira repetida hasta la saciedad. De esta forma, si los soldados veían a los fantasmas de sus camaradas muertos o ejércitos celestiales manifestándose entre la niebla, debían creer que luchaban de su lado.

1. Los ángeles de Mons acuden al rescate

Un tipo raro

En la actualidad, Mons es una tranquila ciudad belga situada muy cerca de la frontera francesa. Sin embargo, al principio de la Primera Guerra Mundial fue escenario de una cruenta batalla que a punto estuvo de decidir el curso de la contienda. Los alemanes violaron la neutralidad de Bélgica invadiendo el país con la intención de rodear las defensas francesas. Mons ocupaba una posición estratégica al tratarse de un importante núcleo de carreteras que llevaban directamente hasta la frontera con Francia.

En agosto de 1914, las tropas británicas expedicionarias intentaron frenar el imparable avance del Ejército alemán en los alrededores de la ciudad belga, desencadenándose una gran batalla entre los dos bandos. La caballería de las potencias centrales derrotó a los ingleses, obligándoles a retirarse. La ciudad belga no sería liberada por el Ejército canadiense hasta finales de la guerra, más de cuatro años después. Esta es, a grandes rasgos, la narración de los hechos que aparece en los libros. Sin embargo, los rumores sobre lo ocurrido en el desenlace de la batalla de Mons van más allá del simple relato de los combates para convertirse en una historia épica rodeada de un halo de leyenda en el que intervinieron poderes de naturaleza que podríamos calificar de sobrenatural.

En el mes de septiembre, el escritor Arthur Machen publicó en el *Evening News* de Londres un extraño relato titulado «The Bowmen» («Los Arqueros»). La narración hacía referencia expresa a la «banda de ángeles» que supuestamente habría salvado a las tropas británicas de ser aniquiladas durante la batalla de Mons. Ante el revuelo provocado entre los lectores por la historia, tratada por el autor como si fuese una noticia real, Machen se vio obligado a confesar que se trataba de una obra de ficción, aunque nunca aclaró del todo si estaba inspirada en hechos reales. La personalidad atormentada del escritor, y su aspecto un tanto funesto, contribuyeron a extender el misterio. Y es que Arthur Machen era, cuando menos, un tipo excéntrico, por no decir raro.

Machen nació el 3 de Marzo de 1863 en Gwent, una pequeña localidad situada al sur de Gales. Su verdadero nombre era el de Arthur Llewelyn Jones. Hijo de John Edward Jones, un pastor anglicano, fue en la escuela donde el niño introvertido en el que se convirtió adoptó el apellido de soltera de su madre, Machen. Desde muy joven se sintió fascinado por las costumbres y tradiciones de su Gales natal, temas que influyeron de manera decisiva en toda su obra literaria. Siempre se mostró como un joven brillante pero un tanto retraído en el que nadie depositó excesivas expectativas. Esta suposición se confirmó cuando su deseo de cursar estudios universitarios se vio frustrado debido a los escasos recursos económicos de su familia.

Ante la falta de expectativas, Machen decidió instalarse en el Londres victoriano con la esperanza de convertirse en periodista y escritor autodidacta. A esta etapa de su vida pertenecen sus primeras obras, relatos que fueron rechazados por los editores de periódicos y revistas. Sin recursos para dedicarse por completo a la escritura, su única pasión, se vio obligado a trabajar en una imprenta y a dar clases particulares, trabajos mal pagados que no le permitieron salir de la pobreza en la que vivía. Las noches las pasaba escribiendo o dando largos paseos en solitario por las calles de Londres.

Cuando parecía que su situación solo podía empeorar, algunos de sus relatos aparecieron publicados y gozaron de cierta aceptación por parte del público. Su nuevo trabajo como traductor de obras medievales en francés antiguo le valió ser contratado por el librero y editor George Redway para que catalogase su colección de libros de ocultismo, lo que supuso para él un primer contacto con la temática que en adelante iba a marcar toda su obra. En la década entre 1889 y 1899, Machen escribió y consiguió publicar algunas de sus obras más importantes: *El gran dios Pan, El pueblo blanco* y *Los tres impostores.*

En 1887 contrajo matrimonio con Amelia Hogg, una profesora de música de personalidad un tanto bohemia con interesantes contactos en círculos artísticos. Entre las nuevas amistades que su esposa le presentó había una extensa galería de personajes excéntricos, algunos ligados a la Hermetical Order of the Golden Dawn, la siniestra sociedad secreta a la que pertenecieron el oscuro y extravagante Aleister Crowley y poetas consagrados como Yeats. En esos primeros años de matrimonio, el escritor vivió una desahogada situación económica al heredar una pequeña fortuna de unos lejanos parientes escoceses, dinero con el que compró libertad para dedicarse por entero a la literatura.

La relación que Machen mantuvo con la que fue su primera esposa fue un tanto particular. Reservada a la intimidad del ámbito familiar, el escritor nunca mencionó a Amelia en sus escritos, ni siquiera en su autobiografía, de la misma forma que tampoco se han conservado retratos ni fotografías en los que aparezcan juntos. Sin embargo, cuando Amelia fallece en 1899 víctima de un cáncer, el escritor quedó sumido en una profunda depresión que le hizo abandonar temporalmente la escritura. Fue entonces cuando buscó refugio a su soledad y desconsuelo en los ritos herméticos de la Golden Dawn.

Durante esa etapa oscura de su vida, en la que dilapidó el poco dinero que aún quedaba de su pequeña fortuna, Machen decidió emprender una carrera como actor ambulante, representando obras de Shakespeare por pueblos y ciudades que no tenían oportunidad de contemplar este tipo de espectáculos teatrales. En esta nueva aventura, con claras aspiraciones a convertirse en lo que hoy en día denominamos eufemísticamente como *dinamizador cultural,* el escritor no tuvo éxito, sin que sepamos si su fracaso se debió a la falta de público o a su escaso talento como actor.

En esta época se casó con Dorothy Purefoy, segunda esposa con la que tuvo un hijo, Hillary, y una hija, Janet. También en estos años consiguió trabajo como reportero en el *London Evening News,* oportunidad que le permitió alcanzar su sueño de convertirse en periodista. Fue entonces cuando Machen se volcó de nuevo en la literatura y escribió toda una serie de artículos que aparecieron publicados en las páginas del periódico, entre ellos el dedicado a los sucesos fantasmales acaecidos en Mons, trabajo con el que alcanzó la fama. Fue a partir de entonces cuando su obra empezó a ser conocida por el gran público y se sucedieron las ediciones de sus libros.

Machen vivió unos años de éxito editorial que no impidieron que al final de su vida, pobre y olvidado por casi todos, estuviera en la indigencia. Para paliar su situación, algunos de sus amigos y más fieles admiradores organizaron homenajes y colectas para recaudar fondos que le permitieran vivir con cierta dignidad. El escritor murió en 1947 a los 84 años de edad, dejando un legado literario que influyó en escritores tan conocidos como Lovecraft o Peter Straub.

Dando forma a la leyenda

Parecía claro que la historia publicada en las páginas del *London Evening News* era un relato de ficción, pero para sorpresa de todo el mundo pronto aparecieron testimonios de soldados ingleses que confirmaban lo que había contado Machen.

En una entrevista concedida a la revista de su parroquia, un oficial anónimo originario de la ciudad de Bristol relató en primera persona que en el preciso momento en que un grupo de ulanos alemanes rodeó a su unidad para aniquilarla, apareció un grupo de ángeles que se materializaron colocándose entre ellos y la caballería alemana. Sus monturas, aterrorizadas, se negaron a avanzar, lo que permitió a los ingleses escapar. Posteriormente, otros oficiales británicos refirieron historias similares, entre ellos un teniente coronel que narró que durante la retirada, su batallón fue escoltado durante veinte minutos por jinetes espectrales situados a ambos lados del camino.

Sobre este extraño y misterioso suceso existen diferentes versiones. En una de ellas se afirma que era un único caballero envuelto en una misteriosa luz y montado en un caballo blanco, que cargaba una y otra vez contra las líneas alemanas y al que los testigos identificaron con san Jorge. En otras, y coincidiendo con el relato de Machen, describen a los aparecidos como los fantasmas de los arqueros ingleses muertos en la batalla de Agincourt, acaecida en 1415 en el contexto de la guerra de los Cien años. Estas últimas afirmaban que los arqueros acudían al rescate de las tropas británicas, lanzando sus flechas contra los alemanes que caían muertos sin heridas visibles.

Con su relato titulado *The Bowmen* («Los arqueros»), el escritor Arthur Machen extendió la leyenda que hablaba de seres espectrales combatiendo al lado de los británicos en la Batalla de Mons (Fuente: Wikimedia Commons).

En su autobiografía titulada *Adiós a todo eso*, el escritor Robert Graves, autor de la célebre novela *Yo, Claudio*, relata en primera persona su experiencia como oficial durante la Primera Guerra Mundial. En uno de los capítulos hace una referencia expresa a los sucesos acaecidos en Mons. Durante la planificación de una operación en la que el escritor iba a participar, uno de sus sargentos manifestó sus dudas sobre el éxito de la misión al afirmar, «…si logramos que nos refuerce medio pelotón de ángeles de Mons podremos darnos por satisfechos».

Esta reflexión puede interpretarse como un comentario sin trascendencia referido a una leyenda que circulaba entre las tropas británicas. Sin embargo, el propio Graves aclara en una nota de autor a pie de página que «…según los periódicos, los soldados del Ejército habían visto a los ángeles en Mons; pero esa visión no la confirmó el sargento Townsend, que había estado allí con la mayor parte de la Compañía A». Con este comentario el escritor, sobre el que volveremos muy pronto en este mismo capítulo, se hacía eco de la existencia real de las noticias aparecidas en la prensa sobre el incidente, aunque no pudiera confirmar el rumor en boca de uno de sus suboficiales, testigo presencial en la acción donde supuestamente aparecieron los ángeles.

En nuestra búsqueda por encontrar una explicación a lo que realmente ocurrió en Mons, hay que destacar que los dos bandos estaban exhaustos por la batalla, antecedente de la dureza y crueldad que esperaba a los soldados en las trincheras. Bisoños sometidos al estrés del combate, es muy posible que los soldados hubieran sufrido alucinaciones. Visiones reales o no, los ángeles de Mons contribuyeron a elevar la moral entre las tropas británicas. Una historia supuestamente de ficción, pero inspirada por un misterioso suceso, ayudó a que una aplastante derrota, que a punto estuvo de desencadenar un desastre de consecuencias impredecibles, fuera presentada ante una opinión pública desmoralizada como una retirada ordenada que permitió al ejército expedicionario reagruparse.

Lo más probable es que en fechas posteriores a los hechos, el rumor que circulaba de boca en boca entre los soldados llegase a oídos de instancias superiores que supieron ver las posibilidades de convertir una historia fruto de la imaginación en un arma muy útil de propaganda. El relato publicado por Machen pudiera ser parte de un elaborado plan del que el escritor hubiera formado parte y en el que la leyenda extendida entre las tropas británicas, hábilmente manipulada, se habría convertido en un hecho cierto en el que no faltaban testigos de cierto prestigio, como oficiales de alta graduación de los que apenas existían datos contrastables para poder seguir la pista. Finalmente, el relato se habría adornado con toques épicos y patrióticos antes de venderlo a la opinión pública. El efecto que se perseguía era doble: por un lado, se hizo creer que legiones «angélicas» y sobrenaturales luchaban del lado británico contra los alemanes; por otro, se consiguió elevar la moral aun después de la derrota.

En todo caso, se trata de una hipótesis que busca encontrar una solución racional a unos hechos que, de haberse producido realmente, tendrían una difícil explicación.

2. Los fantasmas de Robert Graves

Experiencias sobrenaturales

Unas páginas atrás comentábamos un pasaje de la autobiografía de Robert Graves, el escritor y erudito británico que se convirtió en un personaje entrañable y respetado en su retiro espiritual y creativo en la localidad mallorquina de Deyá, donde vivió hasta su muerte en 1985. Durante su servicio en la Primera Guerra Mundial, contempló sin filtros los horrores de una contienda en la que resultó gravemente herido. Esa dura experiencia dejó en él un poso de cinismo ante la vida y el ser humano que se reflejó en toda su obra literaria.

La referencia al incidente de los ángeles de Mons en *Adiós a todo eso* no es la única de naturaleza *paranormal* que recogen las páginas del libro, la mayoría de ellas relacionadas con sucesos que el autor vivió en primera persona durante la Gran Guerra. Antes de comentar lo que sabía sobre Mons, Graves habla de la aparición ante sus ojos del fantasma de un soldado de su unidad al que conocía y que había muerto unos días antes.

Según el relato contenido por el escritor en su autobiografía, el soldado se asomó por la ventana del barracón donde él estaba y le saludó con la mano antes de marcharse. Ante aquella aparición, Graves dejó lo que estaba haciendo y salió en persecución de aquel espectro que parecía querer burlarse de él. En el exterior del barracón el escritor encontró la colilla de un cigarrillo que el autor británico interpretó como prueba física de su presencia, pero ni rastro del soldado o del supuesto fantasma.

En otro de los capítulos, el escritor narra lo ocurrido durante un permiso en el que estuvo descansando en la casa de un amigo que había sido herido en los combates. Este había perdido a un hermano en los Dardanelos y la madre de ambos estaba obsesionada con la muerte de su hijo, hasta llegar a recurrir al espiritismo para comunicarse con él.

El joven Robert Graves sirvió como oficial durante la Gran Guerra, donde según el mismo afirma vivió varias experiencias sobrenaturales.

En la primera y única noche que Graves pasó en la mansión, escuchó una sucesión de ruidos inquietantes que le impidieron conciliar el sueño. El peor momento dc aquella madrugada que el escritor nunca olvidaría llegó cuando escuchó fuera de la habitación un alarido diabólico acompañado por tétricas carcajadas mezcladas con sollozos. El escritor reunió la suficiente sangre fría para salir al corredor y averiguar qué era lo que ocurría. Allí se encontró con la madre de su amigo, que se apresuró a quitar importancia a los gritos al explicar que se trataba de un ataque de histeria de una de las sirvientas. A la mañana siguiente, Graves se marchó de allí y nunca regresó a la mansión familiar de su compañero de armas.

El autor de *Yo, Claudio* sorprende aún más si cabe a los lectores de su autobiografía al relatar un nuevo extraño suceso que le afectó directamente y en el que no falta ninguno de los ingredientes necesarios para una buena historia de fantasmas ambientada en la Inglaterra conmocionada por los acontecimientos de la Primera Guerra Mundial. Desde luego, el escenario parece el más adecuado: una vieja mansión estilo Tudor que pertenecía a la familia de Nancy, su primera esposa.

Pero escuchemos la historia con las palabras del propio Graves:

…De todas las casa encantadas que he conocido (sic), ninguna podía compararse con aquella, salvo que los fantasmas, con una sola excepción, solo eran visibles muy ocasionalmente y a través de los espejos. Abrían y cerraban puertas, golpeaban en los paneles de nogal, en las pantallas de las lámparas, se nos bebían el vino del vaso cuando no los veíamos… El fantasma visible era un pequeño perro amarillo que solía aparecer en el prado por las mañanas para anunciar alguna muerte. Nancy lo vio esas vacaciones, desde la ventana.

Unos días después de que su mujer contemplase esta aparición fantasmal, la suegra de Graves murió víctima de la epidemia de gripe española, la pandemia global propagada por las tropas norteamericanas que llegaban a luchar al Viejo Continente y que causó millones de muertos en todo el mundo.

3. La desaparición del Primer Batallón de Norfolk: ¿abducción o masacre?

El regimiento desaparecido

Ya hablamos sobre la debacle que supuso para los aliados la desastrosa campaña de Galípoli. En el terreno árido e inhóspito de la península dejaron su vida miles de soldados de ambos bandos. Los cuerpos de la mayoría de ellos fueron recuperados e identificados. Pero como ocurre en todas las batallas, entre las cifras contabilizadas de bajas siempre hay un número de combatientes a los que se da por desaparecidos, muchos de los cuales nunca son encontrados. Esta circunstancia, propia de las consecuencias de la guerra, alcanza la categoría de misterio irresoluble cuando es una unidad militar al completo la que se volatiliza, literalmente, sin dejar rastro, tal y como le ocurrió en los Dardanelos a un batallón del 5º Regimiento de Norfolk.

La primera vez que tuve conocimiento de esta historia fue en una selección del *Reader's Digest* que leí hace varias décadas. Aquella lectura juvenil causó en mí una profunda impresión provocada por el sentido que le quiso dar su autor, al insinuar la posibilidad de que el regimiento desaparecido hubiera podido ser abducido por extraterrestres, tal y como se desprendía de la descripción de los hechos. A lo largo de todos estos años, y en el transcurso de mis investigaciones para documentarme a la hora de escribir artículos y libros, me he seguido encontrando con breves apuntes que hacían referencia a este caso y que incidían en la teoría de aquel artículo del *Reader's Digest*. Pero no ha sido hasta fechas relativamente recientes cuando conseguí encajar todas las piezas de un rompecabezas que hasta entonces había estado incompleto. Como ocurre en ocasiones, la clave la encontré rebuscando en una librería de saldos, donde me llamó la atención un volumen del historiador militar Philip J. Haithornthwaite.

En su bien documentada obra sobre la campaña de Galípoli, Haithornthwaite hacía referencia al extraño suceso que tuvo lugar el 12 de agosto de 1915. Fue ese día cuando el Primer Batallón del 5º Regimiento de Norfolk desapareció en el transcurso de los combates. Al hablar de «desaparición», el autor no se refería a que esta unidad hubiera dejado de existir por haber sido totalmente aniquilada: literalmente quería recalcar que se había esfumado como si se la hubiera tragado la tierra. Al tener conocimiento sobre este extraño suceso, reflejado en las crónicas militares de la época, el general Hamilton, jefe de la fuerza expedicionaria en Galípoli, afirmó «fue una cosa muy misteriosa», para luego añadir que «ninguno de ellos volvió jamás».

La hipótesis oficial que se barajó desde un principio fue la más lógica: que el batallón hubiera sido exterminado al completo. Pero esta teoría no encajaba demasiado con los hechos y las pruebas, ya que no se encontraron los cuerpos de los soldados británicos supuestamente fallecidos.

Poco después de confirmarse la desaparición del batallón, empezaron a circular rumores en los que algunos testigos afirmaban haber visto a las tropas del Primer Batallón avanzar hacia una neblina, que describían de extraño aspecto, de la que nunca emergieron. Este es el débil argumento al que se aferran los defensores de la hipótesis de una posible abducción extraterrestre, de la que incluso se llega a hacer eco el propio Haithornthwaite en su ensayo histórico. El autor hace referencia expresa a las «teorías de actividad extraterrestre y naves espaciales» para explicar el suceso, surgidas mucho después de la Gran Guerra y a las que califica como «absurdas».

La extraña desaparición sin dejar rastro del Primer Batallón
de Norfolk constituye uno de los misterios más inquietantes
de la Gran Guerra (Fuente: Wikimedia Commons).

Sin apartarnos del riguroso trabajo de este autor, al término de la contienda una comisión oficial localizó, en la zona donde supuestamente desapareció la unidad, una fosa común con los restos de al menos cien cuerpos. Todos ellos presentaban disparos en la cabeza. Sin embargo, nunca se pudo confirmar si pertenecían a los soldados desaparecidos, generando aún mayores dudas y dando lugar a nuevas especulaciones.

Con este dato, parece claro que la desaparición del Primer Batallón del 5º Regimiento de Norfolk se debió a una intervención que nada tuvo que ver con los extraterrestres, aunque no por ello abandonamos el terreno de la especulación. En este sentido, la aparición de los restos sin identificar nos hace sospechar que puedan ser la prueba que confirma una atrocidad cometida por los turcos que estos deseaban ocultar. Siguiendo este hilo, los soldados británicos habrían sido aniquilados en una emboscada, o lo que es peor, capturados para después ser ejecutados. Sin embargo, esta hipótesis, aunque pueda parecer la más plausible, nunca ha podido ser demostrada. Desde el primer momento, los turcos negaron cualquier responsabilidad, alegando que desconocían la existencia de esta unidad enemiga y haber combatido contra ella durante la campaña de los Dardanelos.

Declaraciones de este tipo han sido las que han contribuido a que una niebla, nunca mejor dicho, de misterio irresoluble permanezca flotando sobre este caso, circunstancia que ha sido aprovechada por algunos para formular teorías muy atractivas para los amantes de los fenómenos *fortianos* pero que desgraciadamente nada tienen que ver con la cruel realidad de la guerra. Ante las evidencias, mucho me temo que no podemos acusar a los extraterrestres de la desaparición del batallón.

Capítulo V
Los océanos, campo de batalla

Durante el transcurso de la Primera Guerra Mundial, los mares y océanos de todo el mundo se convirtieron en lugares peligrosos. Las especiales características de la estrategia naval llevada a cabo por Alemania, que intentó compensar su inferioridad en barcos de superficie con el despliegue de su arma submarina y la entrada en servicio de escurridizos buques corsarios bajo la apariencia de inofensivos mercantes, no distinguió entre banderas enemigas y neutrales. Siempre al acecho, sembraron la inquietud entre los marinos que navegaban por las principales rutas marítimas, que no dejaban de otear el horizonte, temerosos de encontrarse con la silueta de un navío sospechoso, o lo que podía ser aún peor, con la estela de un torpedo dirigiéndose hacia ellos.

1. Los nuevos corsarios. El terror de los mares

Una fiera acorralada

A comienzos del siglo xx, la Royal Navy era la armada más poderosa del mundo. Sus barcos enarbolaban su pabellón en todos los océanos, con sus cañones siempre dispuestos a defender los intereses estratégicos del Imperio británico. El resto de potencias no podía competir ni en número ni en despliegue con los buques de guerra de Su Majestad.

Desde hacía varias décadas, Alemania había emprendido un ambicioso plan de construcción naval para equiparar su escuadra a la de su principal rival, pero a finales de julio de 1914 distaba mucho de estar completado. Cuando los combates de la Gran Guerra se extendieron por el medio marino, los navíos de las Potencias Centrales se enfrentaron en clara inferioridad numérica a las flotas conjuntas de los países que formaban la Triple Entente, ante las que poco podían hacer. Sin otra salida, algunos de los modernos buques alemanes decidieron rehuir el combate naval tradicional para optar por una lucha individual en la que tendrían más oportunidades.

El inicio de la contienda sorprendió a muchas de las grandes unidades de superficie de la armada del káiser navegando en destinos remotos, muy alejadas de sus grupos de combate. Sin posibilidad de recibir apoyo de la metrópoli y aisladas por el bloqueo naval impuesto por el enemigo, se les otorgó total libertad para actuar por su cuenta y luchar por sus propios medios. Entre las misiones que se les encomendaron estaba hostigar a los buques de guerra de la Triple Entente y dificultar, en la medida de lo posible, su comercio marítimo. En este sentido, los mandos navales alemanes comprendieron que lo mejor que podían hacer era desplegar una arriesgada campaña corsaria que pudiera compensar su inferioridad. Los éxitos conseguidos por esta estrategia trajeron de cabeza a las armadas del enemigo.

Uno de los barcos de la Marina Imperial alemana implicado en esta guerra corsaria fue el *Königsberg*, un crucero ligero de tres chimeneas, botado en 1905 y armado con diez poderosos cañones. En abril de 1914 había sido enviado al África Oriental Alemana por un periodo de dos años y el 6 de junio hizo su entrada en el puerto de Dar es Salaam ante la expectación de colonos y nativos. En las fechas previas al inicio de las hostilidades, se le ordenó que se preparase para interceptar y hundir a los mercantes enemigos que cubrían la ruta hacia la India.

Escaso de carbón para alimentar sus calderas y sin posibilidad de repostar, sus opciones eran limitadas. Sin embargo, su presencia amenazadora alertó a los británicos, que decidieron enviar una flota ante las costas de Dar es Salaam para impedir que pudiera salir del puerto a mar abierto. El capitán de fragata Max Loof, comandante del *Königsberg*, contaba con una tripulación experimentada formada por 325 marineros y oficiales, hombres en los que confió plenamente para intentar romper el bloqueo. A principios de agosto, los buques británicos rodearon al crucero alemán en una operación de acoso que hacía presagiar la captura o hundimiento del *Königsberg* antes de que pudiera entrar en acción. Sin embargo, no contaron con la pericia del capitán Loof, que aprovechó una noche de intensa niebla para eludir el cerco y poner rumbo hacia el norte el 5 de agosto. Ese día, Gran Bretaña declaró la guerra a Alemania.

Tal y como se le había ordenado, Loof preparó su barco para interceptar el tráfico enemigo. No tuvo que esperar demasiado. La tarde del 6 de agosto de 1914, un día después del comienzo de las hostilidades, los vigías del *Königsberg* divisaron en el horizonte a la que fue su primera víctima, el *SS City of Westminster*, un mercante de bandera británica que navegaba hacia el Sudoeste por el Golfo de Aden con destino a Londres y sus bodegas cargadas con parte de la primera cosecha de la temporada de té de la India.

George Boyck, capitán del *City of Westminster*, fue advertido por uno de sus oficiales de la presencia de lo que parecía ser un buque de guerra que se acercaba hacia ellos. En ese momento, la cubierta del mercante fue iluminada por un potente foco al mismo tiempo que con un reflector de señales les preguntaban por el «nombre del buque y nacionalidad». En un primer momento, el capitán Boyck pensó que se trataba de un crucero británico y transmitió de inmediato su identificación y puerto de registro. Como respuesta se le ordenó que parase máquinas. Transcurrieron unos minutos de incertidumbre hasta que un bote se aproximó al costado del barco con una dotación de marineros armados al mando de un oficial. El capitán Boyck se llevó una desagradable sorpresa cuando descubrió que el grupo de abordaje vestía el uniforme alemán.

Escoltado por el *Königsberg*, el carguero fue pilotado por una tripulación de presa hasta la costa este de Omán. Los barcos fondearon cerca de la isla de Al-Hallaniyah, la mayor del archipiélago de Kuria Muria, en el mar Arábigo. Lejos de la vista de las patrullas navales enemigas, los alemanes requisaron el carbón del navío británico, hicieron prisionera a su tripulación y después lo hundieron, sin que sepamos si antes se quedaron con parte de su carga para consumo interno. De esta forma, el *City of Westminster* pasó a ocupar un lugar destacado en los libros de historia al ser el primer buque mercante perdido en la Primera Guerra Mundial.

El *Königsberg* navegó varias semanas sin un rumbo fijo mientras buscaba nuevas presas. En esos días, la escasez de carbón se convirtió de nuevo en un grave problema al que había que encontrar una solución inmediata. Cuando la situación estaba a punto de volverse desesperada, el capitán Loof concertó un encuentro con el *SS Somali*, un buque nodriza alemán. Los dos barcos se reunieron en las costas del cabo Hafun, el punto más oriental del África continental, en aguas del Índico.

A pesar de su primitivo y frágil aspecto, los submarinos alemanes se convirtieron en una seria amenaza para la navegación (Fuente: Wikimedia Commons).

Después de repostar, el *Königsberg* rastreó durante semanas la ruta marítima que iba de este a oeste sin encontrar ningún mercante enemigo. Los británicos, advertidos de su presencia en la zona por la pérdida del *City of Westminster*, habían reaccionado rápidamente y ordenaron la retirada de todos los barcos que pudieran estar navegando en esas aguas. El buque de guerra alemán también había sido avistado por un vapor japonés, que lo había reconocido antes de transmitir su posición a la Royal Navy. A pesar de la falta de nuevas capturas, el capitán Loof siguió adelante con su misión sin dejar de acechar en solitario una de las rutas marítimas más transitadas de los océanos.

Hacía días que Loof no recibía noticias de Dar es Salaam. La emisora de radiotelegrafía del barco guardaba silencio y el capitán del *Königsberg* desconocía que los británicos habían bombardeado la estación de radio de la ciudad el primer día de la guerra. Incomunicado, tomó la decisión de poner rumbo hacia el sur y navegar hacia Madagascar con la esperanza de encontrarse con algún desprevenido barco francés. A primera hora del 29 de agosto de 1914, el crucero alemán hizo su entrada en la paradisíaca bahía de Majunga. Al verlo llegar, los funcionarios franceses y los nativos malgaches pensaron que se trataba de un buque de guerra británico. La intención de Loof era sorprender a algún navío enemigo, pero para su desilusión no había ninguno fondeado en el puerto. El *Königsberg* se marchó de la misma forma que había llegado, sigilosamente y con las manos vacías. Cuando los franceses lo vieron alejarse y consideraron que había pasado el peligro, telegrafiaron a todas las estaciones del Índico para advertir de su presencia.

Tras su largo periplo por la costa oriental de África, al crucero apenas le quedaban doscientas toneladas de carbón en sus depósitos, apenas una cuarta parte de su capacidad total. En un complejo ejercicio de precisión náutica, el capitán Loof se coordinó con el *Somali* para concertar una nueva cita para repostar. Los dos barcos se encontraron cerca de la isla de Aldabra, un atolón de las denominadas Islas Exteriores, en el archipiélago de las Seychelles. Sin embargo, las malas condiciones del mar obligaron a abortar la maniobra para transvasar el carbón de un barco a otro. Ante este nuevo contratiempo, la situación del *Königsberg* se volvió crítica. Si no conseguía carbón rápidamente, sus calderas dejarían de funcionar.

Forzado por las circunstancias, el capitán Loof decidió buscar refugio en el intricado laberinto de canales del delta del río Rufiji, en la costa de la actual Tanzania. La región había sido cartografiada con detalle por equipos de geógrafos alemanes, que habían indicado en los planos que tenía la suficiente profundidad para ser navegable por barcos de gran calado. La tarde del 3 de Septiembre de 1914, el *Königsberg* penetró en el delta acompañado de su inseparable *Somali* y los dos barcos se internaron por el canal de Simba Uranga.

Los operadores alemanes de la estación telegráfica de Salale, situada en el curso del Rufiji, no podían dar crédito a la presencia del crucero alemán en el río. Los británicos habían difundido rumores que afirmaban que el *Königsberg* había sido hundido, noticia falsa que el propio barco se encargó de desmentir ante la mirada atónita de los funcionarios del puesto. A su llegada, informaron al capitán Loof sobre el desarrollo de la guerra, mientras las tripulaciones se encargaban de poner a punto el buque. El 19 de septiembre tuvo noticia de la presencia de un crucero británico en el puerto de Zanzíbar, a unas 150 millas del refugio seguro del *Königsberg* en Rufiji. Por la descripción podía ser el *HMS Pegasus* o el *HMS Astraea*, dos de los barcos a los que la Royal Navy había ordenado ir en su búsqueda.

Con las bodegas llenas de carbón y las calderas revisadas, el capitán Loof decidió poner rumbo a Zanzíbar sin pérdida de tiempo con la esperanza de sorprender al enemigo. El *Königsberg* zarpó con la marea de la tarde y estuvo navegando durante toda la noche. A las cinco de la mañana del día siguiente entró en la bocana del puerto por el sur y pilló desprevenido al *Pegasus*, que estaba fondeado para reparar sus calderas. El buque británico ofrecía un blanco claro y recibió el impacto directo de varias andanadas de los cañones del *Königsberg*. Neutralizada su capacidad de respuesta, en veinte minutos el *Pegasus* era un amasijo de hierros humeantes que se hundió por la proa. Antes de alejarse de regreso al delta del Rufiji, el barco alemán destruyó la estación telegráfica y lanzó al agua varias cajas para simular que estaba sembrando minas. El dragado del puerto para descartar cualquier sospecha llevó varios meses.

La pérdida del *Pegasus* supuso una humillación para la flota británica, que emprendió una intensa campaña de búsqueda del *Königsberg* por toda la costa oriental de África. Sus navíos lograron interceptar al *SS Präsident*, un nuevo buque nodriza enviado por los alemanes para asistir a su solitario crucero. La presa de los británicos navegaba camuflada como barco hospital y en el registro encontraron cartas de navegación que señalaban la posición del *Königsberg* en el delta del Rufiji. Su guarida había sido descubierta y la Royal Navy se apresuró a enviar a todos los buques de guerra disponibles para bloquear los canales de la desembocadura del río.

A finales de octubre de 1914, los británicos habían completado el cerco. Advertido de la presencia enemiga, Loof comprendió que estaba atrapado. Los cañones del *Königsberg*, acorralado como una fiera en su madriguera, también suponían un peligro para todo aquel barco que se aventurase en el delta para ir a buscarlo. En medio de una situación sin salida, la tripulación del crucero alemán camufló las chimeneas y mástiles del barco con hojas de palmera y desmontó parte de su armamento, que fue emplazado para defender la entrada a los canales. Al capitán Loof tan solo le quedaba aguardar el desarrollo de los acontecimientos.

En el mes de noviembre, el *Somali* fue hundido en uno de los canales cuando intentaba romper el cerco para salir a buscar carbón y provisiones. Descartada la posibilidad de un ataque por tierra, el capitán Sidney Drury-Lowe, jefe de la fuerza naval británica que localizó al *Königsberg*, ordenó un ataque con lanchas rápidas para forzar al buque a salir de su guarida, pero los cañones y ametralladoras instaladas en tierra por los alemanes las destruyeron.

En un intento por localizar la posición exacta del crucero, los británicos realizaron varios reconocimientos aéreos con hidroaviones que consiguieron detectar su presencia a pesar del camuflaje que lo cubría, pero Loof cambiaba constantemente de posición para impedir que el enemigo pudiera atacarle. Aquel juego del gato y el ratón estaba durando demasiado y en febrero de 1915 el almirante Herbert Goodenough King-Hall llegó al delta del Rufiji decidido a acabar con el *Königsberg*. Si los métodos de un combate naval convencional no habían funcionado en aquel remoto lugar, King-Hall debió pensar que había que recurrir a otras opciones.

Con buen criterio, el almirante británico aceptó el ofrecimiento que le hizo Pieter Pretorius, nieto de Andries Pretorius, el legendario líder de los bóers. Aventurero y cazador, Pieter era afrikáner, razón suficiente para desconfiar de él, pero pronto dio muestras de su lealtad al Imperio británico. Pretorius se presentó voluntario ante King-Hall y puso a su disposición su amplia experiencia como explorador en una región que conocía bien. Disfrazado de nativo y con la cara y el cuerpo tiznados de negro, Pretorius se infiltró en el canal Kikunja, donde localizó fondeado al *Königsberg* y pudo situar con precisión el emplazamiento de las defensas que lo protegían desde tierra firme. El crucero alemán se encontraba en una situación delicada. Parte de sus calderas habían sido desmanteladas y muchos tripulantes estaban fuera de combate por culpa de la malaria y la disentería.

Con toda esta información, en julio de 1915 King-Hall decidió lanzar un ataque definitivo contra el *Königsberg*. Los monitores británicos *Severn* y *Mersey*, cañoneros de poco calado diseñados para navegar en aguas fluviales, remontaron el canal y descubrieron la silueta del crucero alemán en la madrugada del 6 de julio. Después de más de nueve horas de un intenso combate en el que los tres barcos sufrieron graves daños, los cañones del *Königsberg* forzaron la retirada enemiga. Loof había demostrado una vez más que no estaba dispuesto a rendirse, pero los británicos tampoco iban a darse por vencidos.

El *Severn* y el *Mersey* fueron reparados y el 11 de julio volvieron a atacar a plena luz del día con el apoyo de varios hidroaviones. El *Königsberg* les hizo de nuevo frente, pero el crucero estaba demasiado dañado y empezó a escorarse. Para evitar que el barco fuera capturado, Loof ordenó abrir las válvulas de lastre para que se hundiera. Gravemente herido, el capitán permaneció a bordo hasta que todos los supervivientes se pusieron a salvo con el armamento y equipo que pudieron cargar. Loof fue el último en abandonar el barco portando la bandera de combate del *Königsberg*. En la batalla perdieron la vida 32 oficiales y marineros de la tripulación. De los 188 hombres que alcanzaron tierra firme, tan solo 20 estaban ilesos.

Después de una penosa y lenta marcha, la tripulación del crucero logró llegar a Dar es Salaam. Escaso de tropas y oficiales, von Lettow encomendó al capitán Loof la defensa de la ciudad, mientras un centenar de marineros se unían a sus fuerzas de la *Schutztruppe* para constituir el *Königsberg-Abteilung*

(«Destacamento Königsberg»). A finales de noviembre de 1917, los miembros de esta unidad fueron hechos prisioneros y trasladados a un campo de internamiento en Egipto. Terminada la guerra, regresaron a Alemania y participaron en el desfile que se celebró en la avenida Unter den Linden de Berlín para rendir homenaje a von Lettow. Al lado del general alemán cabalgó el capitán Loof.

La superestructura y las chimeneas del *Königsberg* fueron visibles durante décadas por encima de las aguas del delta del Rufiji. Así permaneció, desafiante a la jungla que amenazaba con engullirlo, hasta que definitivamente se hundió en el lecho arenoso del canal en donde en 1915 esperó a los buques británicos que fueron a buscarlo hasta ese rincón perdido de África.

Guerra por su cuenta

En el verano de 1914, el crucero ligero alemán *SMS Emden*, permanecía en su base del puerto chino de Qingdao. El buque, con 3000 toneladas de desplazamiento y armado con 18 cañones de diversos calibres, había sido puesto en estado de alerta por su comandante, el capitán de fragata Karl Friedrich Max von Müller, al recibir un mensaje de Berlín que le advertía de una declaración de guerra inminente. La noche del 31 de julio, el *Emden* abandonó su fondeadero y puso rumbo a mar abierto para impedir un posible bloqueo del enemigo.

Cuando se confirmó la noticia del inicio de las hostilidades, el crucero navegó hacia Vladivostok con la intención de atacar a los barcos mercantes rusos. El 4 de agosto, día en el que Gran Bretaña declaró la guerra al Imperio alemán, el *Emden* capturó a su primera presa, el *Ryazan*, un vapor correo ruso al que condujo hasta el puerto de Qingdao. En esas mismas fechas, el grueso de la Escuadra de Asia Oriental de la flota alemana, al mando del vicealmirante Maximilian von Spee, permanecía anclado en la isla de Pagán, en el archipiélago de las Marianas, a la espera de recibir instrucciones desde Berlín. El *Emden* recibió la orden de zarpar y acompañado por el buque carbonero *Markomannia* puso rumbo a Pagán para reunirse con ellos.

A su llegada, la escuadra se estaba preparando para navegar hacia Europa y participar en una guerra naval convencional. Fue entonces cuando el capitán von Müller mantuvo una entrevista con von Spee a bordo del *SMS Scharnhorst*, buque insignia de la flota, en la que el comandante del *Emden* solicitó permiso para que su barco pudiera quedarse en esas aguas y combatir como corsario. El vicealmirante no puso inconveniente y la escuadra zarpó dejando atrás al *Emden* con la única compañía de su inseparable *Markomannia*.

Para confundir al enemigo, el capitán de corbeta Hellmuth von Mücke, primer oficial a bordo del *Emden*, tuvo la brillante idea de instalar al barco una falsa cuarta chimenea para que se pareciera a los cruceros británicos. Con su buque *disfrazado*, von Müller puso rumbo al océano Índico dispuesto a cortar el tráfico marítimo del enemigo. En los primeros días de septiembre de 1914, el *Emden* capturó ocho presas que al divisar su silueta de cuatro chimeneas nunca sospecharon que pudiera tratarse de un buque alemán. Antes de acabar el mes, bombardeó las instalaciones de la Burmah Oil Company en el puerto indio de Madrás, en un audaz ataque que consiguió incendiar los depósitos de petróleo y en el que se produjeron varias víctimas civiles.

En pocas semanas, von Müller había conseguido interrumpir el tráfico marítimo británico en esas aguas y sembrar el pánico en las costas de la India. El capitán sabía que el enemigo enviaría todos los barcos disponibles para perseguirle y para no tentar a la suerte decidió cambiar de territorio de caza sin abandonar el Índico. El *Emden* puso entonces rumbo a aguas próximas a Ceilán, donde hundió otros cuatro mercantes y se apropió de un carbonero que le proporcionó el combustible que necesitaba para continuar con su guerra de corso. Por entonces, buques de guerra de Gran Bretaña, Francia, Rusia y Japón intentaban seguir su rastro en un océano inabarcable y en el que el *Emden* se movía con total libertad.

A finales de septiembre, el crucero alemán se dirigió a la colonia británica de la isla de Diego García, enclave situado en medio del Índico que servía como escala en la ruta marítima que enlazaba Europa con Australia. La isla carecía de estación telegráfica y el único contacto con el mundo exterior era un vapor que llegaba dos veces al año. Habían transcurrido meses sin que sus habitantes recibieran noticias y desconocían que en el mundo se estuviera librando una guerra. Por eso, cuando el *Emden* arribó a la isla el 13 de octubre de 1914 recibió una calurosa bienvenida por parte de la colonia británica, que no podía imaginar que los marineros alemanes fuesen enemigos.

El crucero ligero alemán SMS Emden actuó como buque corsario en el Océano Índico (Fuente: Wikimedia Commons).

Para no levantar sospechas, la tripulación del crucero mantuvo una imagen de cordialidad mientras las bodegas del *Emden* se llenaron hasta arriba con toneladas de suministros frescos. Una vez avituallado, el buque zarpó de nuevo para proseguir con su actividad corsaria. El 28 de octubre, tras haber hundido otros cuatro barcos mercantes con bandera enemiga, se aproximó cautelosamente hasta el puerto de la isla de Penang, en el estrecho de Malaca. Su disfraz de crucero británico volvió a engañar al enemigo y sus cañones abrieron fuego por sorpresa contra el crucero ruso *Zemciug* y el torpedero francés *Mousquet*, a los que hundió antes de que sus tripulaciones se dieran cuenta de lo que estaba pasando.

Las noticias sobre las hazañas del buque corsario alemán provocaron la indignación de la opinión pública británica, que exigían explicaciones a la Royal Navy. El Almirantazgo se excusó con la promesa de que más temprano que tarde acabaría con él. En esos días, setenta barcos de guerra de diferentes naciones aliadas navegaban en su búsqueda. La audacia mostrada por el capitán von Müller y su tripulación también se había ganado el respeto y las simpatías de muchos enemigos, que admiraban el arrojo con el que llevaban a cabo sus acciones y el trato respetuoso que mostraban hacia los prisioneros.

Ajeno a las reacciones que a miles de kilómetros provocaba su guerra de corso, el *Emden* siguió operando por el océano Índico hundiendo barcos. El 9 de noviembre de 1914 arribó a Port Refuge, en el archipiélago de las Islas Cocos. Este enclave, formado por atolones coralinos y escasamente poblado, estaba administrado por Australia. El crucero alemán pretendía destruir su estación telegráfica y las instalaciones que conectaban los cables submarinos que partían desde Australia hacia Singapur. Para cumplir con esa misión, von Müller ordenó desembarcar un destacamento de cincuenta marineros armados al mando de su primer oficial, el ingenioso von Mücke. En esos momentos, el comandante del crucero alemán no podía imaginar que el error que estaba a punto de cometer le iba a costar su barco.

Las versiones sobre lo ocurrido difieren. Unas afirman que el *Emden* radió un mensaje que fue interceptado por los británicos y que permitió conocer su posición. Otras dicen que los operadores de la estación tuvieron tiempo de emitir una señal de auxilio antes de que las instalaciones fueran destruidas. Advertido de la presencia del buque enemigo, el crucero australiano *HMAS Sidney*, que patrullaba en esas aguas, navegó a toda máquina para acudir al rescate.

Confiados en la fortuna que hasta entonces les había acompañado, los marinos alemanes no detectaron la presencia del *Sidney* hasta que fue demasiado tarde. Con el *Emden* situado entre el barco enemigo y tierra firme, von Müller ordenó levar anclas y presentar batalla al Sidney en mar abierto. El buque australiano contaba con la ventaja de disponer de mejor armamento y una mayor velocidad. En el atolón, los hombres del destacamento de von Mücke vieron alejarse al *Emden*, que literalmente los dejó abandonados a su suerte.

El crucero alemán no fue rival para los australianos, que lo destrozaron con sus poderosos cañones de mayor alcance. Tras 30 minutos de combate desigual, el *Emden* estaba en llamas tras el impacto de numerosos proyectiles. De los 178 hombres que habían quedado a bordo, 134 habían muerto en combate y los demás estaban heridos de diversa consideración, incluido von Müller. El barco estaba perdido, pero su capitán se negó a rendirse mientras el *Sidney* lanzaba una andanada tras otra para doblegar su obstinada resistencia. Renqueante, el *Emden* consiguió llegar a los bajíos del pequeño atolón de la isla Keeling del Norte, donde embarrancó sin llegar a hundirse, maniobra provocada por von Müller para salvar a los heridos de morir ahogados.

Los marineros supervivientes del crucero alemán fueron hechos prisioneros. A su capitán se le permitió conservar su espada como gesto de respeto ante la valentía que había mostrado. Los tripulantes fueron finalmente internados en la isla de Malta, mientras von Müller y el resto de oficiales fueron trasladados a Gran Bretaña y encerrados en un campo para oficiales alemanes capturados, donde permanecieron hasta el final de la guerra.

Un largo y azaroso viaje de vuelta

Mientras se producían todos estos acontecimientos, el destacamento del *Emden* que había quedado abandonado en las Islas Cocos vivió su propia odisea. Desde lejos contemplaron el combate naval que el crucero libró con el *Sidney* y pronto comprendieron que sus compañeros no vendrían a buscarlos. Por otra parte, australianos y británicos, eufóricos por la victoria, se olvidaron del resto de la tripulación del crucero alemán. Sin medios de subsistencia, los cincuenta hombres al mando de von Mücke cruzaron al otro lado de la isla, donde capturaron el *Ayesha,* un viejo cascarón con capacidad para cinco tripulantes, a bordo del cual se dispusieron a abandonar la isla. Su propósito era navegar hacia el este en la goleta de tres palos y llegar a Sumatra o Java, posesiones holandesas y por tanto territorio neutral.

Después de hacer acopio de todos los víveres que pudieron encontrar —algunas fuentes hablan que para reunir las provisiones que necesitaban contaron con la ayuda de los escasos británicos que habitaban en las islas— los marineros del *Emden* se hicieron a la mar. Las condiciones a bordo eran muy duras, pero el medio centenar de hombres se las arreglaron para, después de dieciocho días de travesía, llegar el 27 de noviembre al puerto de Padang, en Sumatra.

Las autoridades holandesas pretendieron dejarles internados, situación que los hombres de von Mücke no estaban dispuestos a permitir. Los oficiales y marineros de otros navíos alemanes que se encontraban en el puerto les informaron que el *Choising*, un barco nodriza enviado para apoyar al *Emden*, se encontraba navegando en la zona. Ante la inminente llegada de un crucero británico, la goleta *Ayesha* zarpó de nuevo en la noche del 28 de noviembre de 1914 con el propósito de encontrase con el buque de suministro. Mientras maniobraba para salir del puerto de Padang, les alcanzó un bote tripulado por dos oficiales navales alemanes de los barcos que había allí internados. En su huida nocturna, habían burlado la vigilancia de los holandeses con el propósito de unirse a la tripulación del *Ayesha*, donde von Mücke les dio la bienvenida a bordo.

Tras varias semanas buscando al *Choising*, el esperado encuentro se produjo el 14 de Diciembre en medio de una fuerte tormenta. Sin embargo, tuvieron que esperar dos días hasta que consiguieron embarcarse en el carguero alemán. El *Ayeisha*, que a pesar de su deplorable estado les había brindado un buen servicio ayudándoles a escapar, fue hundido para no dejar pistas.

El médico del *Choising* tenía una vieja guía de viajes en la que von Mücke encontró una referencia al puerto de Hodeida, en el mar Rojo. Situado al sur de la península arábiga, en territorio del actual Yemen, en aquel entonces estaba bajo control otomano. Durante su escala en Padang, von Mücke se había enterado de que Turquía había entrado en la guerra como aliada de Alemania. También sabía que los turcos estaban construyendo una línea férrea que llegaba hasta Hodeida. Con todos estos datos, el oficial trazó mentalmente una ruta con escalas en Arabia y Constantinopla que finalmente les podía conducir hasta Alemania.

Con ese propósito, el *Choising* puso rumbo hacia Hodeida. El buque auxiliar, camuflado bajo la bandera neutral italiana, emprendió una lenta travesía en la que eludió las rutas de navegación más transitadas. La noche del 7 al 8 de enero de 1915, el barco alemán atravesó a oscuras y en completo silencio el estrecho de Bab el-Mandeb, que conecta el mar Rojo, al norte, con el golfo de Adén, al sur, antes de alcanzar sin incidentes la siguiente etapa de su largo y azaroso viaje.

En Hodeida fueron recibidos por las autoridades turcas, a las que expresaron su deseo de continuar viaje hasta Alemania. Para decepción de von Mücke, las obras del ferrocarril que debía conectar el puerto con el norte no se habían completado. A los marineros alemanes no les quedó más remedio que subirse a las jorobas de los camellos e intentar un viaje por tierra hasta Saná, la capital del Yemen. Después de varias jornadas perdidos por el desierto, decidieron regresar al punto de partida, donde volvieron a embarcarse a bordo de dos veleros con los que pusieron rumbo hacia el puerto de Kunfuda, en la costa arábiga del mar Rojo.

Desde allí, von Mücke y sus hombres partieron hacia Yeda, puerto de llegada de muchos de los peregrinos musulmanes en su camino hacia la ciudad santa de La Meca. A su llegada recurrieron de nuevo a los camellos y en caravana se dirigieron hacia el interior de Arabia con la esperanza de encontrar la línea de ferrocarril que pudiera llevarles hasta Constantinopla. Durante el viaje tuvieron que repeler los ataques de beduinos hostiles y soportar las duras condiciones de la travesía por el desierto. Las fuerzas empezaban a flaquear cuando en el mes de mayo descubrieron la vía del tren que llevaba a Damasco. En la capital siria no tuvieron dificultad en enlazar con la línea que los condujo hasta Constantinopla. Los hombres de von Mücke, con los rostros curtidos por el salitre del mar y la arena del desierto, llegaron a la capital de la Sublime Puerta el 29 de mayo de 1915.

En Alemania, los marineros del *Emden* a los que se había dado por desaparecidos, fueron recibidos como héroes. Durante su viaje de miles de kilómetros por océanos y continentes perdieron a seis de sus camaradas. Tras los homenajes, las entregas de condecoraciones y un breve permiso, la mayoría se reincorporaron al servicio en otras unidades navales. Al final de la contienda, la mitad había fallecido en combate. Durante el periodo de entreguerras, el capitán von Mücke se volvió un ferviente pacifista que se opuso con vehemencia a los nazis, a los que criticó con dureza. Por sus opiniones, fue internado en un campo de concentración para disidentes políticos entre los años 1937 y 1939. Su condición de héroe lo salvó posiblemente de ser asesinado. El primer oficial del *Emden*, que nunca se doblegó ante nada ni ante nadie, falleció en 1957.

Si la aventura vivida por los hombres de von Mücke puede parecernos difícilmente superable, la que protagonizó en solitario el alférez de navío Julius Lauterbach, oficial de la reserva naval al que von Müller puso al cargo de las presas capturadas por el *Emden*, nos puede resultar aun más increíble.

El 8 de noviembre de 1914, Lauterbach tomó el mando del *Exford*, un mercante que había sido apresado dos semanas antes por el crucero alemán. El barco navegaba a la espera de instrucciones cuando conoció el destino sufrido por el *Emden* en las Islas Cocos. En cumplimiento de las órdenes que von Müller le había dado en caso de que se produjera su captura, Lauterbach puso rumbo a Padang. Antes de llegar a su destino, el barco capturado fue interceptado por el crucero auxiliar británico *HMS Himalaya*. Su tripulación alemana fue hecha prisionera y trasladada al campo de internamiento de Tanglin en Singapur.

Del 15 al 23 de febrero de 1915, se produjo un motín de los soldados indios del Ejército colonial británico acantonados en la guarnición de Singapur. Los disturbios fueron aprovechados por una treintena de los alemanes prisioneros para escapar de su encierro. Uno de ellos fue Lauterbach, al que una leyenda muy difundida atribuye haber sido el instigador de la revuelta. El relato afirma, sin aportar pruebas, que el oficial del *Emden* habría convencido a los soldados musulmanes para que se sublevaran contra sus mandos británicos. En su discurso, les habría jurado que el káiser y su esposa se habían convertido al islam, que el Imperio alemán era entonces un estado islámico y que el edificio de la Ópera de Berlín iba a ser reformado para convertirlo en una gran mezquita.

Estos disparatados argumentos puede que no fueran utilizados por Lauterbach, que simplemente se aprovechó del caos provocado por el levantamiento para escapar, pero no conviene descartarlos del todo si los ponemos en relación con una serie de sucesos que deben situarse en un contexto más amplio. La conspiración indo-alemana, también conocida como conspiración hindú, consistió en una serie de planes orquestados entre 1914 y 1917 por agentes alemanes en colaboración con nacionalistas indios para instigar una rebelión contra el Imperio británico en sus posesiones coloniales en Asia. La detención de sus principales cabecillas por parte de los servicios de inteligencia británicos y la intervención de tropas leales fueron medidas oportunas que ayudaron a sofocar una sublevación que de haber prosperado con el apoyo alemán y turco hubiera tenido consecuencias imprevisibles en el desarrollo de la guerra.

En todo este asunto, y si hacemos caso a la versión oficial de los hechos que descarta su implicación en la conspiración indo-alemana, resulta cuando menos llamativo que los británicos ofrecieran 10 000 libras de recompensa por la captura de Lauterbach, cifra que nunca se ofreció por ningún otro prisionero de guerra huido.

Tras escapar del campo de prisioneros, el oficial del *Emden* consiguió llegar a Sumatra. Desde allí, dio un largo rodeo para eludir a sus perseguidores que le llevó a hacer escala en Java, Borneo, Filipinas, China y finalmente en los Estados Unidos, país este último que aún mantenía su neutralidad y en el que obtuvo un pasaje a Noruega, última etapa de su viaje antes de llegar a Alemania. De regreso a su país, se incorporó al servicio activo y sobrevivió a la guerra. En los años posteriores se convirtió en un cotizado conferenciante que en sus intervenciones contaba sus aventuras por medio mundo a un público expectante.

Lobos con piel de cordero

A las pérdidas del *Königsberg* y del *Emden* no tardó en sumarse la tragedia del *Karlsruhe*, un crucero ligero que el 4 de noviembre de 1914 sufrió una fuerte explosión interna por causas desconocidas que partió al buque en dos cuando navegaba en aguas cercanas a la isla de Barbados. Después de la derrota sufrida el 8 de diciembre de 1914 por el vicealmirante von Spee en la batalla de las Malvinas, el único barco de guerra alemán superviviente de la Escuadra de Asia Central era el *SMS Dresden*, gemelo del *Emden*.

Acosado por una flota compuesta por los cruceros británicos *Kent, Glasgow* y *Bristol*, a los que se sumó el mercante armado *Orama*, el *Dresden* había conseguido escapar indemne de la debacle alemana frente a Port Stanley. Sin embargo, carecía del carbón suficiente para regresar a Alemania. Su propósito de intentar sobrevivir como buque corsario en las aguas que separaban el Atlántico del Pacífico estuvo condicionado desde un principio por la dificultad de aprovisionarse de combustible para sus calderas. Cerca de Punta Arenas, en la Patagonia chilena, el mercante alemán *Turpin* le trasvasó una parte del carbón que llevaba en sus depósitos. Aun así, el buque de guerra no pudo alejarse de sus perseguidores y su periplo se acabó convirtiendo en una huida desesperada.

Tras capturar al mercante británico *Cornwall Castle*, su primera y única presa, el *Dresden* buscó refugio en el archipiélago chileno de Juan Fernández, en el Pacífico Sur. El barco alemán fue localizado la mañana del 14 de diciembre en la bahía de Cumberland, al noroeste de la isla de Robinson Crusoe, bautizada con ese nombre en homenaje al personaje de la novela de Daniel Defoe, que a su vez se inspiró para escribir su obra en la peripecia del náufrago escocés Alexander Selkirk, que fue rescatado en 1709 tras pasar cuatro años en esta isla.

El *Kent*, el *Glasgow* y el *Orama* estrecharon el cerco sobre el crucero alemán que se vio acorralado. Al encontrase fondeado en aguas neutrales, el capitán de fragata Emil Fritz Lüdecke, comandante del crucero alemán, intentó parlamentar con sus enemigos para que consintieran que el buque quedase internado, propuesta que fue rechazada por los británicos. Sin carbón para intentar al menos una huida desesperada, el *Dresden* se convirtió en un fácil objetivo de los cañones de los cruceros de la Royal Navy, que dispararon sobre él a discreción. Lüdecke ordenó entonces aproximarse a la costa para desembarcar a los heridos y a la tripulación. Cuando se completó la evacuación, voló la santabárbara de proa y abrió las válvulas de lastre. Como tuvimos la oportunidad de conocer al hablar sobre las aventuras vividas por el teniente de navío Wilhelm Canaris, la tripulación del buque quedó internada por las autoridades chilenas en la Isla Quiriquina.

Con la pérdida del *Dresden*, el dominio de la flota británica en los océanos del globo fue absoluto. Todas estas derrotas minaron gravemente la capacidad de respuesta de la Marina Imperial alemana, pero no doblegaron su moral de combate, que a pesar de los reveses se mostraba dispuesta a continuar la lucha y retar al enemigo en cualquier parte del mundo. Los submarinos se habían revelado como un arma eficaz que había logrado sembrar el pánico entre la marina mercante enemiga con sus acciones furtivas. Tampoco había que descartar a los barcos de superficie, que se habían cobrado numerosas presas en su guerra de corso. Los almirantes alemanes decidieron explotar esta última vía y ante la falta de buques de guerra, se decidió armar a barcos de apariencia inofensiva transformándolos en cruceros auxiliares.

Todos se habían construido en los astilleros con un propósito muy distinto al que tuvieron cuando fueron requisados por la Marina Imperial. Antes de ser reclutados, en su vida civil habían navegado como barcos de pasajeros o mercantes. La transformación de algunos elementos interiores y exteriores, convenientemente disimulados, les iba a convertir en lobos con piel de cordero.

El proceso se iniciaba con la instalación de la artillería naval y de los telémetros necesarios para la dirección de tiro. Este poderoso armamento, impropio de su aspecto pacífico, se ocultaba bajo tinglados que podían retirarse rápidamente mediante un sistema de poleas con contrapesos, o detrás de grandes cajones rotulados con descripciones que indicaban un contenido falso y que se cubrían con carteles y cabos. También se colocaban puestos de observación y potentes prismáticos para detectar a sus posibles víctimas desde grandes distancias. Para no levantar sospechas y que su silueta pudiera ser confundida con la de un buque muy diferente al que realmente era, se instalaron chimeneas falsas de quita y pon, cabinas en cubierta con ojos de buey pintados y mástiles que no servían para nada. Las luces de navegación podían cambiarse a voluntad para que de noche pareciera que el corsario se estaba alejando cuando en realidad se acercaba y al revés. La instalación de potentes focos en cubierta servía para deslumbrar a los navíos que pudieran caer en sus garras.

En su interior, la reforma era incluso más compleja. Las bodegas se ampliaban para almacenar los víveres necesarios para una larga travesía, aumentar las toneladas de carbón para incrementar la autonomía del barco y albergar la santabárbara de la munición de los cañones o las minas. También se pensó en alojar en ellas a los marineros de los barcos enemigos capturados. La transformación en barco de guerra corsario incluía una enfermería equipada con quirófano para atender a los heridos de los combates. Su disfraz se completaba con un juego completo de banderas para hacerse pasar por un barco de otra nacionalidad y la habilidad de los marineros de la tripulación para pintar en la proa el nombre del barco por el que se hacían pasar.

El primero de estos corsarios alemanes en entrar en servicio en la Primera Guerra Mundial fue el *SMS Cap Trafalgar*, un pequeño buque de pasajeros que al declararse la guerra se encontraba fondeado en la pequeña isla de Trinidad, territorio bajo soberanía brasileña. El barco fue armado con la insuficiente artillería del cañonero *Eber* para que emprendiera una campaña corsaria por aguas atlánticas camuflado como un inofensivo paquebote británico. Sin embargo, el 14 de septiembre de 1914 el *Cap Trafalgar* fue hundido por el *HMS Carmania*, un trasatlántico de la Cunard Line, que actuaba como crucero auxiliar de la Royal Navy, antes de que el corsario alemán tuviera tiempo de capturar algún barco enemigo.

Destinado al transporte de tropas, el *Carmania* divisó al *Cap Trafalgar* en aguas de la isla brasileña y en un principio se tragó el anzuelo que le habían tendido, creyendo que había avistado un buque carbonero. Sin embargo, pudo reaccionar a tiempo y entre los dos barcos se entabló un combate naval en el que el corsario alemán se llevó la peor parte al ser alcanzado por varios proyectiles que impactaron bajo su línea de flotación. Magullado en el intercambio de golpes, el *Carmania* consiguió llegar al puerto de Pernambuco y tras ser reparado en astillero participó en la campaña de Galípoli.

El uso de fiables transatlánticos fue una de las constantes de los mandos navales alemanes a la hora elegir entre los buques civiles aquellos que fueran más aptos para convertirse en corsarios. En los años anteriores al estallido de la contienda, el *SS Prinz Eitel Fiedrich* había prestado un dilato servicio en las rutas comerciales del Lejano Oriente. En agosto de 1914, el buque se encontraba atracado en el puerto de Shanghái cuando se le ordenó dirigirse a la base naval alemana de Qingdao. Allí le armaron con los cuatro cañones de dos cañoneras y se le transfirió parte de sus tripulaciones de guerra, entre ellos el capitán de corbeta Max Therichens, que asumió el mando del nuevo buque corsario.

La imagen muestra el casco del acorazado HMS Britannia de la Royal Navy después de ser alcanzado por un torpedo lanzado por el submarino alemán UB-50 frente al Cabo Trafalgar (Fuente: Wikimedia Commons).

Tras su transformación, el *Prinz Eitel Fiedrich* debía unirse a la Escuadra de Asia Oriental de von Spee que se estaba reuniendo en las Marianas. Al igual que ocurrió con el *Emden*, se consideró que el antiguo barco de pasajeros podría prestar mejor servicio si actuaba de forma independiente como crucero auxiliar destinado a interrumpir el tráfico marítimo del enemigo. A mediados del mes de agosto, puso rumbo a las costas australianas, donde consiguió hundir once barcos mercantes, en su mayoría viejos veleros indefensos ante sus cañones. En los siguientes siete meses actuó en el Pacífico y el Atlántico Sur, hasta que la falta de carbón y una avería en los motores le obligó a abandonar su crucero corsario y buscar un puerto neutral donde hallar refugio. En marzo de 1915, consiguió llegar a duras penas a Newport News, en la costa atlántica de los Estados Unidos, donde permaneció internado hasta que la U. S. Navy lo requisó para convertirlo en un transporte de tropas con el nuevo nombre de *USS DeKalb*.

El *SS Kronprinz Wilhem* fue otro de los trasatlánticos reconvertido rápidamente por los alemanes en barco corsario. Se trataba de un navío de elegante silueta con cuatro chimeneas y fama de rápido. Armado a toda prisa, su tripulación recibió un curso intensivo como marineros de guerra para adiestrarles en el uso de los cañones. A pesar de estos comienzos poco prometedores, el *Kronprinz Wilhem* hundió quince buques enemigos en su zona de actuación en el Atlántico Sur. Como le ocurrió a muchos de los navíos de superficie alemanes que combatieron de forma aislada, se enfrentó al problema endémico de la falta de carbón y suministros, carencias que le obligaron a suspender su exitoso crucero para encontrar refugio en las costas todavía neutrales de los Estados Unidos.

Los trasatlánticos reconvertidos en cruceros auxiliares prestaron grandes servicios a la flota de superficie alemana, pero su velocidad no compensaba su excesivo consumo de combustible, que en gran medida limitaba sus operaciones, y su gran tamaño los hacía demasiado visibles y vulnerables. Para resolver estos inconvenientes, los estrategas navales alemanes decidieron recurrir a barcos mucho más pequeños, en su mayoría mercantes más lentos pero con mucha más autonomía, que podían hacer el mismo trabajo con menos riesgos.

Para cumplir con este cometido, el *SMS Meteor* fue requisado en aguas jurisdiccionales alemanas y armado con dos cañones de tiro rápido y otros dos semiautomáticos, además de varios cientos de minas con las que debía sembrar las rutas marítimas enemigas. Bajo el mando del capitán de corbeta Wolframm von Knorr, el nuevo corsario puso rumbo a los puertos rusos del mar Blanco con la misión de fondear las minas en sus aguas, misión que cumplió entre los días 7 y el 8 de junio de 1915 y que causaron el hundimiento de tres mercantes rusos. De regreso a Alemania, fue equipado con nuevo armamento antes de iniciar un nuevo crucero corsario por la costa noruega para atacar a los barcos que enviaban suministros de guerra a Rusia.

La acción más arriesgada llevada a cabo por el *Meteor* fue sembrar de minas la costa oriental de Escocia, ruta seguida por los grandes buques de guerra de la Royal Navy en su camino de entrada o salida hacia su base en Scapa Flow. Bajo la falsa apariencia del mercante ruso *Imperator Nikolai II* intentaba pasar inadvertido en aguas infestadas de enemigos cuando fue interceptado por el *SS Ramsey*, un antiguo barco de pasajeros de la Compañía de ferris de la Isla de Man, que había sido requisado por los británicos para operar como crucero auxiliar. Cuando el bote que transportaba al oficial y a los marineros encargados del registro se encontraba a pocos metros, el *Meteor* arrió la bandera rusa y enarboló la bandera de guerra alemana, descubrió sus cañones ocultos y abrió fuego a quemarropa sobre el buque británico, además de lanzarle un torpedo. El *Ramsey* fue alcanzado de lleno y se partió en dos antes de hundirse rápidamente. El corsario alemán recogió a los cerca de cien supervivientes del naufragio.

Los informes sobre sus ataques preocuparon a las mandos navales británicos, que no podían consentir que un peligroso buque enemigo disfrazado navegase tan cerca de su litoral. Para acabar con el *Meteor*, el Almirantazgo organizó una flota de cruceros que partió hacia Noruega, donde se sospechaba que pudiera estar operando. La falta de resultados puso nerviosos a los británicos, que dedicaron más barcos a su persecución. El 9 de agosto de 1915, el buque corsario fue avistado por cinco cruceros enemigos. Sin escapatoria posible, el capitán von Knorr decidió embarcar a los prisioneros y a la tripulación alemana de su navío que no fuera imprescindible a bordo de un velero sueco capturado.

Aunque los barcos británicos tenían al *Meteor* completamente rodeado, temían acercarse a él ante la posibilidad de que pudiera estar soltando minas. Finalmente, el 9 de agosto de 1915, su comandante decidió hundirlo para evitar que fuera capturado. Tras su pérdida, el corsario alemán se siguió cobrando víctimas, entre ellas un destructor y dos dragaminas británicos, que se fueron al fondo del mar después de impactar contra las minas que había sembrado en sus cruceros por aguas estratégicas.

Entre los barcos de esta flota de mercantes reconvertidos en buques corsarios alemanes los que peor suerte corrieron fueron el *SMS Greif* y el *SMS Leopard*, que fueron hundidos apenas iniciada su misión. Mucha mejor suerte corrió el *SMS Wolf*, un antiguo carguero fuertemente armado y con una buena cantidad de minas estibadas a bordo. Su aspecto un tanto decrépito y poco marinero, le ayudó a pasar desapercibido. Tras permanecer en alta mar 451 días, el *Wolf* regresó a su base en el puerto de Kiel el 24 de febrero de 1918, con sus bodegas abarrotadas de valioso cargamento capturado y varios cientos de prisioneros. A lo largo de todo ese tiempo, sus cañones y minas consiguieron hundir 35 buques enemigos en una travesía que le llevó hasta Australia y Nueva Zelanda, la más larga protagonizada por un barco de guerra durante toda la contienda. Los miembros de su tripulación fueron recibidos en Berlín como héroes y su comandante, el capitán Karl August Nerger, fue recompensado con la cruz Pour le Mérite.

Pero si hubo un corsario que destacó por encima de los demás ese fue el *SMS Möwe*, un mercante que inició su carrera como barco frutero. Al inicio de la guerra fue requisado por la Marina Imperial y pasó de transportar plátanos a la metrópoli desde la colonia alemana de Camerún a convertirse en un minador. Bajo el mando del capitán de fragata Nikolaus zu Dhona-Schlodien, el 29 de diciembre de 1915 partió de su base en Wilhelmshaven con la misión de sembrar de minas las aguas cercanas a Scapa Flow. Una de ellas dañó gravemente al acorazado británico *HMS King Edward VII*, que tras varias horas de agonía fue abandonado por su tripulación antes de hundirse.

Tras esta victoria, lograda de manera indirecta, el *Möwe* puso rumbo al estuario navegable de la Gironde, al suroeste de Francia, donde sus minas hundieron dos mercantes franceses. Tras completar esta parte de su misión, se dirigió al Atlántico para operar en una amplia zona comprendida entre las Islas

Canarias y las costas brasileñas. En tres meses de travesía en solitario, el *Möwe* capturó o hundió quince barcos enemigos antes de regresar a Alemania el 4 de abril de 1916.

La hoja de servicios de la vida operativa de este corsario sufrió un paréntesis cuando en el verano de 1916 se cambió su nombre por el de *Vineta,* en un intento por hacerlo pasar inadvertido. Durante esos días acechó las costas noruegas en su búsqueda de presas fáciles en un crucero corsario en el que no tuvo mucho éxito.

Bajo su apariencia inofensiva, el buque mercante alemán *SMS Möwe* ocultaba su identidad de barco corsario (Fuente: Wikimedia Commons).

Tras recuperar su antiguo nombre y de vuelta a su zona de caza en el Atlántico, el *Möwe* recuperó el olfato perdido y logró hundir veinticinco buques enemigos en apenas cuatro meses, entre ellos el mercante *SS Mount Temple* que además de transportar setecientos caballos para la Fuerza Expedicionaria Canadiense en Europa llevaba en sus bodegas un cargamento de fósiles de dinosaurios con destino al Museo Británico de Historia Natural.

El 10 de marzo de 1917, el *Möwe* tuvo un desagradable encuentro con el *Otaki,* un mercante armado de bandera neozelandesa con el que entabló un feroz combate. Antes de hundirse como consecuencia de los impactos recibidos, el *Otaki* causó graves daños al barco alemán que le obligaron a abandonar su zona de actuación y poner rumbo a Alemania. A su regreso, el *Möwe* protagonizó una nueva hazaña al romper el rígido bloqueo naval británico frente a las costas alemanas, acción que la propaganda de los Imperios Centrales se encargó de destacar.

Como hemos visto, el destino operativo de muchos de los barcos corsarios alemanes les llevó a recorrer grandes distancias por los océanos del mundo en busca de víctimas. El periplo protagonizado por el *SMS Sedler* cumplió con el precepto de una travesía que dentro del contexto de la guerra naval también tuvo mucho de aventura digna de un relato de Joseph Conrad. El 21 de diciembre de 1916 partió de Alemania, cruzó el Atlántico y llegó al Pacífico, donde capturó y hundió todos los barcos mercantes enemigos que se cruzaron en su rumbo, la mayoría veleros que se dedicaban al tráfico comercial entre las colonias británicas y francesas repartidas por ese rincón del globo.

El *Sedler* sufrió las consecuencias de un fuerte temporal y quedó gravemente dañado. Ante la imposibilidad de seguir navegando, el buque fue abandonado y su tripulación se dividió en dos grupos. El primero, formado por cinco hombres bajo el mando de Felix von Luckner, capitán del barco corsario, logró llegar en un bote hasta las Islas Fidji, donde fueron hechos prisioneros por los británicos. El resto de los marineros alemanes consiguieron apoderarse de una goleta francesa con la que alcanzaron la Isla de Pascua, donde fueron internados por las autoridades chilenas.

De todos estos informes se puede deducir que la actuación de los barcos corsarios de la Marina Imperial en la Primera Guerra Mundial fue importante, en algunos casos incluso se podría calificar de espectacular, pero en conjunto no alcanzó la trascendencia de las operaciones desarrolladas por los submarinos, que por sí solos a punto estuvieron de influir decisivamente en el desenlace de una contienda que Alemania había perdido de antemano en alta mar.

2. El Olimpic y el Britannic. Los gemelos del Titanic van a la guerra

Tres hermanos

La historia es bien conocida. La han repetido hasta la saciedad libros, artículos, películas y documentales. Sin embargo, el hundimiento del *RMS Titanic* sigue despertando una morbosa fascinación entre el público, que siempre se muestra muy interesado ante cada nueva noticia que surge en torno al legendario barco. En el momento de escribir estas líneas, ha pasado más de un siglo desde aquella noche aciaga del 14 de abril de 1912, en la que este coloso de los mares, que hacía honor a su nombre y fue considerado en su tiempo como un barco insumergible, chocó contra un iceberg al sur de las costas de Terranova. En el naufragio murieron o desaparecieron más de 1500 personas de las que viajaban a bordo, cifra funesta que sin embargo fue superada con creces por otros desastres marinos posteriores mucho menos conocidos.

El 30 de enero de 1945, el trasatlántico de bandera alemana *Wilhelm Gustloff,* cargado hasta arriba de refugiados que huían del avance de las tropas soviéticas en el transcurso de la Segunda Guerra Mundial, fue hundido en el Báltico por un submarino ruso. En el naufragio fallecieron más de 9300 personas, cifra espeluznante que le ha concedido el siniestro honor de ocupar el primer puesto en la lista de las mayores tragedias marítimas de la historia en cuanto a número de víctimas se refiere.

El hundimiento del *Wilhelm Gustloff* ha quedado oportunamente relegado al olvido que imponen los vencedores sobre sus actos más ruines. En este contexto, resulta creíble que el impacto mediático que en su día causó el naufragio del *Titanic* haya sido utilizado con los mismos fines. De igual forma, existe la convicción extendida de que este fue un barco único en su género por las especiales características que hicieron de él un prodigio tecnológico y la máquina más grande construida hasta entonces por el hombre, cuando en realidad hubo otros dos buques gemelos que compartieron con él sus colosales dimensiones y su lujo deslumbrante. El *Titanic* ni siquiera fue el hermano mayor por razón de edad de la misma familia de barcos. Pero ya se sabe, cuando un famoso muere joven el mito extendido por su leyenda prevalece sobre la historia.

En 1907 Joseph Bruce Ismay, presidente de la naviera White Star Line, y lord William Pirrie, presidente de los astilleros Harland and Wolff de Belfast, firmaron un acuerdo para la construcción de tres grandes buques para competir en las rutas atlánticas con los de la compañía Cunard Line. Para superar a su rival, los nuevos barcos debían ser más grandes y contar con avances tecnológicos y de comodidad con los que compensar su menor velocidad. Los nombres elegidos para bautizar al trío de trasatlánticos fueron *Olympic*, *Titanic* y *Gigantic*, aunque el de este último se cambió finalmente por el de *Britannic*.

El proyecto, bajo la supervisión directa de William Pirrie, se encomendó a su sobrino, el ingeniero naval Thomas Andrews, gerente de construcción y jefe del departamento de diseño de Harland and Wolff, y a su cuñado Alexander Carlisle, gerente general del astillero. Carlisle se encargó de la decoración interior del barco, el equipamiento general y la instalación de las medidas de seguridad, aunque posteriormente abandonaría la empresa en 1910, después de algunas supuestas desavenencias con Ismay. Según algunos testimonios, el presidente de la White Star no estaba dispuesto a asumir el coste adicional de un mayor número de botes salvavidas del que era habitual en otros transatlánticos. A partir de entonces, Andrews asumió toda la responsabilidad en el proceso de construcción de los barcos.

Para llevar a cabo este reto de ingeniería náutica fue necesario levantar en los astilleros toda una serie de instalaciones nuevas que incluían diques secos lo suficientemente grandes para albergar los cascos de dos barcos y grúas puente de gran potencia para cargar con las gigantescas piezas necesarias para la construcción de los dos primeros buques de la que fue llamada clase *Olympic*. Para publicitar la magnitud del proyecto que había asumido la compañía que dirigía, Pirrie contrató al fotógrafo Robert Welch para que registrase en imágenes el metódico proceso en el que fueron tomando forma.

La construcción del *Olympic* se inició el 16 de diciembre de 1908. Para distinguirle del *Titanic*, su casco se pintó de blanco y la de su gemelo de negro. Mientras tanto, el *Britannic* no había pasado de la fase de las mesas de diseño, a la espera de que sus otros dos hermanos fueran terminados en los astilleros para dejarle sitio. Construido con más de 2000 placas de acero unidas por 3 millones de remaches, la botadura del *Olympic* tuvo lugar el 20 de octubre de 1910. En esa fecha, solo se había completado un 30 % de la obra muerta del *Titanic*.

Vida accidentada

Con una capacidad para 2500 pasajeros atendidos por 850 tripulantes, el *Olympic* realizó su viaje inaugural el 14 de junio de 1911. Sus medidas eran colosales: con una eslora de 269 metros, 28 de manga y 52 067 toneladas de desplazamiento, se convirtió en el barco más grande del mundo hasta la entrada en servicio del *Titanic*, que tenía las mismas dimensiones pero con 1004 toneladas más de desplazamiento. En su primera travesía alcanzó una velocidad superior a los 20 nudos, con un consumo sensiblemente menor al de otros transatlánticos. El buque fue puesto bajo el mando de Edward John Smith, un experimentado capitán al que posteriormente se concedería el honor de comandar el *Titanic* en su primer y único viaje.

La decoración interior del *Olympic* era prácticamente idéntica a la de su hermano, aunque los que pudieron compararlas afirman que la del primero era más sobria. La principal diferencia exterior respecto al *Titanic* era la cubierta principal de paseo, que en el *Olympic* estaba descubierta y en la de su gemelo la mitad de la superficie que ocupaba estaba cerrada para permitir a los pasajeros de primera clase disfrutar de las vistas del mar protegidos del gélido viento del Atlántico Norte.

Como no podía ser de otra forma, la vida de los dos buques hermanos estuvo muy unida desde su concepción en el astillero hasta el dramático final del segundo. El *Titanic*, hijo predilecto de la compañía, fue botado el 31 de mayo de 1911 cuando no era más que un gigantesco casco prácticamente vacío. Al acto asistió una multitud enfervorizada de más de 100 000 personas que se agolpaban en los muelles cercanos al astillero irlandés para contemplar en primera fila el espectáculo. El barco resbaló por los raíles untados con toneladas de grasa y se deslizó hasta el agua en medio de los aplausos y vítores del público. Tras la botadura, la White Star ofreció a sus invitados especiales y a los periodistas acreditados un almuerzo suntuoso en el Grand Central Hotel de Belfast. Joseph Bruce Ismay, anfitrión de la comida, abandonó precipitadamente el salón donde se celebraba para embarcarse en el *Olympic* y asistir a sus pruebas en alta mar.

Una vez que hubieron terminado las celebraciones, llegó el momento de volver al trabajo. Más de 3000 obreros, muchos de ellos los mejores profesionales en su especialidad, se esmeraron en vestir el interior del *Titanic* con todo lujo de detalles y comodidades. Los trabajos se realizaron contrarreloj para cumplir con los ajustados plazos fijados por la naviera, que el 18 de septiembre de 1911 había anunciado que el buque realizaría su viaje inaugural el 20 de marzo de 1912. Sin embargo, las optimistas previsiones de la White Star no iban a poder cumplirse por causas ajenas a su voluntad.

El 20 de septiembre de 1911, el *Olympic* sufrió un grave accidente al chocar en aguas del estrecho de Solent, que separa la Isla de Wight de Gran Bretaña, con el *HMS Hawke*, un crucero blindado de la Royal Navy. Como consecuencia de la colisión, el barco de guerra perdió su proa. A pesar de la gravedad de los daños sufridos, no se produjeron heridos y los dos buques siguieron a flote hasta llegar a puerto. La investigación posterior del accidente concluyó que este se había producido cuando la gran cantidad de agua desplazada por el casco del *Olympic* creó un efecto de succión que desvío al *Hawke* de su curso.

Como consecuencia del impacto, se abrió un gran agujero en los camarotes de tercera clase del costado de estribor del trasatlántico y también resultó afectado el eje de transmisión de una de sus hélices. El *Olympic* tuvo que regresar a los astilleros de Harland and Wolff para llevar a cabo las reparaciones necesarias para que volviera a entrar en servicio. Estaba a punto de iniciarse la construcción del *Britannic* y hubo que retirar al *Titanic* de donde estaba atracado para que pudiera ocupar su sitio. La White Star necesitaba que el primer trasatlántico de la clase estuviera de nuevo en servicio lo antes posible para cumplir con sus compromisos en la ruta del Atlántico y que la imagen de la compañía no se viera perjudicada, por lo que las reparaciones del *Olympic* tuvieron prioridad sobre todo lo demás. Para cumplir con su compromiso, la dirección del astillero retiró a una parte importante de los obreros que estaban trabajando en completar el interior del *Titanic* para que se concentrasen en las reparaciones de su hermano mayor. Cuando en el mes de noviembre se dieron por concluidas, el personal retomó sus tareas para equipar al segundo navío.

El choque contra el *Hawke* no fue el único incidente sufrido por el *Olympic*. En febrero de 1912, el buque perdió la pala de una hélice y tuvo que regresar a los astilleros Harland and Wolff para una nueva reparación que influyó de nuevo en los plazos fijados para la terminación y entrada en servicio del *Titanic*. Este nuevo percance tampoco sería el último de la azarosa vida del hermano mayor.

Superados todos estos contratiempos, la White Star pudo anunciar que el primer viaje del que estaba destinado a convertirse en «la joya de la corona» de la compañía se iniciaría el 10 de abril de 1912. Ese día, el *Titanic* zarpó del puerto de Southampton con destino a Nueva York en un viaje sin retorno.

La estación telegráfica del *Olympic* habría captado, a más de 500 millas de distancia, las llamadas de socorro emitidas por el *Titanic* sin poder hacer nada por ayudarle. También le correspondió recoger los botes salvavidas del navío hundido depositados en Nueva York que habían sido recuperados por el trasatlántico *RMS Carpathia*, el primer barco en acudir al rescate en el lugar del suceso.

Tras el hundimiento de su hermano, el *Olympic* se convirtió en el buque insignia de la compañía. La tragedia causó una fuerte impresión en su tripulación, que se negó a zarpar de Southampton para cubrir la ruta transatlántica hasta que no se revisaran los protocolos de seguridad. Los maquinistas y fogoneros, que permanecían la mayor parte de la travesía encerrados en las entrañas del barco, se declararon en huelga para reclamar un número mayor de botes salvavidas. Ante este desafío y el drástico descenso en la venta de pasajes, a la White Star no le quedó más remedio que ceder para introducir una serie de cambios en el barco. De nuevo, el *Olympic* fue retirado del servicio y volvió al astillero durante seis meses en los que se le añadieron más botes, algunos de los cuales habían pertenecido a su gemelo, se mejoró la configuración de los compartimentos estancos y se reforzó el casco para que pudiera resistir colisiones como la que había echado a pique al *Titanic*. En 1913, el remozado *Olympic* estaba de nuevo preparado para hacerse a la mar, pero los acontecimientos de la contienda en Europa le obligarían a pasar de nuevo por el astillero para ponerse el uniforme.

El *RMS Olympic*, uno de los buques gemelos del *Titanic*, prestó grandes servicios como transporte de tropas durante la Gran Guerra (Fuente: Wikimedia Commons).

Al principio de la Gran Guerra el *Olympic* fue confiscado por la Royal Navy para dedicarlo al transporte de tropas. El barco fue de los primeros en ser pintado con un camuflaje tipo *dazzle*, del que hablamos en el primer capítulo, con el que se pensaba que podría eludir el ataque de submarinos. Revestido con su extraño aspecto, el *Olympic* volvió a cubrir la ruta trasatlántica, pero en vez de llevar a adinerados pasajeros y emigrantes europeos en busca del sueño americano, transportó hasta las Islas Británicas a miles de soldados canadienses. En 1916 había completado diez de estos viajes y cuando los Estados Unidos entraron en la guerra realizó el mismo recorrido con las cubiertas repletas de sonrientes soldados norteamericanos que desconocían el horror que les esperaba en los campos de batalla de la vieja Europa.

El *Olympic* estuvo a punto de compartir el destino del *Titanic* cuando el 12 de mayo de 1918 fue atacado en el canal de la Mancha por un torpedo lanzado desde el submarino alemán

U-103. Al errar su disparo, el sumergible salió a la superficie con la intención de hundir al trasatlántico a cañonazos. Bertram Fox Hayes, capitán del *Olympic*, se dio cuenta de sus siniestras intenciones y ordenó una rápida maniobra para embestirlo. El casco reforzado del *Olympic* se lanzó a toda máquina contra el submarino al que consiguió hundir. 31 de sus tripulantes se salvaron al ser rescatados por el destructor norteamericano *USS Davis* que patrullaba por la zona. Por esta valerosa acción, el capitán Hayes fue condecorado con la Orden de Servicio Distinguido.

El ataque del *U-103* no fue el único que sufrió el *Olympic* por parte de un submarino enemigo durante su servicio como transporte de tropas, ya que logró sobrevivir a otros tres que tampoco lograron acabar con el *Old Reliable* («El Viejo Fiable»), apodo cariñoso que le dio su tripulación. Durante la Gran Guerra, el trasatlántico transportó a 66 000 soldados, más de 40 000 civiles y 12 000 obreros chinos enviados para trabajar en las fábricas de Europa cuando Pekín declaró la guerra a los Imperios Centrales.

Haciendo honor al apelativo con el que le habían bautizado, el *Olympic* tuvo una larga vida útil. El hermano del *Titanic* hizo su última travesía desde Nueva York en marzo de 1935. Unos meses antes estuvo implicado en una nueva colisión, cuando embistió al barco faro *LV-117 Nantucket*. Este pequeño navío se encontraba amarrado al sur de la isla de Nantucket, en la costa del estado norteamericano de Massachusetts, para señalizar a los trasatlánticos que se acercaban en dirección oeste la entrada al puerto de Nueva York. En medio de una espesa niebla, el *Olympic* no detectó su presencia hasta que fue demasiado tarde y pasó literalmente por encima de él. El *Nantucket* quedó desintegrado y siete de sus once tripulantes fallecieron, mientras los pasajeros del *Old Reliable* apenas notaron una pequeña vibración, lo que nos da una idea de las dimensiones gigantescas del barco, que apenas sufrió en su proa una abolladura sin importancia que no le impidió realizar la travesía de vuelta y pudo ser reparada en Southampton.

Después de 24 años de navegación infatigable, el *RMS Olympic* fue vendido por 100 000 libras para ser desguazado. Parte de su lujosa decoración, incluida la espectacular escalera con el mismo diseño que la del *Titanic*, fue subastada y adquirida por compradores acaudalados que usaron sus piezas para adornar sus casas y negocios. El *Old Reliable* todavía vive en algunas de ellas.

Naufragio en acto de servicio

Se puede afirmar que el *Britannic* fue el «patito feo» de los tres hermanos de la clase *Olympic*. La construcción del que en un principio iba a ser llamado *Gigantic* se inició el 30 de noviembre de 1911 en el astillero Harland and Wolff, concretamente en la misma grada donde se ensamblaron las primeras placas de acero del *Olympic*. Su diseño exterior era muy parecido al del resto de la familia, pero la decoración de su interior se vio afectada por las necesidades impuestas por la guerra.

De la misma forma que ocurrió con el *Olympic*, el hundimiento del *Titanic* obligó a realizar una serie de modificaciones en el equipamiento del *Britannic*. El casco del nuevo trasatlántico de la White Star fue reforzado con un doble fondo y se acometieron reformas para mejorar la resistencia de los compartimentos estancos. En lo relativo al tema de los botes salvavidas, que tantas críticas había suscitado por lo ocurrido con el *Titanic*, se multiplicó su número y se les dotó de un sistema más eficaz para lanzarlos al mar en caso de emergencia. Dos de ellos fueron equipados con motor y hasta con equipo de radio para poder transmitir su posición.

La botadura del *Britannic* tuvo lugar el 26 de febrero de 1914, acto que despertó mucha menos expectación que la de sus hermanos. A pesar de las malas expectativas iniciales, los trabajos marcharon a buen ritmo y la White Star anunció su travesía inaugural para la primavera de 1915. En medio de este clima de cierto optimismo, la entrada en guerra de Gran Bretaña tiró por tierra todos los planes. Sin haber sido completado su equipamiento interior, el *Britannic* fue amarrado junto al *Olympic* en los muelles de Belfast a la espera de que el Almirantazgo tomase una decisión sobre el destino que iba a dar a los dos barcos. Finalmente, el 13 de noviembre de 1915 se dio la orden para que el *Britannic* fuera reconvertido en buque hospital. Su casco fue pintado de blanco, con una gran línea verde recorriendo sus costados en las que se insertaron grandes cruces rojas iluminadas por cientos de bombillas para que pudiera ser fácilmente identificado mientras navegaba de noche. En sus cubiertas y bodegas se habilitaron salas con capacidad para atender a 3300 heridos.

El *Britannic* entró en servicio como barco hospital el 23 de diciembre de 1915. El buque fue puesto bajo el mando del capitán Charles A. Bartlett, un curtido oficial de la Reserva Naval al que llamaban Iceberg Charlie, apodo que hacía referencia a su habilidad para descubrir con su aguda vista témpanos de hielo sobre la superficie del mar. El *Britannic* operó en el Mediterráneo y realizó varios viajes a Moúdros, pequeña localidad costera en la isla griega de Lemnos que los británicos habían transformado en una importante base de operaciones durante la campaña de los Dardanelos. Allí recogieron y prestaron asistencia a los miles de soldados que habían resultado heridos en los combates que tuvieron como escenario la península de Galípoli. En el desempeño de su encomiable labor humanitaria, el *Britannic* también pasó una breve temporada fondeado frente a la Isla de Wight para atender a las bajas del Frente Occidental. Al término de esta misión, el buque regresó a los astilleros Harland and Wolff con la intención de volver a la vida civil. Sin embargo, el Almirantazgo le había reservado otros planes.

El 12 de noviembre de 1916, el *Britannic* zarpó desde Southampton iniciando su sexto viaje hacia el Mediterráneo oriental como barco hospital. Tras una escala para repostar en el puerto de Nápoles, puso rumbo hacia las costas griegas. A primera hora de la mañana del 21 de noviembre de 1916, el barco navegaba por el canal de Kea, que separa la isla homónima de la de Makrónisos en el archipiélago de las Cícladas, cuando una fuerte explosión estremeció su casco. Todo apuntaba a que había chocado contra una mina, aunque algunas fuentes señalan que recibió en el lado de estribor el impacto de un torpedo lanzado por un submarino enemigo no identificado. Sea como fuese, el navío resistió bastante bien gracias a su casco reforzado, pero una segunda detonación, en este caso producida en su interior, abrió una gran vía de agua que hizo que se escorase rápidamente de ese lado.

Ante el riesgo de naufragio inminente, el capitán Bartlett ordenó cerrar las puertas que sellaban los compartimentos estancos, pero dos de ellas, situadas en la zona de calderas y afectadas por las explosiones, no se pudieron accionar mientras el nivel del agua subía rápidamente sin que fuera posible achicarla. Bartlett intentó entonces embarrancar el buque en los bajíos de la isla de Kea en una decisión desesperada por salvar al *Britannic*, pero mientras se hundía, sus hélices y timón quedaron fuera del agua, impidiendo la maniobra. Fue entonces cuando el capitán dio la orden de arriar los botes y abandonar el barco.

El trasatlántico *HMHS Britannic*, reconvertido en buque hospital, en una imagen tomada poco antes de ser hundido el 21 de noviembre de 1916 en el Canal de Kea (Fuente: Wikimedia Commons).

A las 9:07 horas de aquella mañana luminosa en el canal de Kea, exactamente 55 minutos después de la primera explosión, el *Britannic* estaba en el fondo del mar. De las más de 1100 personas que viajaban a bordo, 29 murieron en el naufragio, la mayoría al volcar los dos botes salvavidas que ocupaban cuando fueron succionados por el torbellino generado por la hélice de babor. Por fortuna, el buque no había tenido tiempo de recoger a los heridos que había ido a buscar. De haber sido así, la tragedia hubiera sido mucho mayor.

Los supervivientes del *Britannic* fueron rescatados por otros barcos que se encontraban en la zona. Por primera vez en su corta historia, el trasatlántico reconvertido en barco hospital acaparó los titulares de la prensa. Su naufragio supuso un duro golpe moral y económico para la White Star, que en el plazo de unos pocos años había visto como se hundían dos de sus buques más emblemáticos. Al final de la contienda, la compañía se resarció de sus pérdidas gracias a la entrega, como reparación de guerra, de los trasatlánticos alemanes *Bismarck* y *Columbus*, rebautizados respectivamente como *RMS Majestic* y *RMS Homeric*. El *Britannic*, el más joven de los tres hermanos de la clase *Olympic*, que por su lujo, comodidad, rapidez y medidas de seguridad iba a heredar el trono que había dejado vacante el *Titanic*, no tuvo ni siquiera la oportunidad de demostrar de lo que era capaz como trasatlántico. El único título que ostentó fue el del barco más grande hundido en el transcurso de la Primera Guerra Mundial.

El pecio del *Britannic* fue descubierto el 3 de diciembre de 1975 por el explorador del mundo submarino Jacques Costeau. El barco yace a 120 metros de profundidad sobre su costado de estribor y se conserva en relativo buen estado. En 1995, una expedición dirigida por el oceanógrafo Robert Ballard, famoso por encontrar diez años antes los restos del *Titanic*, descendió con robots hasta el casco hundido del *Britannic* sin entrar en su interior. Habría que esperar al 2003 para que un equipo de submarinistas, dirigido por el experto buceador Carl Spencer, recorriera sus bodegas y camarotes.

Spencer pudo constatar que en los alrededores había anclas como las que se utilizaron en la Gran Guerra para fijar las minas al fondo marino, evidencia que probaría que fue uno de estos artefactos, y no el torpedo de un sumergible alemán, el que causó el naufragio del *Britannia*. También localizó un gran agujero en su casco que parecía haber sido originado desde el interior del barco, lo que dio pie a los defensores de la teoría de la existencia de un saboteador en el interior del buque para reafirmarse en que estaban en lo cierto. Como en las próximas páginas veremos que le ocurrió al *Lusitania*, lo más probable es que la segunda deflagración hubiera sido provocada en realidad por una de las calderas del barco al entrar en contacto con el agua.

Carl Spencer murió el 24 de mayo de 2009, a los 39 años de edad, mientras filmaba un documental dedicado al *Britannic*. Su muerte se produjo en un accidente de buceo mientras emergía demasiado rápido a la superficie, lo que le provocó una embolia gaseosa con consecuencias fatales. Spencer se convirtió así en la última víctima de la mala suerte de un barco que algunos consideran que estuvo gafado.

Una enfermera afortunada

Para los más supersticiosos, los tres barcos de la clase *Olympic* sufrieron una especie de maldición que pasó rozando al primero y se cebó con el *Titanic* y el *Britannic*. Para los más escépticos, estos dos buques sufrieron, respectivamente, los avatares derivados de un exceso de vanidad y de las circunstancias de la Primera Guerra Mundial. Vinculada al destino de estos tres trasatlánticos estuvo la figura de Violet Jessop, una mujer que no hay duda de que tuvo a la suerte de su lado.

Violet Constance Jessop nació el 2 de octubre de 1887 en una estancia dedicada a la cría de ganado lanar que se encontraba situada cerca de la ciudad de Bahía Blanca, al sur de la provincia de Buenos Aires. Fue la mayor de los nueve hijos del matrimonio formado por William Jessop y Katherine Kelly, una pareja de emigrantes irlandeses que había llegado a América en busca de nuevas oportunidades que les permitieran labrarse un futuro lejos de la miseria de su tierra natal. Pocos más datos tenemos de la infancia y juventud de nuestra protagonista, aunque sabemos que durante su adolescencia enfermó gravemente de tuberculosis. Su recuperación contradijo la opinión de los médicos del Hospital Británico de Buenos Aires que la habían desahuciado.

Tras la muerte del padre, la familia decidió volver a Gran Bretaña en 1903. Junto a su madre y hermanos, vivieron primero en Liverpool antes de instalarse definitivamente en Londres, donde Violet empezó a asistir a la escuela. Para mantener a su extensa prole, la madre tuvo que ponerse a trabajar como camarera en los barcos de la Royal Mail Steam Packet

Company, en aquel entonces una de las navieras más importantes del mundo, mientras sus hijos mayores cuidaban de los más pequeños. Cuando Katherine enfermó por culpa de la excesiva carga de trabajo que tenía que soportar, Violet tuvo que hacerse cargo del sustento de sus hermanos pequeños. En 1908 comenzó a trabajar, también como camarera, en el *RMS Orinoco*, uno de los barcos de la Royal Mail, a cambio de un sueldo miserable por diecisiete horas de extenuante trabajo sin descanso.

Dos años después, Violet mejoró sus condiciones laborales al entrar a trabajar para la White Star, una de las compañías competidoras de la Royal Mail. Su aspecto pulcro y agradable, su carácter amable y el dominio perfecto del español, influyeron positivamente a la hora de contratarla. Durante un tiempo formó parte de la tripulación del *RMS Majestic*, hasta que en junio de 1911 fue destinada al *Olympic*, como hemos visto el barco más grande y lujoso de su época hasta la entrada en servicio del *Titanic*. Este cambio fue una especie de ascenso para la joven camarera, pero también iba a convertirla en protagonista destacada de una sucesión de acontecimientos dramáticos en el mar.

Cuando el 20 de septiembre de 1911 el *Olympic* colisionó contra el *Hawke*, Violet estaba a bordo del trasatlántico y fue testigo de cómo se produjo el accidente. La experiencia que vivió a bordo hubiera quedado como una simple anécdota que nunca hubiera trascendido de no ser por los sucesos que posteriormente le tocó vivir. Poco antes de que el *Titanic* partiera en su viaje inaugural, los responsables de personal de la compañía le ofrecieron a Violet la oportunidad de incorporarse a la tripulación del barco como camarera para los pasajeros de primera clase. La joven no quería abandonar al *Olympic*, donde se sentía cómoda y bien tratada, pero los consejos de familiares y amigos, además de los incentivos de una mejor paga y poder trabajar rodeada del lujo ostentoso del buque de pasajeros más grande del mundo, la animaron a dejarse convencer.

Tras la colisión del *Titanic* con el iceberg que lo condenó al fondo del mar, a Violet se la ordenó subir a cubierta junto a otras camareras para atender y tranquilizar a los pasajeros. Como ella misma reflejó en sus memorias, uno de los oficiales del barco la mandó subir la primera junto a sus compañeras en uno de los botes salvavidas para mostrar que eran seguros a las asustadas mujeres que con sus hijos pequeños se aferraban a sus maridos y no querían abandonarlos. Violet fue testigo de dramáticas escenas causadas por la traumática separación mientras algunos miembros de la tripulación se esforzaban por hacer descender el bote. En el último momento, un oficial le entregó un bulto y le dijo, «Señorita Jessop, tenga. Cuide a este bebé».

Violet apretó al niño contra su pecho mientras a bordo del bote número 16 contempló como el *Titanic* era engullido por el mar. Después de unas horas angustiosas en las aguas gélidas del Atlántico, fueron rescatados por el *Carpathia*, que trasladó a los supervivientes del naufragio hasta Nueva York. Fue allí donde una mujer se acercó hasta Violet y le arrebató el bebé, del que no se había separado en ningún momento, sin dar ningún tipo de explicaciones. Nunca más volvió a saber de ellos.

Después de esta traumática experiencia, la joven mantuvo su trabajo de camarera en la White Star Line. Destinada al *Britannic*, cuando este trasatlántico fue transformado en hospital flotante ella decidió hacerse enfermera. Como habrán adivinado, Violet Jessop viajaba a bordo del buque cuando una mina lo hundió en el canal de Kea. Como recordó en su libro autobiográfico, la explosión sacudió las cubiertas y en ese instante acudieron a su memoria los recuerdos del hundimiento del *Titanic*. En su segundo naufragio, la enfermera no tuvo oportunidad de ponerse a salvo en un bote. Mientras el barco se hundía pudo ver como las hélices destrozaban con la rotación de sus palas a los que se habían acercado demasiado. Su única esperanza era arrojarse al agua, de donde fue rescatada por otro bote.

A pesar de todas estas desagradables vivencias marítimas, el temple de Violet Jessop no se vio afectado y siguió trabajando en la White Star Line a bordo del *Olympic*. Después de un matrimonio fracasado con un marino mercante, se cambió de naviera y en 1926 entró como camarera en los barcos de la compañía Red Star Line por un periodo que duró hasta 1935, fecha en la que volvió a trabajar para la Royal Mail.

Violet Jessop, la superviviente de los graves accidentes y naufragios sufridos por cada uno de los buques de la clase *Olympic*, se jubiló en 1950 después de 42 años trabajando en el mar. Ya había tenido bastante y se retiró a cuidar del jardín y las gallinas que tenía en su casa del pueblo de Great Ashfield, en el condado de Suffolk. En sus jugosas memorias, escritas en 1934 y publicadas póstumamente en 1997 por iniciativa de dos sobrinas, la que fue camarera del *Titanic* no solo hizo un relato en primera persona de las tragedias marítimas que le había tocado vivir, sino que también incluyó divertidas anécdotas sobre sus años de trabajo a bordo de los barcos en las que describía el comportamiento impertinente y los caprichos de algunos de los pasajeros de primera clase.

Esta mujer *insumergible* ante el desánimo, murió el 5 de mayo de 1971 como consecuencia de una insuficiencia cardíaca. Puede que en el momento final no tuviera miedo a la muerte que la había perseguido infructuosamente en alta mar y que por fin la había alcanzado en tierra firme.

3. La tragedia nunca aclarada del Lusitania

La amenaza submarina

A los pocos días del estallido de la Gran Guerra, la Royal Navy puso en marcha un bloqueo naval para impedir el comercio con Alemania, plan que había sido aceptado en una fecha tan temprana como 1909 por el Consejo Imperial de Guerra. En cumplimiento del mismo, el mar del Norte y el canal de la Mancha fueron declarados zona de guerra y los buques británicos procedieron a interceptar y registrar todos los barcos que surcaban esas aguas. Para facilitar las labores de inspección, los navíos neutrales debían informar a las autoridades navales británicas sobre su ruta y cargamento. Los que se dirigían hacia las costas alemanas eran apresados y su carga decomisada Algunas naciones como Estados Unidos, Noruega y Suecia protestaron ante lo que consideraban que era una violación del derecho marítimo internacional, reclamaciones que no fueron atendidas.

En respuesta a la medida británica, los alemanes también declararon zona de guerra todas las aguas que rodean las Islas Británicas, y advirtieron que cualquier barco que se aproximase a ellas sería objetivo de los torpedos de sus submarinos. Tampoco iban a respetar la norma conocida como *Cruiser Rules* («reglas de crucero»), convención aceptada mayoritariamente que en caso de conflicto permitía a los tripulantes ponerse a salvo en los botes salvavidas después de ser advertidos de que iban a ser atacados. En medio de esta escalada de amenazas se produjeron los primeros hundimientos de mercantes civiles. Entre las presas cobradas por los submarinos alemanes se contaron algunos navíos de pasajeros.

Estos ataques provocaron la indignación de algunas naciones neutrales, especialmente de los Estados Unidos, que protestó enérgicamente ante lo que consideraba que era una agresión armada en toda regla. Para evitar males mayores, los alemanes cedieron ante la presión y ordenaron a los capitanes de sus submarinos que respetasen las *Cruiser Rules* y que no atacasen más barcos de pasajeros. Sin embargo, las circunstancias de una guerra sin normas prevalecieron sobre las cuestiones humanitarias.

A finales de 1916, la situación militar en el Frente Occidental había llegado a un punto muerto. Ante el fracaso de las espantosas batallas de Verdún y el Somme, los alemanes volvieron a plantearse la reanudación de la guerra submarina sin restricciones. Los estrategas alemanes estaban divididos. Un sector pensaba que podía precipitar la entrada en la guerra de los Estados Unidos, mientras otros opinaban que forzaría la rendición de los británicos antes de que los norteamericanos estuvieran preparados para intervenir en el conflicto.

En un principio, se impusieron los partidarios que apostaban por el respeto de las reglas. El impopular almirante Alfred von Tirpitz, ministro de Marina y uno de los más fervientes defensores de la guerra submarina total, fue obligado a dimitir. Su puesto fue ocupado por el manipulable almirante Eduard von Capelle. Ante el desarrollo desfavorable de la contienda, los estrategas navales más beligerantes presionaron de nuevo para forzar un cambio de actitud. Según las previsiones del almirante

Henning von Holtzendorff, comandante en jefe de la Flota de Alta Mar alemana, los submarinos y barcos corsarios alemanes podían hundir más de 600 000 toneladas de barcos británicos al mes. Ante estas cifras, von Capelle cambió de opinión y transmitió su parecer al káiser. En enero de 1917, Guillermo II dio su aprobación a la reanudación de la guerra submarina sin restricciones, campaña que se puso en marcha al mes siguiente.

Los submarinos alemanes, libres de cualquier tipo de ataduras, se lanzaron sobre sus presas. Los resultados no tardaron en llegar y uno de cada cuatro barcos que emprendieron la ruta hacia las Islas Británicas nunca llegaron a su destino. Desde el comienzo de la guerra hasta el 11 de noviembre de 1918, los sumergibles de los Imperios Centrales hundieron más de 2000 buques mercantes y navíos de guerra enemigos, naufragios en los que perdieron la vida más de 12 000 tripulantes. En esta batalla implacable, doscientos *U-boots* alemanes fueron destruidos, gravemente dañados o desaparecieron para siempre bajo las aguas de los océanos y mares de todo el mundo. Cuando parecía que los británicos iban a claudicar ante la ofensiva submarina, reaccionaron con nuevas tácticas, como la navegación en grandes convoyes fuertemente escoltados, que redujeron considerablemente el número de pérdidas. Las esperanzas alemanas de forzar una rendición inglesa antes de que los Estados Unidos entrasen en la guerra se esfumaron ante la evidencia.

Antes y después del inicio de la guerra submarina indiscriminada, ningún barco estaba a salvo, ni siquiera los grandes transatlánticos que cubrían las rutas marítimas atlánticas con sus camarotes repletos de pasajeros. Objetivos indefensos y apetecibles, muchos comandantes alemanes de submarinos tuvieron que esforzarse por contenerse y no dar la orden de lanzar sus torpedos contra ellos. Otros navíos de pasajeros no tuvieron tanta suerte

La Banda Azul trasatlántica

A principios del siglo xx, las grandes navieras dedicadas al transporte de pasajeros estaban inmersas en una dura pugna comercial. Británicos y alemanes competían entre sí por poner en servicio barcos más rápidos y lujosos en las rutas trasatlánticas más demandadas. La Cunard Line era una de las compañías que luchaba por conseguir la preciada *Blue Riband*, «la Banda Azul», premio honorífico que se concedía al barco que batía el record de velocidad en la travesía del Atlántico.

Desde 1897, el buque alemán *SS Kaiser Wilhelm der Grosse*, propiedad de la naviera Norddeutscher Lloyd, ostentaba el título del trasatlántico más grande y rápido del mundo. Con una velocidad cercana a los 22 nudos, se hizo con la *Blue Riband* frente a sus competidores británicos de la Cunard Line. En 1906, la Norddeutscher Lloyd tenía en servicio cuatro grandes buques de cuatro chimeneas de la clase Kaiser. De esta forma, Alemania pasó a dominar el transporte de pasajeros por el Atlántico. En esos mismos años, el financiero norteamericano J. P. Morgan se hizo con el control de la White Star Line, compañía que como vimos se haría famosa por botar el *RMS Titanic*. Con la intención de monopolizar el transporte marítimo de pasajeros, el empresario emprendió una agresiva campaña comercial con la puesta en servicio de toda una serie de rápidos y modernos navíos que a pesar de sus revolucionarios diseños no consiguieron desbancar al buque alemán.

En medio de esta dura pugna, los directivos de la Cunard encargaron a los astilleros John Brown & Company de Clydebank, en Escocia, la construcción de varios trasatlánticos con el objetivo de imponerse a sus competidores y hacerse con la preciada Banda Azul, El primero de ellos fue el *RMS Mauretania*, al que le siguió su gemelo, el *RMS Lusitania*, bautizado con ese nombre en honor a la provincia homónima del Imperio romano. Diseñados por el ingeniero naval Leonard Peskett, fueron los barcos más grandes del mundo hasta la entrada en servicio del *RMS Olympic* de la White Star Line.

El proyecto de construcción de estos dos trasatlánticos se había puesto en marcha en 1902, cuando la Cunard inició conversaciones con el Gobierno británico para recibir la financiación necesaria con la que afrontar un reto empresarial y económico de esa magnitud. La compañía recibió el dinero que necesitaba con la condición de que los buques pudieran ser transformados en cruceros auxiliares armados en caso de que estallase una guerra.

Aprobado el proyecto, el *RMS Lusitania* empezó a tomar forma en los astilleros escoceses. El barco tenía 239 metros de eslora, 26 de manga y 31 550 toneladas de desplazamiento. Se diferenciaba de su hermano, el *RMS Mauretania*, en que era 1500 toneladas más pesado. Para alcanzar la velocidad necesaria con la que aspirar a recuperar la Banda Azul, se le instalaron unas revolucionarias turbinas Parsons, enormes motores con mejores prestaciones que además eran mucho más silenciosos y producían menos vibraciones. Se esperaba que con estos propulsores el barco pudiera alcanzar los 24 nudos, expectativas que para satisfacción de los directivos de la Cunard se vieron superadas al desarrollar una velocidad máxima de 26 nudos, considerable ventaja que permitió a los navíos de esta serie imponerse a sus rivales.

El hundimiento del *RMS Lusitania*, uno de los grandes trasatlánticos de la época, puso en aprietos el mantenimiento de la hasta entonces neutralidad de los Estados Unidos (Fuente: Wikimedia Commons).

El *RMS Luistania* fue botado en junio de 1906 en Glasgow y entró en servicio en la Cunard Line el 26 de agosto del año siguiente. Su silueta era la de un buque elegante, con cuatro grandes chimeneas que le daban un perfil característico. Con capacidad para acomodar a 2200 personas a bordo, además de sus motores innovadores el barco introducía lujos y comodidades que superaban a los que ofrecía la competencia. En sus camarotes, los pasajeros de primera y segunda clase contaban con mucho más espacio que en otros trasatlánticos y en las cubiertas abiertas se habían colocado hamacas para que pudieran disfrutar de la brisa del mar. También disponía de nuevas medidas de seguridad, con el casco dividido en compartimentos estancos, instalaciones antiincendios con detectores de humo y un número de botes salvavidas que se ajustaba a lo establecido por la normativa vigente en aquellos días.

Junto con el *RMS Mauretania*, prestó servicio regular entre las Islas Británicas y los Estados Unidos hasta el estallido de la Primera Guerra Mundial, periodo en el que los dos barcos obtuvieron para la Cunard Line la preciada Banda Azul. Debido a su éxito, las compañías navieras rivales intentaron copiar su diseño y mejorar sus comodidades, objetivo que superó la White Star con la botadura del *RMS Titanic*.

Nada más iniciarse la contienda, el Gobierno británico reclamó los dos barcos para incorporarlos al servicio activo. Sin embargo, el *Lusitania* y el *Mauretania* no se ajustaron a su nuevo papel como cruceros auxiliares. Aunque los dos barcos eran muy rápidos, consumían demasiado combustible y su configuración era la de un trasatlántico y no la de un buque de guerra. Ante estos inconvenientes, el *Lusitania* fue *licenciado* de sus responsabilidades militares y volvió al transporte de pasajeros en la Cunard, mientras el *Mauretania* fue reconvertido en transporte de tropas. Nadie podía imaginar que aquella decisión iba a sellar el destino del *Lusitania*, protagonista de una de las muchas tragedias de la Gran Guerra.

Veinte minutos

El 7 de mayo de 1915, el *Lusitania* se aproximaba a las Islas Británicas con sus cubiertas repletas de pasajeros que ansiaban divisar la costa. Había sido una travesía tranquila y a bordo viajaban 1500 británicos y norteamericanos ansiosos por llegar a su destino. A pesar de la amenaza de los submarinos alemanes, de la que todos hablaban, el *Lusitania* navegaba confiado en que no pasaría nada. Para garantizar su seguridad, el crucero británico *HMS Juno* salió a su encuentro para escoltarle y guiarle entre las aguas sembradas de minas que protegían los puertos británicos.

Eran las 14:00 horas de ese fatídico día cuando a través del periscopio del sumergible *U-20*, al mando del teniente de navío Walther Schwieger, se divisó la silueta del trasatlántico frente a los acantilados del cabo de Old Head cerca de la ciudad de Kinsale, a escasas millas de la costa irlandesa. Desde mediados del mes de abril, el *U-20* navegaba sigiloso y acechante en esas aguas. En el transcurso de su misión, había hundido tres barcos y después de errar un ataque contra el *Juno* a Schwieger tan solo le quedaba un torpedo disponible.

Tras identificar al *Lusitania* como un buque de bandera enemiga, el comandante del submarino alemán se tomó su tiempo antes de dar la orden de lanzar su último torpedo. Schwieger fijó el objetivo en el telémetro del periscopio para asegurarse de acertar en el blanco y cuando lo tuvo a tiro no dudó. Como el mismo consignó en el diario de a bordo, eran las 14:10 de la tarde cuando la estela visible del torpedo se dirigió hacia el trasatlántico. Pocos segundos después, una fuerte explosión entre la tercera y cuarta chimeneas sacudió al *Lusitania*, que había sido alcanzado por el costado de estribor.

La tripulación y el pasaje del buque apenas habían tenido tiempo de asimilar lo que había pasado cuando una segunda detonación, más fuerte que la primera y provocada por causas que todavía no han sido suficientemente aclaradas, elevó al cielo una espesa columna de humo negro. El trasatlántico se detuvo y a través del visor del periscopio Schwieger divisó impasible y con morbosa fascinación el caos que se había desatado en la cubierta del *Lusitania*, que se escoraba rápidamente, en una inclinación que impedía arriar los botes salvavidas, mientras se hundía por la proa. El barco estaba condenado y desapareció bajo las olas en menos de veinte minutos en medio de los gritos y la desesperación de los pasajeros.

El naufragio causó la muerte de 1198 personas, de las cuales un centenar eran niños. Tan solo hubo 761 supervivientes. Entre la lista de fallecidos y desaparecidos estaban los nombres de 234 ciudadanos norteamericanos. El ataque al *Lusitania*, que los alemanes se tomaron como un episodio más de la guerra submarina que estaban desplegando contra sus enemigos, marcó un antes y un después en la posición de los Estados Unidos respecto a la contienda.

Distintas versiones

Con su arsenal de torpedos agotado, el *U-20* emprendió el viaje de regreso a su base en el puerto de Wilhelmshaven, al norte de Alemania. A su llegada, el teniente de navío Walther Schwieger y su tripulación fueron recibidos como héroes. En la retina del comandante del submarino habían quedado grabadas las escenas dantescas que había contemplado a través del periscopio, pero nunca manifestó arrepentimiento, al estar convencido de que había cumplido con su deber. A su llegada a Alemania tuvo conocimiento de la ola de indignación internacional que había provocado el hundimiento del *Lusitania,* protestas que no impidieron que el káiser le condecorase con la Cruz de Hierro de Primera Clase.

En Gran Bretaña, las manifestaciones de repulsa degeneraron en un violento odio hacia Alemania que la recompensa al teniente Schwieger agravó. La opinión pública exigía venganza inmediata contra los marinos alemanes, acusados de asesinar a mujeres y niños, mientras los mandos de la Royal Navy anunciaron la creación de una comisión de investigación para aclarar las circunstancias en las que se había producido el ataque. En medio de un ambiente enrarecido por declaraciones viscerales, estaba claro que la postura de las autoridades británicas no iba a ser imparcial.

En sus conclusiones, el informe oficial declaró que el *Lusitania* había sido torpedeado sin previo aviso y acusaba directamente a la tripulación del *U-20* de incumplir las *Cruiser Rules* por no advertir a la tripulación y al pasaje del inminente ataque, sin brindarles la oportunidad de ponerse a salvo. Tampoco ahorró calificativos a la hora de juzgar la actuación de los marinos alemanes, a los que consideró responsables de «un acto de piratería» que se había saldado con la muerte de miles de inocentes. La propaganda británica se encargó de poner el hundimiento del *Lusitania* en relación con otros supuestos actos de barbarie cometidos por los *hunos,* como el asesinato de civiles en Bélgica, el uso de gases venenosos en el frente o el envenenamiento de pozos de agua potable, actos viles que incumplían las normas de la guerra y manchaban la imagen del pueblo alemán.

En el informe también se recordó que el *Lusitania* era un barco de pasajeros desarmado que no estaba enlistado en la Royal Navy, al mismo tiempo que se insistió en afirmar que en el momento de ser atacado no transportaba tropas ni municiones, algo que como veremos no era del todo exacto. Después de presentar esta argumentación el veredicto no podía ser otro: Alemania era culpable de violar las leyes marítimas y asesinar a casi 1200 personas.

La reacción alemana no se hizo esperar ante lo que consideraban que eran acusaciones indignas. Sin embargo, sus alegaciones sonaron como excusas con las que intentaban justificar la actuación del *U-20.* En una nota enviada al Gobierno norteamericano, las autoridades de Berlín declararon que en el caso del *Lusitania* no se habían podido aplicar las "«reglas de crucero» porque podrían haber puesto en peligro a la tripulación del submarino. La decisión británica de armar buques mercantes con órdenes expresas de atacar a sumergibles enemigos era para ellos razón más que suficiente para atacar al trasatlántico.

Con estos datos, los alemanes insistieron en presentar al *Lusitania* como un buque de transporte auxiliar que en sus bodegas llevaba un cargamento de armas y municiones de contrabando. También recordaron que los pasajeros conocían al riesgo al que se exponían al navegar por una zona de guerra, tal y como la propaganda alemana se había encargado de difundir al insertar anuncios en la prensa norteamericana.

La postura de los Estados Unidos estuvo condicionada desde un principio por el mantenimiento de su neutralidad, de ahí que sus protestas fueran contenidas. En realidad, su situación era un tanto incómoda. En ningún momento el Gobierno de Washington había advertido a sus ciudadanos del riesgo que corrían al viajar en barcos británicos y tampoco había tomado medidas excepcionales para reducir los riesgos. Los pasajeros norteamericanos pensaban que las «reglas de crucero» todavía eran respetadas por los submarinos alemanes, cuando las autoridades de su país sabían que no era así. En Washington tenían claro que no era conveniente remover demasiado el asunto para evitar responsabilidades. Mientras tanto, hubo un cruce de notas diplomáticas que no llevaron a ninguna parte.

Los estadounidenses exigieron que los alemanes reconocieran que el ataque había sido ilegal, pero en Berlín se negaron a admitir su culpa, aunque aceptaron el pago de generosas indemnizaciones a los familiares de las víctimas, gesto de buena voluntad que fue rechazado por los norteamericanos. Por razones diferentes, ambos gobiernos estaban interesados en que el asunto del hundimiento del *Lusitania* se fuera enfriando, como así fue. Por parte de Washington, se aparcó a un lado la adopción de sanciones contra Alemania hasta después de las elecciones presidenciales de 1916. En Berlín respiraron tranquilos al ver como se alejaba la posibilidad de que los Estados Unidos pudieran entrar en la guerra.

Sospechas, errores y pruebas

Si se analizan de una manera objetiva los datos disponibles, existían razones para que los alemanes sospechasen que el *Lusitania* pudiera ser un crucero auxiliar. En el *Jane's Fighting Ships*, anuario internacional que se sigue publicando hoy en día y que contiene información sobre todos los barcos de guerra del mundo ordenados por las armadas de las distintas naciones, aparecía la silueta del trasatlántico. Los alemanes también estaban al corriente de que entre los miembros de su tripulación había varios oficiales de la reserva de la Royal Navy, tal y como había exigido el Gobierno británico a la hora de conceder las subvenciones para su construcción.

El 19 de febrero de 1913, las autoridades navales británicas ordenaron a la Cunard que dejase al *Lusitania* en dique seco para realizar una serie de modificaciones para adecuarlo como buque auxiliar de la Armada británica. Durante los trabajos se suprimieron seis de las veinticinco calderas para dejar más espacio disponible bajo cubierta y se amplió la bodega de proa. El 24 de septiembre de 1914 se comunicó a la compañía naviera que el barco iba a ser empleado por el Almirantazgo como transporte de mercancías entre Estados Unidos y las Islas Británicas, lo que suponía llevar en sus bodegas armamento y otros suministros militares. Como afirmó el propio Alfred A. Booth, presidente de la junta directiva de la Cunard Line, «me ordenan que sea un contrabandista de alto nivel en interés de la nación».

Todas estas informaciones pudieron influir en que los alemanes considerasen al *Lusitania* como un buque de guerra, más aun si tuvieron en cuenta los rumores que informaban que se habían dictado instrucciones para equiparle con doce cañones de 6 pulgadas, armamento que llegó a encargarse pero que finalmente nunca fue montado. En este sentido, durante su etapa como primer lord del Almirantazgo, Winston Churchill también había dado órdenes expresas para que todos los barcos con bandera británica fueran armados. En caso de divisar un submarino alemán en superficie, debían lanzarse a toda máquina contra él con el propósito de hundirlo. Como medida de presión contra aquellos capitanes menos decididos, los que entregasen sus barcos al enemigo serían juzgados en un consejo de guerra acusados de traición.

Los alemanes estaban al corriente de estas drásticas decisiones, lo que les llevó a desobedecer las «reglas de crucero», tal y como hizo el comandante del *U-20*. Berlín también consideró que con el bloqueo los británicos estaban vulnerando la ley internacional, lo que concedía cierto derecho a sus submarinos para actuar en consecuencia. El Gobierno de Su Majestad no había ratificado la declaración relativa al derecho de la guerra marítima, firmada en Londres en 1909, que establecía las condiciones en las que se debía realizar un bloqueo, aunque sí había firmado el tratado de París de 1856 tras el fin de la Guerra de Crimea, precedente que fijó unas normas internacionales a este respecto.

En un intento interesado por calmar los ánimos y zanjar una polémica que no le convenía, el Gobierno de los Estados Unidos reconoció que Gran Bretaña estaba contraviniendo el derecho internacional al interceptar barcos neutrales y requisar sus cargamentos, aunque con ello no pretendía justificar la actitud alemana respecto a las «reglas de crucero». Desde Washington se sugirió que ambas partes reconocieran sus errores y recomendó que Berlín obedeciera las *Cruiser Rules* y que los británicos permitieran el paso de barcos neutrales con cargamentos de primera necesidad para la población civil. Alemania aceptó la propuesta pero Londres se negó, por lo que la situación no experimentó cambios.

El Gobierno norteamericano elevó una propuesta formal ante la intransigencia exhibida por ambas partes, medida que no pasó de ser un gesto de cara a la galería y que no fue más allá al interponerse unos intereses estratégicos que miraban hacia el futuro y desaconsejaban un enfrentamiento con los que estaban llamados a convertirse en sus aliados. Aunque el hundimiento del *Lusitania* hizo que la opinión pública norteamericana manifestase sin tapujos su odio hacia los alemanes, el presidente Wilson se mantuvo firme ante las presiones de los republicanos y la prensa, que exigían una respuesta contundente, y no rompió relaciones diplomáticas con Berlín. El presidente estadounidense sabía lo que se traía entre manos y decidió esperar al momento oportuno. Si los Estados Unidos no entraron entonces en la guerra fue porque todavía no estaban preparados. El resto fue una sucesión de hábiles maniobras políticas y diplomáticas con las que se ocultaron sus verdaderas intenciones.

Según los datos aportados por las Aduanas de los Estados Unidos, el *Lusitania* transportaba en sus bodegas 1250 cajas de munición, cada una de ellas con 4 proyectiles de alto explosivo para los cañones británicos de tiro rápido de 13 libras, junto a otro número indeterminado que contenía cartuchos y explosivos para el ejército británico. De ser cierta la naturaleza de este cargamento, habría servido para apoyar la teoría que defendía que la segunda explosión que estremeció el barco, y de la que hablaban los testigos como causa principal de su hundimiento, habría sido provocada por una devastadora reacción en cadena de la munición que transportaba en sus bodegas.

En la actualidad, el pecio del *Lusitania* yace en el fondo del mar, a unas 10 millas náuticas de la costa irlandesa y rodeado de redes de pesca y cargas de profundidad sin detonar. En 2011, se realizó una expedición submarina que descendió a más de 90 metros de profundidad para explorar el casco hundido. En sus inmersiones, los submarinistas encontraron cientos de cartuchos de fusil, pero ningún rastro de los proyectiles de artillería o de explosivos. La información obtenida se procesó por ordenador y fue analizada por expertos del Lawrence Livermore National Laboratory, una de las instituciones científicas más prestigiosas de los Estados Unidos. En sus conclusiones coincidieron en afirmar que lo más probable es que la segunda explosión se hubiera producido en una de las calderas al entrar en contacto con el agua fría del océano.

4. El ataque al Sussex. El infortunio de un compositor español

Jugando con fuego

Las posibles consecuencias diplomáticas y militares provocadas por el hundimiento del *Lusitania* fueron ignoradas por Alemania, que en el contexto de la guerra total submarina y jugando con fuego, concedió libertad de acción a los comandantes de sus sumergibles para atacar cualquier tipo de buque de superficie que considerasen hostil. De esta forma, los barcos de pasajeros siguieron apareciendo en los telémetros de los periscopios y al alcance de sus torpedos.

El 19 de agosto de 1915 el *SS Arabic*, un trasatlántico propiedad de la compañía White Star Line, había zarpado de Gran Bretaña y navegaba hacia las costas de Estados Unidos. El barco, construido en los astilleros Harland and Wolff, los mismos de donde salió el *RMS Titanic*, fue botado el 18 de diciembre de 1902 y realizó su viaje inaugural el 26 de junio del año siguiente. Con sus 183 metros de eslora, 20 de manga y 16 000 toneladas de desplazamiento, había pasado la mayor parte de su carrera cubriendo la ruta Liverpool-Queenstown-

Nueva York, una de las más largas del mundo, aunque ocasionalmente también operaba en otra mucho más corta, la que unía Liverpool con Boston. Tras la tragedia del *Titanic* en 1912, al *Arabic* se le realizaron una serie de mejoras para adaptarlo a las nuevas medidas de seguridad, entre ellas la colocación de un mayor número de botes salvavidas. Tras ser remodelado, el buque volvió a realizar la travesía que unía Liverpool con Nueva York.

Mucho más pequeño que los grandes barcos de la edad de oro de los trasatlánticos, el *Arabic* tenía capacidad para 200 pasajeros acomodados en primera clase, el mismo número en segunda y otros 1000 en tercera. Este veterano de las grandes travesías transoceánicas alcanzaba los 16 nudos a toda máquina, una velocidad sensiblemente inferior a la de los gigantes que surcaban los mares.

Ese día de verano, la travesía se estaba desarrollando sin problemas, aunque el barco mantenía un rumbo zigzagueante como medida de protección para evitar el ataque de un submarino. En su viaje hacia los Estados Unidos, el *Arabic* se encontraba a unas 50 millas náuticas al sur de Kinsale cuando su silueta fue avistada a través del periscopio del *U-24*, que patrullaba en aquellas transitadas aguas acechando a posibles víctimas. El comandante del sumergible alemán interpretó las extrañas maniobras del barco como una acción hostil con la que intentaba embestir a su nave, motivo más que suficiente para ordenar un ataque sin previo aviso.

El *U-24* lanzó uno de sus torpedos que impactó de lleno en la popa del trasatlántico y provocó una gran vía de agua que hizo que se hundiera en tan solo diez minutos. La rápida reacción de los miembros de la tripulación, que consiguieron poner a salvo a la mayor parte del pasaje en los botes salvavidas en un tiempo récord, evitó una catástrofe de mayores dimensiones. En esta heroica labor destacó el capitán William Finch, que dirigió la evacuación y decidió permanecer en su barco hasta el último momento. Tras el naufragio, Finch estuvo en el agua 40 minutos. Durante ese tiempo rescató a una mujer y a su hijo pequeño a los que ayudó a subir a un bote salvavidas. Hombre de gran corpulencia, reunió las fuerzas que le quedaban para salvar a otro pasajero y a dos tripulantes antes de subir a una de las barcas que acudió a socorrerle. Por este valeroso comportamiento fue recibido por el rey Jorge V en el palacio de Buckingham para condecorarle con la Orden del Imperio Británico.

El hundimiento del *Arabic* se cobró la vida de 44 personas, 3 de las cuales eran de nacionalidad norteamericana. Como había sucedido con el *Lusitania*, la noticia desató la ira de los aliados. En Estados Unidos, la oficina de prensa del presidente Wilson emitió el 22 de agosto una escueta nota en la que se declaraba que se estaban valorando las medidas a adoptar ante este nuevo ataque contra un indefenso buque de pasajeros. La prensa especuló que ante este regreso a las andadas de los alemanes, los Estados Unidos se mostrarían firmes y romperían relaciones diplomáticas con Berlín. Sin embargo, la verdadera intención de Washington era ganar un poco más de tiempo.

El secretario de Estado, Robert Lansing, convocó a una reunión urgente a Johann Heinrich von Bernstorff, embajador alemán en Washington, para exigirle explicaciones por este nuevo ataque. Ambos mantuvieron un encuentro discreto en el hotel Ritz Carlton de Nueva York en el que ambas partes no se movieron de las posiciones que habían mantenido con ocasión del hundimiento del *Lusitania*. El representante alemán insistió en la ilegalidad del bloqueo británico mientras Lansing le instaba a que Alemania abandonase la guerra total submarina.

Para aliviar la tensión creciente entre las dos naciones, el canciller alemán Theobald von Bethmann-Hollweg y el secretario de Asuntos Exteriores Gottlieb von Jagow decidieron conjuntamente revelar a los norteamericanos las órdenes secretas que en junio habían transmitido a la flota de submarinos para que no torpedeasen buques de pasajeros sin darles la oportunidad de ponerse a salvo. A cambio, solicitaron de los Estados Unidos que velase por el respeto de los puntos recogidos en la declaración de Londres que garantizaban la navegación por mares libres. Los representantes diplomáticos de Washington y Berlín estaban ocupados en esta negociación cuando un nuevo ataque las llevó a un callejón sin salida.

Un músico brillante

Antes de continuar con las consecuencias de los ataques de los submarinos alemanes contra barcos de pasajeros, conviene que nos detengamos en hacer una breve semblanza del verdadero protagonista de esta historia.

La figura del músico y compositor español Enrique Granados no ha resistido el olvido al que a veces castiga injustamente el paso del tiempo. Artista de excepcional talento, su obra musical, de una belleza poética que trasciende más allá de las notas, es desconocida para el gran público, aunque ha influido en varias generaciones de destacados pianistas y compositores. Muy admirado fuera de nuestras fronteras, actuó en los escenarios de los templos consagrados de la música. Su brillante carrera quedó truncada prematuramente en su momento de mayor apogeo por culpa de la sinrazón de la Gran Guerra.

El compositor español Enrique Granados y su esposa fallecieron en el ataque al *Sussex* cuando regresaban de una gira triunfal del pianista por los Estados Unidos (Fuente: Wikimedia Commons).

Hijo de militar y nacido en Lérida en 1867 por razón del destino de su padre, la infancia y los primeros años de la adolescencia de Granados estuvieron condicionados por los continuos traslados de residencia y una delicada salud que le impidió acudir a la escuela con regularidad. Esta última circunstancia le permitió concentrase con verdadera pasión en sus estudios musicales. En aquellos años, fue alumno particular de algunos de los mejores profesores de piano de la época, junto a los cuales pulió un estilo propio que algunos han situado dentro de la corriente de jóvenes compositores que buscaban un renacimiento de la música clásica española.

A los 18 años no le quedó más remedio que ponerse a trabajar como pianista de café para ayudar a la economía familiar. Aunque ganaba un buen sueldo por interpretar un repertorio de sonatas y melodías para deleite de la clientela del local, el joven Granados no estaba satisfecho y sentía que malgastaba su talento en algo que no le gustaba. Su intención era viajar a París para matricularse en su prestigioso conservatorio, pero para conseguirlo necesitaba un dinero que solo podía ganar dando clases particulares de piano o tocando en los cafés.

Granados pudo cumplir su sueño en 1887, pero al llegar a la capital parisina contrajo el tifus. Debido al tiempo que estuvo convaleciente por culpa de la enfermedad, superó la edad límite para matricularse en el conservatorio, nuevo revés que no le impidió completar su formación junto a Bériot, uno de los pianistas franceses más influyentes del panorama musical del momento. A su lado, mejoró su técnica y capacidad de improvisación, además de descubrir su vocación como compositor.

Durante su estancia en París, Granados frecuentó los animados círculos artísticos de la ciudad y entró en contacto con las vanguardias estéticas que marcaron el cambio de siglo. Contagiado por el ambiente lúdico y despreocupado que emanaba de sus calles, el joven músico se dejó llevar por un comportamiento excéntrico que por otra parte tampoco desentonaba en una pugna en la que todo el mundo quería hacer cosas diferentes para destacar entre los demás.

A su regreso a España, Granados publicó a finales del siglo XIX las partituras de sus *Doce danzas españolas,* una de las obras más importantes de su primera etapa. Estas piezas compuestas para piano fueron muy bien acogidas por el público y alabadas por músicos consagrados que con su respaldo contribuyeron a este primer éxito.

Granados debutó en Barcelona con un concierto ofrecido en el Ateneo el 25 de noviembre de 1889. Esta actuación quedó eclipsada por la enorme repercusión de la del 20 de abril de 1890, que tuvo como escenario el Teatro Lírico de la capital catalana, donde el músico estrenó varias de sus composiciones originales, como «Arabesca» o «Serenata Española», obra esta última que a día de hoy permanece desaparecida. Para entusiasmo del público, también interpretó algunas de sus *Danzas españolas* y piezas de compositores como Bizet, Mendelssohn, Chopin y Beethoven. Aquel día el joven Granados cosechó un éxito apoteósico y desde entonces su fama no paró de crecer.

Instalado en Barcelona, en 1892 conoció a Amparo Gal y Lloberas, hija del industrial valenciano Francesc Gal, con la que inició una relación de noviazgo. La pareja contrajo matrimonio el 7 de diciembre de 1892 en la basílica de la Mercè de Barcelona y su primer hijo, Eduardo, nació en julio de 1894. Al primogénito le siguieron Soledad («Solita»), Enrique, Víctor, Francisco y Natalia, con breves intervalos de tiempo entre el nacimiento de cada uno de ellos.

Entre los años 1894 y 1895, Granados pasó una larga temporada en Madrid, donde se preparó para acceder a una plaza de profesor en el conservatorio. Pero al igual que le sucedió cuando años antes llegó a París, en esta ocasión el compositor volvió a caer enfermo y no pudo presentarse a la oposición. Tras este fracaso, y de regreso en Barcelona, durante varios años compaginó la composición de nuevas obras con los conciertos. A lo largo de este fructífero periodo, Granados eligió el auditorio del Palacio de la Música Catalana para estrenar alguna de sus partituras.

Inspirado por el genio y la obra de Goya, el compositor afrontó la que muchos melómanos consideran que es su obra más importante y representativa de su estilo. *Goyescas* se estrenó en 1911 en el palacio de la Música Catalana, donde recibió la ovación del público y el reconocimiento de los críticos musicales. En 1914, Granados visitó París para presentar esta suite para piano en la sala Pleyel. Su interpretación supuso la consagración mundial del compositor, que fue incluso condecorado por el Gobierno francés con la Legión de Honor.

A raíz de este éxito, la Ópera de París le encargó la composición de una obra musical para estrenarla sobre su escenario. Granados se propuso adaptar *Goyescas* y le ofreció escribir el libreto al autor de canciones Fernando Periquet. En busca de la tranquilidad que necesitaba para concentrarse en su trabajo, se trasladó a una casa que el musicólogo Kurt Schindler le ofreció en Suiza, donde dio forma definitiva a su obra. Cuando se habían iniciado los preparativos para su estreno en París, el estallido de la Primera Guerra Mundial forzó la suspensión. El proyecto fue recuperado por el Metropolitan Opera House de Nueva York, que le ofreció a Granados la oportunidad de representarla al otro lado del Atlántico.

El compositor español aceptó la invitación y la ópera *Goyescas* se incluyó en el programa de la temporada de 1915-1916 del Metropolitan. Granados tenía que estar presente en el estreno y afrontó su primer viaje por mar con cierto recelo. Como hemos tenido oportunidad de conocer en páginas anteriores, la guerra había vuelto inseguras las principales rutas marítimas y el recuerdo de lo que les había ocurrido al *Lusitania* y al *Arabic* estaba muy presente en las mentes de todos aquellos que iban a viajar en barco. Finalmente, Granados consiguió superar sus miedos y junto a su esposa partió del puerto de Barcelona a bordo del trasatlántico *Montevideo*.

Después de hacer escala en Cádiz, el 30 de noviembre el trasatlántico se dispuso a cubrir la última etapa de su viaje a Nueva York. Durante la travesía, fue interceptado por el destructor *Cassard* de la Armada Francesa para una inspección rutinaria. El registro y las comprobaciones se desarrollaron sin problemas y el *Montevideo* pudo continuar navegando, pero la presencia del buque de guerra recordó a los pasajeros neutrales que estaban en medio de una guerra y sembró la inquietud entre ellos. Granados, todavía nervioso por lo ocurrido, bromeó a expensas del incidente y comentó a su esposa «¡Si nos vuelven a parar, me apeo!».

El encuentro en alta mar con el destructor francés no fue el único contratiempo de una agitada travesía, nunca mejor dicho. En una carta escrita durante el viaje y dirigida a sus hijos, que finalmente fue remitida tras atracar en Nueva York, el compositor se refirió al retraso en la llegada provocado por un fuerte temporal que a Granados le hizo temer por su vida y la de su esposa, que abrazados creyeron que no volverían a ver a su familia. Al leer el contenido de la misiva, uno no puede evitar sentir un estremecimiento ante lo que parece un aviso del destino.

Partido en dos

A su llegada a Estados Unidos, Enrique Granados se enfrentó a un frenético ritmo de trabajo de preparativos y ensayos que le hizo olvidar pronto el mal trago de la travesía. Finalmente, la ópera *Goyescas* se estrenó en el Metropolitan el 26 de enero de 1916. El éxito fue clamoroso, como lo atestigua la duración histórica de los aplausos con los que el público en pie ovacionó la partitura. Como el compositor español llegaría a manifestar en una de sus cartas, había cumplido el sueño de asistir a su consagración artística.

Impactante imagen que muestra el casco partido del *SS Sussex* después de ser alcanzado por un torpedo lanzado desde un submarino alemán (Fuente: Wikimedia Commons).

Aunque la crítica norteamericana no fue tan benévola con *Goyescas*, la fama de Granados en Estados Unidos no dejó de crecer. En el punto álgido de su popularidad, el presidente Wilson le invitó a él y a su esposa a una audiencia en la Casa Blanca. Esta distinción les obligó a realizar una serie de cambios en el viaje de vuelta. El matrimonio tenía pasajes de regreso para el día 8 de marzo en el barco de bandera española *Antonio López*, que cubría la línea Nueva York-Barcelona, pero para poder asistir a la recepción del presidente norteamericano tuvieron que posponer su partida para tres días más tarde. Este retraso provocó una serie de inconvenientes que iban a trastocar sus planes de una travesía directa de vuelta a España. El viaje transatlántico lo realizarían a bordo del barco holandés *SS Rotterdam* que los llevaría hasta el puerto de Falmouth, en Cornualles. Desde allí tendrían que viajar hasta Folkestone, donde se embarcarían en el *SS Sussex* para cruzar el canal de la Mancha hasta Dieppe en Francia, ciudad en la que cogerían un tren con destino a Barcelona, etapa final de un amplio rodeo.

La recepción en la Casa Blanca tuvo lugar el 7 de marzo, velada que estuvo amenizada por un concierto al piano ofrecido por Granados. Al día siguiente, el embajador español Juan Riaño y Gayangos, ofreció un almuerzo en honor del compositor. Durante la comida, el diplomático advirtió al homenajeado sobre el peligro de la travesía con los submarinos alemanes actuando libremente por el Atlántico. Aquel comentario, que puede ser interpretado como el segundo aviso de un destino fatal que perseguía al músico, preocupó a Granados, que manifestó su deseo de estar en casa cuanto antes.

El compositor español y su esposa embarcaron en el puerto de Nueva York el 11 de marzo de 1916. Al muelle acudieron muchos de los nuevos amigos que había hecho en Estados Unidos, en una emotiva despedida que ya nunca olvidarían. A pesar de los temores de Granados, el viaje transcurrió sin problemas y el matrimonio llegó a Falmouth el 19 de marzo. Desde allí se trasladaron a Londres, donde pasaron algunos días saludando a viejos amigos y haciendo turismo. Durante su breve estancia en la capital británica, el escultor Ismael Smith realizó una máscara de arcilla del rostro del músico, obra que se conserva en la actualidad en el Museo Nacional de Arte de Cataluña. Granados también tuvo tiempo para reunirse con algunos empresarios británicos, a los que ofreció sin éxito la representación en Londres de *Goyescas*.

El 24 de marzo, el matrimonio abandonó Londres con destino al puerto de Folkestone y embarcó en el vapor *SS Sussex* para cruzar el canal de la Mancha. El barco era un transbordador de pasajeros construido en 1896 por los astilleros William Denny and Brothers de Dumbarton, Escocia, para la compañía London, Brighton and South Coast Railway. Comparado con los grandes buques que hacían la ruta del Atlántico, el Sussex era un barco relativamente pequeño con su eslora de 83 metros y una manga de 10. En un principio, había cubierto la ruta entre Newhaven y Dieppe, haciendo su viaje inicial el 31 de julio de 1896. En 1914 fue vendido a la Compagnie des Chemins de Fer de la État Français, los ferrocarriles estatales franceses, para formar parte de su flota marítima que enlazaba a través del canal con las rutas en tren.

Durante la guerra, Newhaven se convirtió en el puerto de salida de las tropas británicas expedicionarias que eran enviadas a combatir al continente. Para no obstaculizar este tráfico, los barcos que cubrían la ruta del canal de la Mancha desde Gran Bretaña empezaron a zarpar desde Folkestone, de donde partió el *Sussex* a las 13:15 de la tarde del 24 de marzo de 1916 con Enrique Granados y su esposa a bordo. El compositor se sentía cada vez más cerca de casa y estaba deseando llegar cuanto antes para compartir junto a los suyos las experiencias vividas en ese intenso viaje.

Aproximadamente una hora después, sobre las 14:30, el *Sussex* fue detectado por el submarino alemán *UB-29*, al mando del teniente de navío Erich Platsch. Según declaraciones del comandante del sumergible, confundió al ferry con un minador y después de varios minutos de persecución ordenó lanzar contra él un torpedo que impactó justo en el centro del casco de su desdichada víctima. La explosión partió al barco literalmente en dos. La proa se hundió rápidamente en las frías aguas del canal de la Mancha mientras la popa se mantenía milagrosamente a flote. En medio del caos, la tripulación arrió los botes salvavidas en un intento desesperado por evacuar a los pasajeros y rescatar a los que habían caído al agua.

La explosión del torpedo afectó a la zona de camarotes donde se encontraba el de Granados y su esposa, pero según afirmaron algunos de los testigos, el matrimonio se encontraba en ese momento en otra parte del barco. Siguiendo con el relato de los hechos proporcionado por los supervivientes de la tragedia, el compositor, que no sabía nadar, se debatía entre las olas cuando fue rescatado por los ocupantes de uno de los botes. Una vez a salvo, llamó desesperadamente a su esposa, a la que había perdido de vista. Sus ojos desorbitados la descubrieron todavía viva, mientras chapoteaba angustiada entre los restos flotantes del navío. El músico español no se lo pensó dos veces y en un acto de inútil heroísmo se arrojó de nuevo al agua para intentar salvarla. Los últimos que los vieron con vida contemplaron horrorizados cómo desaparecían engullidos por las olas. Los cuerpos de Enrique Granados y su esposa Amparo nunca fueron recuperados. El canal de la Mancha se convirtió en su tumba.

El ataque contra el *Sussex* se cobró la vida de ochenta personas, entre los más de trescientos pasajeros y cincuenta tripulantes que viajaban a bordo. A pesar de los catastróficos daños en la estructura del barco, la popa quedó flotando a la deriva y fue remolcada posteriormente hasta el puerto de Boulogne. Aunque en el torpedeamiento no murió ningún norteamericano, sí que hubo varios heridos de esa nacionalidad. Como había ocurrido con otros precedentes, el Gobierno de Washington exigió explicaciones a los alemanes, que obligados por las circunstancias emitieron la que fue conocida como *Sussex Pledge* («la promesa del Sussex»), por la que se comprometían, una vez más, a limitar la guerra submarina total y a no atacar a buques de pasajeros.

La desaparición de Enrique Granados, con tan solo 48 años de edad, causó una auténtica conmoción en el mundo artístico. La noticia fue difundida por la prensa norteamericana el 27 de marzo y el poeta Juan Ramón Jiménez, que en aquellos días residía en Nueva York, impactado por lo ocurrido, dedicó a la memoria del compositor y de su esposa Amparo el poema «Humo y oro» de su obra *Diario de un poeta recién casado*. En Estados Unidos se organizaron varios homenajes en su memoria. El más importante fue el que se celebró sobre el escenario del Metropolitan, en el que el violonchelista Pau Casals consiguió reunir a varios prestigiosos artistas para ofrecer un concierto en honor del compositor español. El broche final fue la sobrecogedora interpretación con la que el pianista polaco Ignacy Jan Paderewski puso la piel de gallina a todos los asistentes. Mientras sonaban las notas de la *Marcha fúnebre* de Chopin, se apagaron todas las luces del teatro salvo las velas de un candelabro que permanecieron encendidas junto al piano.

Capítulo VI
El lado humano de una guerra desalmada

«Un muerto es una tragedia personal. Un millón de muertos es una estadística».

La segunda parte de esta impactante frase, que algunos historiadores anglosajones atribuyen a Stalin, puede aplicarse al trauma social y político que para muchos países supuso la Primera Guerra Mundial. Desde la perspectiva que ofrece el paso del tiempo, corremos el riesgo de que los millones de muertos, heridos, mutilados, desaparecidos y desplazados que la contienda ocasionó aparezcan ante nuestros ojos, y en las páginas de los libros de historia, como meras cifras de una estadística.

En las sociedades occidentales del siglo XXI, estamos acostumbrados a trivializar la violencia. Los informativos de televisión, las películas y las redes sociales nos ofrecen cada día una abundante ración de muertes que consumimos sin movernos del sillón. Las imágenes de los conflictos armados que sacuden el planeta se han convertido en algo cotidiano que ya apenas llama nuestra atención para indignarnos ante la barbarie de la que hacen gala algunos de nuestros semejantes. La guerra extrae lo mejor y lo peor de la naturaleza humana, pero se mantiene una influyente corriente de opinión que tiende a ensalzar los supuestos valores morales de los conflictos armados, sobre todo por parte de algunos que nunca han pisado un campo de batalla. Al frivolizar con la épica o la valentía se oculta el verdadero rostro, descarnado y cruel, de la batalla.

La Primera Guerra Mundial causó millones de víctimas. Pero como reza la primera parte del enunciado de la frase con la que he querido encabezar la presentación de este capítulo, los fríos números esconden la verdadera tragedia, personal y emocional, que afectó a las víctimas y sus familias. Si nos acercamos a las historias que vivieron algunos de ellos puede qué lleguemos a empatizar con el verdadero alcance de la hecatombe que empezó en julio de 1914.

1. La tregua de Navidad. Noche de Paz

Cansados de la guerra

La carnicería de la Gran Guerra se tomó un respiro a mediados de noviembre de 1914. A la conclusión de la Primera Batalla de Ypres, el final de la contienda no parecía tan próximo como habían pronosticado ufanos muchos estrategas de los dos bandos. Los soldados refugiados en las trincheras no se habían acostumbrado a la presencia constante del rostro de la muerte echándoles su fétido aliento en la nuca y vivían inmersos en un horror en el que no había lugar para un resquicio de esperanza que les hiciera mantener la fe en que su sufrimiento iba a acabar pronto. Sucios y sin afeitar, sumidos en funestos pensamientos y con la mirada perdida, los corazones de aquellos hombres se encogían cada vez que pensaban en sus familias. Con la proximidad de las fiestas navideñas, el pesimismo y la desmoralización se extendieron como una plaga.

En la Nochebuena de 1914, el Frente Occidental se mantenía tranquilo, demasiado para lo que era habitual. Los soldados de ambos bandos, con los nervios destrozados después de soportar durante meses la crudeza de una guerra que parecía que no iba a terminar nunca, se mantenían en una tensa alerta escudriñando cualquier movimiento del enemigo.

En las horas previas a la medianoche, los centinelas británicos observaron inquietos lo que en un principio creyeron que se trataba de una extraña visión causada por el cansancio acumulado que engañaba a sus ojos. En las trincheras alemanas descubrieron cientos, miles de lucecitas tenues que titilaban en medio de un paisaje de pesadilla. Sin comprender qué estaba pasando y temiendo lo peor, los soldados británicos se aferraron a sus fusiles mientras los alemanes se entregaban a una frenética actividad que parecía mantenerles muy ocupados. Por la experiencia implacable de la guerra, aquel trasiego solo podía interpretarse como los preparativos previos a un nuevo ataque con el que los alemanes querían despedir el año.

En esos momentos, a nadie se le ocurrió que pudiera tratarse de algo muy diferente y algunos maldijeron a los *boches*, palabra que en francés significa «asno» y que se usaba despectivamente para referirse a los alemanes, por haber escogido una fecha tan especial para lanzar una ofensiva, actitud que evidenciaba su falta de sentimientos a la que tantas veces hacían referencia la propaganda de las naciones de la Triple Entente. Precisamente por eso, no se acabaron de creer el rumor que los observadores extendieron por las trincheras británicas que afirmaba que las luces que habían distinguido al otro lado de las alambradas adornaban árboles de Navidad improvisados con cualquier desecho de la batalla.

Soldados alemanes y británicos posan juntos en la tierra de nadie durante la conocida como Tregua de Navidad de 1914 (Fuente: Wikimedia Commons).

Mientras los soldados británicos comentaban la noticia entre ellos y los más osados se atrevían a asomar la cabeza por encima de los parapetos para contemplar con sus propios ojos aquello que comentaban sus compañeros, se empezó a escuchar una melodía interpretada por un coro de voces roncas que en un principio no consiguieron identificar pero que poco a poco fue incrementando su intensidad hasta hacerse claramente audible. No había duda. A unas decenas de metros de sus posiciones, oyeron las notas inconfundibles del villancico austríaco *Stille Nacht, Heilige Nacht* («Noche de paz, noche de amor»), canción universal con la que las tropas alemanas estaban celebrando la Nochebuena.

En las trincheras británicas se hizo un silencio respetuoso mientras se escuchaba cantar al enemigo. Casi sin darse cuenta, algunos soldados ingleses comenzaron a mover los labios para unirse al coro. Las lágrimas no tardaron en aflorar en los ojos de aquellos hombres que creían haber perdido el alma. Fue un llanto silencioso, masculino, que resbaló por sus mejillas ennegrecidas abriendo surcos salados que de pronto los reconciliaron con sus semejantes del otro bando.

Los villancicos se sucedieron en un intercambio de canciones que duró varios minutos, mientras se alentaba desde ambas líneas del frente a los del otro lado para que salieran de las trincheras y encontrarse juntos en tierra de nadie. Nadie parecía decidido a dar ese paso hasta que un soldado alemán se irguió por encima del parapeto y los sacos terreros que lo protegían sin dejar de cantar «Noche de paz». Aquel valiente ofrecía un blanco fácil a sus enemigos, pero no se oyó ningún disparo. Animados por aquel gesto, otros soldados abandonaron sus respectivas trincheras sin que los oficiales pudieran evitarlo.

Sir Edward Hulse, en aquel entonces un joven teniente de 25 años que sirvió en los Guardias Escoceses, escribió en su diario de guerra que uno de sus hombres de la patrulla de reconocimiento se dio de bruces con un destacamento alemán. En vez de saludarse a tiros, los *hunos* le ofrecieron un vaso de licor, unos cuantos cigarrillos y le dieron un mensaje para sus compañeros: «Si no les disparábamos, ellos no nos dispararán a nosotros».

Cigarrillos, *souvenirs*, fotos y fútbol

En medio de las sombras de la noche, la tierra de nadie que separaba las líneas del frente en aquel sector desolado se llenó de soldados británicos y alemanes que con las manos en los bolsillos y desarmados se acercaban con cierto recelo. Era muy extraño. Parecía como si la guerra hubiera terminado de pronto y allí donde hacía pocos minutos se extendía el odio y el miedo reinara una camaradería entre hermanos. Las ametralladoras, los fusiles, las granadas, quedaron abandonadas por haber perdido su letal utilidad, obsoletas por una paz recuperada cuando nadie la esperaba.

Los más adelantados perdieron su timidez y alargaron su mano para estrechar la del hombre que tenían en frente. Las muestras de cordialidad entre los soldados de ambos bandos se propagaron con una rapidez inusitada que sorprendió a los mandos militares, que no sabían cómo atajar una situación que algunos calificaron como un conato de motín. Cada vez se sumaban más tropas a la tregua y para evitar una desbandada generalizada que pudiera poner en peligro la estabilidad del frente, los oficiales menos comprensivos ordenaron a sus hombres que disparasen al aire como advertencia para disuadir a todos aquellos que se atrevieran a desafiar su autoridad. Pero a esas alturas ya nadie podía parar un movimiento espontáneo al que también se sumaron muchos oficiales.

En medio de un ambiente de confraternización contagiosa, unos y otros, *boches* y *tommies*, nombre este último por el que se conocía a los soldados británicos desde mediados del siglo XIX, intentaron hacerse entender mediante gestos o chapurreando algunas palabras que habían aprendido del otro idioma. Antes de volver a sus trincheras para pasar una noche tranquila después de mucho tiempo, no se despidieron sin acordar antes una tregua para el día siguiente al margen de lo que pudieran opinar los estrategas de los estados mayores.

Con las primeras luces del 25 de diciembre, el campo de batalla en los alrededores de la ciudad de Ypres amaneció en calma. Ambos bandos respetaron el alto el fuego informal acordado la noche anterior y los soldados abandonaron de nuevo sus trincheras para ir al encuentro de los que tenían en frente y felicitarse mutuamente la Navidad. Con las botas hundidas en el barro de la tierra de nadie, fumaron cigarrillos de los que contenían las cajas de latón con las que la princesa

María, hija del rey Jorge V, había obsequiado a los soldados británicos por Navidad, intercambiaron comida y echaron un trago de las petacas de licor que circulaban de mano en mano. Incluso se hicieron visitas turísticas a las trincheras del adversario. También se tomaron algunas fotos para las que posaron juntos y sonrientes. En las imágenes, sus rostros demacrados y envejecidos prematuramente mostraban una alegría exultante y un tanto infantil.

Mientras se olvidaban de la guerra, alguien empezó a dar patadas despreocupadamente a una lata herrumbrosa de las muchas que había tiradas por el campo de batalla. Atraídos por el juego, los soldados empezaron a pasarse el bote entre ellos y durante unos minutos el sonido estremecedor de los disparos y las explosiones fue sustituido por los gritos de ánimo y las risas nerviosas de unos hombres que, marcados por el odio, volvieron por unos minutos a su infancia. En un momento concreto apareció un balón de fútbol de verdad y se organizó un disputado partido entre ingleses y alemanes que según algunas crónicas se decantó del lado germano por un resultado final de tres goles a dos. En las disputas por el cuero, los soldados, hartos de tanta violencia, hicieron gala de una deportividad ejemplar que nada tenía que ver con las reglas de la guerra.

Como no podía ser de otra forma en Navidad, los soldados de ambos bandos se hicieron regalos de buena voluntad. Botones, gorras, insignias, incluso cascos, fueron entregados a modo de *souvenir* que los supervivientes de la contienda conservaron para siempre. Las miradas atónitas de los oficiales, que no acababan de creer lo que estaban contemplando, no tardaron en convertirse en cómplices cuando compartieron junto a sus hombres y los soldados enemigos unos momentos de camaradería que ofrecieron la ilusión fugaz de un espejismo de felicidad.

Durante la tregua, se acordó dar sepultura digna a los cuerpos de los muertos que yacían sin enterrar en la tierra de nadie, pudriéndose al aire libre. Rodeados de un respetuoso silencio, los capellanes militares oficiaron servicios religiosos por las almas de los caídos a los que asistieron soldados de uno y otro bando para rendirles honores sin establecer distinciones.

También se aprovechó para acarrear leña y estirar las piernas sin peligro de morir de una forma absurda.

En los sectores franceses, la situación fue muy diferente. Las solicitudes de tregua y los intentos de acercamiento por parte de los alemanes fueron rechazados sin contemplaciones, en algunos casos incluso a tiros. Los soldados no pudieron abandonar las trincheras, aunque el día de Navidad permaneció tranquilo. En un clima de calma tensa, se cantaron algunos villancicos acompañados por la música de bandas improvisadas, canciones que fueron aplaudidas desde uno y otro lado.

A lo largo de la extensa línea del frente, algunas posiciones estaban ocupadas por las aguerridas tropas de la Legión Extranjera francesa. Allí también se celebraron funerales conjuntos y los soldados intercambiaron con el enemigo tabaco y chocolate. Pero al contrario de lo que ocurrió en otros sectores, nadie bajó la guardia y los francotiradores se cobraron algunas víctimas entre los más confiados. Para los legionarios desplegados en Alsacia tampoco hubo tregua. Durante el día de Navidad recibieron órdenes expresas de seguir combatiendo y al mando del teniente coronel Giuseppe Garibaldi, nieto del líder de la Unificación de Italia, lanzaron un ataque contra las posiciones alemanas que se cobró varios cientos de víctimas.

Regreso a la atroz realidad

A pesar de los buenos sentimientos y las manifestaciones de compañerismo entre soldados enemigos, todos eran conscientes de que aquello no podía durar mucho. Después de varias horas deambulando por la tierra de nadie, los soldados fueron regresando, resignados y abatidos, a sus respectivas trincheras para volver a empuñar las armas que hasta entonces habían sido olvidadas. Poco después sonaron algunos disparos y todo volvió a ser como antes. El alto el fuego había terminado de una forma parecida a la de su inicio, sin que nadie lo ordenase. Fue como si de pronto hubieran despertado de un sueño para regresar a una atroz realidad de la que no podían escapar.

La tregua tuvo una duración irregular. En algunos sectores apenas se mantuvo durante la Nochebuena mientras que en otros se extendió varios días, incluso hasta bien entrado febrero. Las noticias sobre este alto el fuego no autorizado llegaron hasta las cúpulas militares de ambos bandos, que reaccionaron con severidad ante una situación que no podían consentir.

Monumento conmemorativo de la Tregua de Navidad en
la localidad belga de Messines (Fuente: shutterstock).

Cuando fue informado de la confraternización con el enemigo, el general sir John French, jefe de la Fuerza Expedicionaria Británica en el continente, dio órdenes inmediatas para evitar por todos los medios que no se volvieran a repetir ese tipo de comportamientos y pidió a los comandantes de las diferentes unidades implicadas que le transmitiesen informes detallados sobre lo que realmente había sucedido para adoptar medidas disciplinarias. Con buen criterio, algunos de ellos, sobre todo los que no veían la guerra desde los despachos, nunca se dieron por aludidos. El general Sir Horace Smith-Dorrien, uno de los pocos altos mandos británicos competentes, hizo todo lo posible para evitar nuevas treguas.

French y Smith-Dorrien no fueron los únicos mandos británicos que se pronunciaron en ese sentido. El Estado Mayor de la 7ª División, núcleo del III Cuerpo de Ejército llegado al frente para relevar a las unidades prácticamente aniquiladas del Ejército regular, ordenó expresamente «el cese de una actividad tan poco belicosa», instrucción que no dejaba lugar a dudas.

En lo que quedaba de guerra nunca más volvió a producirse una situación parecida a la que acabó siendo conocida como la Tregua de Navidad de 1914. A lo largo de la contienda hubo otros encuentros amigables entre soldados enemigos, pero no alcanzaron la duración ni las dimensiones del alto fuego de esos días, último recuerdo agradable de sus vidas para muchos de ellos. Para impedir que cada vez que llegasen las fechas navideñas las tropas pudieran repetir comportamientos pacíficos, los estrategas planificaron bombardeos masivos de artillería y nuevas ofensivas que debían ponerse en marcha en las horas previas a la Nochebuena. Los cadáveres volvieron a quedar sin enterrar en tierra de nadie.

Los mandos militares no podían dar marcha atrás a una tregua que muchos consideraban que había mancillado la valentía que se presupone a los soldados. En los cuarteles generales no se quería hablar sobre el tema y a pesar de las portadas de algunos periódicos se echó tierra sobre el episodio para evitar que fuera recordado. Esta campaña de silencio cumplió su objetivo y hubo que esperar hasta el último cuarto del siglo xx para que libros, documentales y películas lo recuperasen del olvido.

2. Los senderos de gloria de la Brigada 119

Un proyecto políticamente incorrecto

En 1957, el director norteamericano Stanley Kubrick, sorprendió al público y a la crítica con el estreno de *Senderos de gloria*, una película antibelicista ambientada en la Primera Guerra Mundial con la que quiso mostrar el lado más amargo y oscuro de la contienda. El guion de la cinta se basó en la novela *Paths of Glory*, obra del escritor Humphrey Cobb, un veterano de la Gran Guerra que después de trabajar en Hollywood acabó como redactor de anuncios en una agencia de publicidad. El proyecto no encajaba demasiado con el cine comercial por el que apostaban los grandes estudios y estuvo dando tumbos hasta que el actor Kirk Douglas mostró su interés por él e hizo valer su influencia para conseguir la financiación necesaria para sacar adelante su producción bajo el paraguas de los estudios United Artists.

Ante la imposibilidad de rodar en Francia, el equipo de la película tuvo que trasladarse a Baviera en Alemania para la localización de exteriores y aprovechó la infraestructura de los Bavaria Filmkurst Studios, situados cerca de Múnich, para las escenas con decorados. En contra de lo que en él fue habitual a lo largo de su carrera, Kubrick quería un final feliz para que la cinta fuera más comercial, pero finalmente se impuso la opinión del guionista Calder Willingham y de Kirk Douglas, que deseaban uno mucho más pesimista acorde con el de la novela.

El lanzamiento de la película, considerada en la actualidad como uno de los grandes hitos de la carrera de Kubrick, generó una agria polémica. En Estados Unidos pudo proyectarse sin ningún tipo de controversia, pero los problemas surgieron cuando se estrenó en Europa. En Francia no llegó a estar prohibida, pero ningún distribuidor se atrevió a presentar ante la censura un alegato antimilitarista que no dejaba precisamente en buen lugar a la jerarquía militar del país, en aquellos momentos involucrada en la guerra sucia que se libraba en Argelia. Las autoridades de París desplegaron una campaña de presiones diplomáticas para que no fuera exhibida en otros países, especialmente en las zonas francófonas de Bélgica y Suiza, así como en los cines del sector francés de Berlín.

La proyección en 1958 de *Senderos de Gloria* en Bruselas desembocó en un problema de orden público cuando las asociaciones de excombatientes franceses y belgas protestaron violentamente por la imagen negativa que ofrecía sobre el ejército. Finalmente, el Consulado francés consiguió que el filme fuera retirado de las carteleras. Para evitar en la medida de lo posible nuevas polémicas, los estudios United Artists decidieron incluir en su metraje una nota exculpatoria de los militares franceses y los compases patrióticos del himno de *La Marsellesa* al principio y al final.

Al margen de sus resultados en taquilla, bastante discretos, y las críticas entusiastas, que la elevaron hasta el Olimpo de las obras maestras del séptimo arte aunque no llegase a ganar ningún Oscar de la Academia de Hollywood, *Senderos de gloria* fue considerada como una película políticamente incorrecta que a punto estuvo de convertirse en maldita, por más que el propio Kubrick insistiera en sus declaraciones que nunca había sido su intención generar polémica.

Los intentos por calmar los ánimos de los más exaltados resultaron inútiles y este intenso drama bélico siguió cosechando prohibiciones y advertencias de censura. En Alemania, fue retirada de la Sección Oficial del Festival de Berlín, donde estaba programada su exhibición. En Suiza no se estrenó hasta 1970. Los mandos militares norteamericanos prohibieron expresamente su proyección en sus bases en Europa. Después de casi dos décadas de polémicas, los espectadores franceses pudieron acudir a las salas para contemplar *Senderos de gloria* sin ningún tipo de restricciones. En España hubo que esperar hasta 1986, donde se presentó en el marco de retrospectivas dedicadas al genial director norteamericano.

Resulta complicado hablar de esta película sin desvelar el argumento para aquellos que no la hayan visto. Mucho antes de embarcarse en su rodaje, Kubrick había leído la novela de Humphrey Cobb en un volumen que cogió de la biblioteca que había en el despacho de su padre. Desde entonces, quedó fascinado por la historia narrada en sus páginas. A la hora de escribir su obra, el autor se había inspirado en un hecho real que desvelaba el cruel desprecio insensible que mostró un general francés hacia los hombres bajo su mando en un episodio concreto de la Gran Guerra.

Elegidos al azar

Al comienzo de la Primera Guerra Mundial, el general de brigada francés Géraud Réveilhac estaba a punto de retirarse después de una larga carrera que había iniciado en 1870 cuando se graduó como subteniente en la Academia Militar de Saint-Cyr. Hijo de tenderos y hombre hecho a sí mismo que tuvo que lidiar contra muchos de los prejuicios sociales de sus compañeros de armas, esperaba disfrutar de su pase a la reserva cuando la contienda le obligó a volver al servicio activo. Réveilhac asumió el mando de la Brigada 119 de la 60ª División de Infantería y tras la batalla del Marne, sustituyó al general Maurice Joppé como comandante interino de la división.

En marzo de 1915, las tropas francesas que cubrían el sector en torno a la región de Champagne llevaban combatiendo sin descanso durante dos meses. Habían contenido a los alemanes a duras penas y los contraataques no habían conseguido recuperar el terreno perdido. Los soldados estaban agotados y la moral estaba a punto de derrumbarse. Después de lanzar dos asaltos contra la línea germana que tampoco obtuvieron ningún resultado, el general Réveilhac ordenó a la 21 Compañía del 336º Regimiento de Infantería, encuadrada en la Brigada 119, que marchase al frente de un nuevo ataque para recuperar las posiciones capturadas por los alemanes al norte de la aldea de Souain-Perthes-lès-Hurlus. Las trincheras enemigas estaban defendidas por una tupida línea de alambre de espino y erizadas de ametralladoras que cubrían la tierra de nadie sembrada de cadáveres sin enterrar.

Según el plan de Réveilhac, el asalto debía comenzar a las cinco de la mañana del 10 de marzo y debía estar precedido por una preparación artillera que aplastaría la resistencia alemana. Los cañones franceses abrieron fuego como estaba previsto, pero por un error al facilitar las coordenadas muchos de los proyectiles fueron a caer sobre sus propias líneas. El resto de bombas revolvieron el barro y los cadáveres insepultos de la tierra de nadie hasta convertir en impracticable el terreno por el que debían avanzar los soldados franceses. Refugiados en sus parapetos, los servidores de las ametralladoras alemanas se prepararon para dar la bienvenida al enemigo.

Cualquier observador imparcial hubiera desaconsejado el ataque, pero al cumplirse la hora los oficiales franceses hicieron sonar sus silbatos para que la infantería saliera de las trincheras y se lanzase a un asalto a bayoneta calada. La primera oleada de soldados se abrió paso como pudo entre los cráteres abiertos por las explosiones hasta ponerse a tiro de los alemanes, que tan solo tuvieron que apretar el gatillo para segar la vida de las siluetas que avanzaban recortándose contra el horizonte. Al observar la eficacia del exterminio, los soldados restantes de la 119ª Brigada se negaron a abandonar la relativa seguridad de sus trincheras.

Cuando los enlaces comunicaron la situación a Réveilhac, el general perdió los papeles y ordenó iracundo a los cañones de la división que bombardeasen a sus propias tropas para obligarlas a salir de las trincheras. El coronel Raoul Bérubé, que estaba al mando de la artillería, se negó a obedecer sin una orden escrita que Réveilhac nunca le entregó. Con el argumento despiadado de que no se había superado un número de bajas «aceptable», el general exigió que se reanudase un ataque suicida que finalmente no se repitió.

Tras el fracaso de la ofensiva, el orgulloso general Réveilhac, que nunca había fallado a sus superiores, lo atribuyó a la cobardía de unas tropas que no habían estado a la altura de las circunstancias. Ante lo que consideraba que era un comportamiento impropio de unos soldados de Francia, Réveilhac se propuso aplicar un escarmiento que, según su particular concepción del ejercicio del mando, debía ser ejemplar. En consecuencia el capitán Equilbey, oficial al frente de la 21 compañía, recibió el 15 de marzo la orden de apuntar en una lista los nombres de seis cabos y dieciocho soldados, elegidos al azar en un sorteo entre los más jóvenes de la unidad, dos por escuadra, para ser juzgados en un consejo de guerra.

Juicio vergonzoso

De acuerdo con el Código de Regulaciones Militares francés del 6 de septiembre de 1914, «siendo la disciplina la fuerza principal de los ejércitos, es importante que un superior reciba de sus subordinados obediencia y sumisión absoluta en todo momento». El general Réveilhac se aferró a este principio para acusar de desobediencia a los desdichados veinticuatro hombres que habían tenido la mala suerte de ser escogidos. El consejo de guerra se constituyó el 16 de marzo de 1915 y el tribunal, formado por oficiales de la 60ª División, estaba compuesto por tres jueces.

Fotograma de la película *Senderos de gloria*, dirigida en 1957 por Stanley Kubrick. Su trama, basada en la novela homónima del escritor Humphrey Cobb, está inspirada en el consejo de guerra en el que fueron condenados arbitrariamente algunos soldados de la Brigada 119 del Ejército francés (Fuente: Wikimedia Commons).

La vista del juicio se celebró inmediatamente, como era normal en estas cortes marciales, y en el transcurso de la misma Réveilhac abrió el turno de intervenciones para poner de manifiesto «la negativa de sus tropas a salir de las trincheras». Ante las palabras del general, el cabo Théophile Maupas, uno de los acusados, declaró en su defensa que «Cualquiera que se hubiera atrevido a hacerlo se enfrentaba a la opción de ser despedazado por las granadas de nuestro lado o por el fuego de las ametralladoras alemanas». El desesperado testimonio de

Maupas, un soldado con una impecable hoja de servicios en la que quedaba sobradamente probada su valentía en el campo de batalla, no conmovió al tribunal, que tampoco lo tuvo en cuenta.

El proceso se resolvió en un solo día y sin respetar ningún tipo de garantía judicial para los procesados. Tras escuchar a las partes, la deliberación de los jueces fue muy rápida y la sentencia, tomada de antemano y emitida ese mismo día, dictaminó la pena prevista para estos casos. Todos los acusados fueron condenados a muerte por desobedecer la orden suicida de su superior. El veredicto final absolvió a dieciocho soldados, al argumentar que habían sido elegidos arbitrariamente, y a los cabos Gosselin y Lorin, al considerar que no habían podido escuchar la orden de abandonar las trincheras para lanzarse al asalto.

El fallo del tribunal, ante el que no cabía recurso, se confirmó en los casos de los cabos Theophile Maupas, Louis Victor François Girard, Lucien Auguste Pierre Raphaël Lechat y Louis Albert Lefoulon. Los cuatro eran hombres jóvenes a los que la guerra les había arrebatado su vida civil con trabajo y familias. El mayor de los cuatro era Maupas, maestro de escuela y secretario del ayuntamiento de la pequeña localidad de Chefresne en Normandía, que con 40 años estaba casado y tenía dos hijos.

No era la primera vez en la Gran Guerra que tribunales militares excepcionales imponían a soldados la pena capital por cobardía. La mayoría de los países beligerantes la contemplaban en sus códigos de justicia militar y no dudaron en aplicarla contra sus propias tropas. Lo que convierte en excepcional al «caso de los cabos de Souain», nombre por el que fue conocido todo este asunto, es el proceso que condenó a unos soldados seleccionados aleatoriamente, tema sobre el que se centra el argumento de la película de Kubrick.

A la hora de encontrar un precedente a esta brutal forma de imponer disciplina tenemos que remontarnos a la época del Imperio romano, cuando se ejecutaba a uno de cada diez legionarios cuando en la batalla se flaqueaba ante el enemigo. De esta forma se mantenía la cohesión del grupo porque si fallaba uno, respondían todos. Aunque los sucesos en los que se vio implicada la 119ª Brigada puede considerarse un hecho aislado, lo cierto es que en lo que se llevaba de guerra ya existía un precedente en el Ejército francés. El 15 de diciembre de 1914, la 10ª Compañía del 8º Batallón del Regimiento Mixto de Tiradores Argelinos fue diezmada por haber desobedecido una orden de atacar en los alrededores de la localidad belga de Zillebeke.

La sentencia contra los cuatro cabos de Souain se ejecutó de manera inmediata. A primera hora de la tarde del 17 de marzo de 1915 fueron fusilados por un pelotón compuesto por sus propios camaradas en presencia del 336º Regimiento de Infantería formado al completo. Se suponía que su sacrificio tenía que servir de escarmiento a los demás. Dos horas después de su ajusticiamiento, el Alto Mando francés conmutó sus condenas a muerte por otras de trabajos forzados.

Honor rehabilitado

En abril de 1915 Blanche Maupas, viuda de Théophile Maupas, se puso en contacto con la Ligue des droits de l'Homme («Liga de los Derechos del Hombre»), asociación fundada en 1898 para defender y promover la defensa de los derechos humanos dentro del ámbito de la República Francesa, solicitando su ayuda para denunciar la ejecución arbitraria de su marido. Fue el inicio de una dura lucha por anular las condenas y rehabilitar el nombre y el honor del cabo Maupas y sus tres compañeros. A lo largo de casi dos décadas, la viuda y los miembros de la asociación no se desanimaron ante la actitud mantenida por las autoridades francesas.

El 11 de abril de 1920, el Ministerio de Justicia se negó a revisar el caso. En el mismo sentido, el 26 de marzo de 1922 y el 21 de abril de 1926, los informes presentados con nuevas evidencias sobre al «caso a los cabos de Souain» fueron rechazados por el Tribunal de Casación. Como medida de fuerza en la lucha que mantenía por restaurar el honor de su esposo, Blanche fundó el Comité Maupas, que en 1928 adquirió carácter nacional al apoyar otros casos de acusados injustamente.

Inspirada por su valeroso ejemplo Eulalie Lechat, hermana del cabo Lechat, siguió los mismos pasos que la mujer de Maupas y con la ayuda de la Liga de los Derechos del Hombre creó en 1923 un comité para rehabilitar el honor de su hermano. Su primer logro llegó cuando consiguió que los restos mortales de Lechat recibieran sepultura el 26 de octubre de 1924 en el cementerio de Le Ferré, su localidad natal en Bretaña. Estas dos mujeres, inmunes ante el desaliento, lograron que la opinión pública se interesase por sus casos al ofrecer conferencias por toda Francia y convocar a la prensa, que dedicó páginas a su causa. También obtuvieron el respeto y el apoyo de varias asociaciones de veteranos de guerra. Incluso encabezaron las concentraciones de protesta organizadas frente a la Cámara de Diputados en las que pidieron el perdón póstumo para los cabos de Souain.

El despiadado general Géraud Réveilhac (a la derecha de la fotografía) condecora a un soldado francés (Fuente: Wikimedia Commons).

Finalmente, la lucha de estas dos mujeres obtuvo recompensa. Tras casi diecinueve años desde el fusilamiento injusto de sus familiares, el 3 de marzo de 1934 un juez de la Cour Spéciale de Justice («Corte Especial de Justicia») absolvió a los cuatro cabos del delito militar por el que habían sido condenados. En el escrito en el que motivaba su decisión, el magistrado afirmaba expresamente que la orden del general Réveilhac era de imposible cumplimiento y que el sacrificio exigido a sus hombres excedía «los límites de la fortaleza humana». De todo ello surgían dudas razonables sobre la existencia de una verdadera voluntad de desobedecer, delito del código militar por el que fueron condenados, por lo que no se les podía imputar responsabilidad penal.

A pesar de este éxito ante los tribunales, que llegaba demasiado tarde, las familias de los cuatro militares ejecutados tuvieron que sufrir una última humillación. El Gobierno francés indemnizó con un franco a Blanche Maupas y a Eulalie Lechat por la muerte de su esposo y la de su hermano. Algunos lo quisieron ver como el valor simbólico de una victoria que había conseguido rehabilitar el honor de unos soldados. Los familiares de los otros dos cabos fusilados no recibieron ni siquiera eso. Eso sí, a todos se les reconoció el derecho a reclamar la exigua pensión que les correspondía por perder a sus seres queridos en acto de servicio.

El Caso de los cabos de Souain no dejó mancha en la hoja de servicios del general Réveilhac, que al ejecutarse los fusilamientos fue apartado discretamente del asunto para no convertirse en foco de atención. En febrero de 1916 fue relevado del servicio y obligado por el Estado Mayor a tomarse tres meses de permiso. Según una carta confidencial redactada por el general Joffre, comandante en jefe del Ejército francés, Réveilhac parecía «haber llegado al límite de su capacidad física e intelectual». Al regresar de sus vacaciones forzadas, no asumió ningún mando de combate y fue relegado a un puesto burocrático en unidades de la reserva.

Al final de la contienda, Réveilhac fue nombrado Gran Oficial de la Legión de Honor y se retiró a vivir a su residencia de campo en Nantes. Cuando en 1921 la prensa se hizo eco de lo que ocurrió en Souain, el general escribió una carta en la que defendió con vehemencia su actuación. Para evitar un escándalo que pudiera mancillar la reputación del victorioso Ejército francés, Jean Louis Barthou, ministro de la Guerra en el gabinete del presidente Poincaré y destacado político que había sufrido la pérdida de su hijo en la contienda, censuró la misiva convencido de que su publicación solo serviría para remover un asunto sobre el que no convenía hablar demasiado.

El general Réveilhac murió de viejo en su cama el 26 de febrero de 1937. Siempre tuvo la conciencia tranquila, aunque nadie recuerda su memoria en el nombre de una calle o un colegio. Más de cuarenta años después de los hechos acaecidos en las trincheras en torno a Souain, un joven cineasta norteamericano hizo justicia al plasmar en imágenes los senderos de gloria por los que transitaron los hombres de la 119ª Brigada del Ejército francés.

3. El drama de los hombres sin rostro

Heridas traumáticas

Las cifras de bajas sufridas por todos los contendientes en la Primera Guerra Mundial ponen los pelos de punta, aunque dos décadas después fueran empequeñecidas por el exterminio masivo que supuso la segunda. Los datos aportados por las distintas fuentes oscilan entre los 10 y 30 millones de muertos en la conflagración iniciada en 1914, aproximadamente un 1 % de la población mundial, mientras que el número de heridos se sitúa alrededor de los 35 millones. Muchos de estos últimos morirían después de la guerra como consecuencia de las secuelas de unas terribles lesiones debidas a unas nuevas y devastadoras armas diseñadas para causar el mayor daño posible.

En este trágico recuento, millones de soldados sufrieron amputaciones y discapacidades físicas y psíquicas permanentes que les impidieron llevar una vida normal. La sociedad de posguerra tampoco disponía de los medios suficientes para tratarles. Faltaban profesionales médicos especializados y la demanda de prótesis adecuadas superaba con creces a la enorme demanda. En el caso de los soldados que habían sufrido graves heridas que habían deformado horriblemente su rostro, los problemas se multiplicaban. A las secuelas físicas derivadas de unas lesiones a las que muchos de ellos habían sobrevivido milagrosamente, se unía el trauma causado por el rechazo social que provocaba su aspecto.

La culpa del enorme incremento del número de bajas con heridas faciales se debió a la metralla y las esquirlas proyectadas por el estallido de los proyectiles de artillería, de uso masivo durante la contienda. A diferencia de los daños, relativamente limitados, causados por el impacto de una bala, los pedazos de metal retorcido podían arrancar trozos del cuerpo o la cara de un soldado.

La Primera Guerra Mundial trajo consigo la aparición de armas terroríficas de última tecnología, pero también supuso una revolución desde el punto de vista de la medicina, con el desarrollo y aplicación de nuevos tratamientos y técnicas quirúrgicas con las que se consiguió salvar a muchos heridos que en conflictos anteriores no habrían sobrevivido. Gracias a la experiencia adquirida sobre el terreno, los médicos militares fueron capaces de mantener con vida a un soldado que hubiera perdido su cara —como el caso del protagonista de la novela *Johnny cogió su fusil* basada en la novela homónima—, pero no sabían cómo recomponer el rostro y el alma de estos desdichados soldados.

Durante la convalecencia en el hospital, los pacientes con graves heridas faciales apenas podían reconocerse a sí mismos. El sufrimiento causado por el trauma de su deformidad hizo que muchos hubieran preferido haber muerto en el campo de batalla a sobrevivir en ese estado. En un intento por paliar, en la medida de lo posible, estos síntomas depresivos y reducir los sentimientos de rechazo que su aspecto provocaba en los demás, las autoridades médicas prohibieron los espejos en las salas de tratamiento y se colocaron bancos pintados de azul en las zonas de esparcimiento de los hospitales donde estos heridos podían sentarse juntos sin sentirse incómodos. Ese color también servía de advertencia para que su presencia no resultase inquietante para los demás internos.

Una vez recuperados de sus heridas físicas, los hombres sin rostro se enfrentaron al desafío de rehacer sus vidas anteriores a la guerra. Algunos de los más fuertes emocionalmente volvieron a sus trabajos o encontraron un empleo nuevo. Pero normalmente desempeñaban su tarea en oficinas o instalaciones separadas del resto para no enfrentarse a las miradas de recelo y malsano morbo que captaban en los demás. En los años posteriores al fin de la guerra, era relativamente frecuente encontrar a estos veteranos ejerciendo de acomodadores en los cines, lugares oscuros en los que su aspecto podía pasar desapercibido. Los más débiles, rechazaron cualquier tipo de contacto con la sociedad y vivieron una existencia recluida que para sus familias supuso una dura prueba. Muchos de los que se atrevían a salir a la calle lo hacían con el rostro cubierto.

La única esperanza para muchos de estos hombres era una cirugía que pudiera devolver a sus caras un aspecto parecido al que habían tenido antes de resultar heridos. Sin embargo, al principio de la Primera Guerra Mundial la cirugía plástica reconstructiva todavía no se había desarrollado lo suficiente como para enfrentarse a ese reto. El esfuerzo y dedicación de un pequeño grupo de hombres y mujeres hizo cambiar las cosas y consiguió devolverles a muchos veteranos desfigurados las ganas de vivir.

Un pionero en el campo de la reconstrucción facial

El doctor Harold Gillies nació en 1882 en la ciudad neozelandesa de Dunedin. Cursó estudios de Medicina en el prestigioso Gonville and Caius College de la Universidad de Cambridge y tras especializarse como otorrinolaringólogo recibió formación como cirujano en el St. Bartholomew´s Hospital de Londres. Al comienzo de la Primera Guerra Mundial, Gillies se alistó en la Cruz Roja y fue enviado al continente como oficial del Royal Army Medical Corps. En Boulogne tuvo la oportunidad de trabajar al lado del médico francés Auguste Valadier, que había creado en el hospital militar de Wimereux una unidad especializada en el tratamiento de heridos con severas heridas en la mandíbula.

El doctor Valadier había logrado importantes avances en materia de cirugía maxilofacial y estaba experimentando con técnicas de injerto de piel y el uso de huesos y músculos de otras partes del cuerpo para reconstrucciones de los rostros destrozados por la metralla. Gillies quedó muy impresionado con el trabajo de su colega y decidió profundizar en un campo de la medicina que exigía soluciones inmediatas para atender a un número cada vez mayor de soldados desfigurados. En esta etapa de su formación también conoció a Bob Roberts, un dentista norteamericano con el que aprendió nuevas prácticas con aplicaciones en cirugía reparadora.

El doctor neozelandés Harold Gillies, considerado como uno de los pioneros en la cirugía plástica de reconstrucción facial, ayudó a que muchos de los soldados desfigurados en la Gran Guerra pudieran recuperar su identidad.

En París tuvo la oportunidad de ampliar sus conocimientos al lado del famoso cirujano Hippolyte Morestin, que realizaba innovadoras intervenciones para extirpar tumores faciales. Morestin empleaba piel de las mandíbulas de los pacientes para cubrir la zona de la cara que había resultado afectada. Fue entonces cuando Gillies decidió emplear todo el conocimiento que había acumulado en proporcionar calidad de vida a aquellos soldados que tenían miedo a mirarse en un espejo.

A su regreso a Gran Bretaña, el médico neozelandés convenció a su superior en el Royal Army Medical Corps, el cirujano William Arbuthnot Lane, de la necesidad de crear un ala especializada en el tratamiento de lesiones faciales graves en el Hospital Militar de Cambridge. Gillies se implicó de lleno en el proyecto y dio muestras de una extraordinaria capacidad de trabajo y entrega a los pacientes que recibió el reconocimiento de sus colegas. A la hora de afrontar cada caso lo estudiaba con detenimiento sin pasar por alto ningún detalle. Después de examinar las heridas del paciente, Gillies realizaba dibujos y modelaba facciones en plastilina para visualizar cómo podía quedar su rostro. Su labor también se ocupaba de rehacer lo que otros habían deshecho. En los puestos de primeros auxilios y en los hospitales de campaña del frente, los médicos militares recomponían las heridas faciales como podían, apurados por la prioridad de salvar vidas y sin preocuparse por el aspecto de las horribles cicatrices.

Ante el aluvión constante de heridos con el rostro desfigurado, las salas habilitadas en el Hospital Militar de Cambridge pronto fueron insuficientes. En 1915 abrió sus puertas el Queen Mary's Hospital, situado en la localidad de Sidcup, al sureste de Londres. Fundado por Mary Eleanor Gwynne Holford, una acaudalada filántropa esposa de un importante naviero que había quedado muy impresionada tras una visita a un asilo de soldados británicos con graves amputaciones, se creó con la doble finalidad de atender a los heridos que hubieran perdido una extremidad y proporcionarles además los medios más avanzados para su rehabilitación. Instalado en Frognal House, una antigua mansión del siglo XVI, el Queen Mary's se convirtió en poco tiempo en un centro de referencia para el tratamiento de estos casos.

En este hospital el doctor Gillies desarrolló una gran labor como cirujano plástico en la que consiguió importantes avances al frente de un equipo multidisciplinar. Los primeros fracasos le llevaron a rechazar sus expectativas en centrar las posibilidades de recuperación en una única intervención quirúrgica en la que se corrían excesivos riesgos. La experiencia le llevó a decantarse por un proceso más lento dividido en pequeñas etapas, con operaciones a menor escala que pudieran facilitar la recuperación, concepto que se sigue aplicando en nuestros días.

Como pionero en este tipo de técnicas, el doctor Gillies empleó piel del pecho y los hombros de los soldados heridos para injertarlos en sus rostros desfigurados. También usó colgajos de tejido viviente del propio paciente, inmunes al rechazo y la infección, para reconstruir zonas del rostro, especialmente apéndices nasales, una de las amputaciones más frecuentes. Sus habilidosas manos manipularon huesos y cartílagos retirados de otras partes del cuerpo para dar forma a mandíbulas y cuencas oculares que habían desaparecido. La rehabilitación se realizaba en un entorno tranquilo y luminoso, rodeado de naturaleza, que contribuía a levantar el ánimo de los pacientes durante su convalecencia y favorecía la rápida recuperación de sus heridas y cicatrices.

El Queen Mary's vivió su momento álgido con ocasión de la batalla del Somme, cuando tuvo que atender a más de 2000 soldados con graves heridas faciales. El hospital, que había iniciado su andadura con apenas 25 camas, contaba en 1917 con unas instalaciones capaces de atender simultáneamente a más de 1000 heridos, con una lista de espera que multiplicaba por 4 esta cifra. A lo largo de la guerra, el equipo del doctor Gillies realizó más de 11 000 intervenciones a 5000 pacientes que pudieron recuperar parte de sus facciones para integrarse de nuevo en la sociedad.

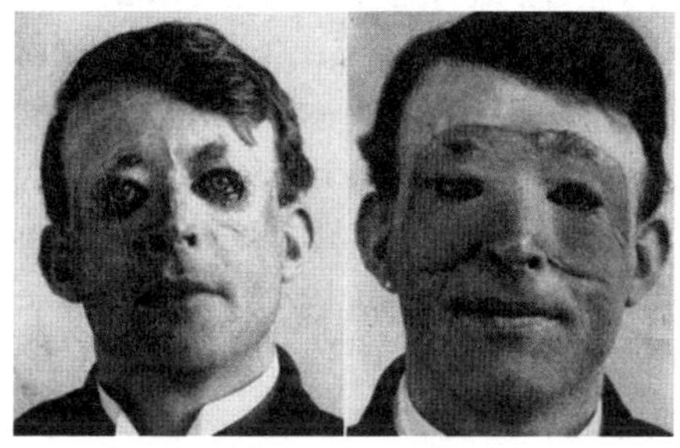

El marinero británico Walter Yeo, gravemente herido en
la Batalla de Jutlandia, fue uno de los primeros pacientes
en beneficiarse de las innovadoras técnicas quirúrgicas
del doctor Gillies (Fuente: Wikimedia Commons).

Al concluir la contienda, Harold Gillies regresó a la vida civil y emprendió una exitosa carrera como cirujano plástico en la que tuvo como pacientes a destacadas personalidades públicas, aunque nunca abandonó a los veteranos de la Gran Guerra que se habían puesto en sus manos para que los demás les dejasen de considerar una especie de monstruos. Considerado por sus colegas como uno de los pioneros en la aplicación de técnicas de injerto, muchas de sus innovaciones médicas se siguen empleando en nuestros días. En junio de 1930, Gillies fue nombrado sir en reconocimiento a su labor. Al conocer la noticia, el doctor William Arbuthnot Lane, su mentor en sus primeros pasos en el campo de la cirugía reparadora, exclamó: «¡Más vale tarde que nunca!».

La tienda de las narices de hojalata

A veces, las heridas que habían desfigurado la cara de un soldado eran tan irreparables que los esfuerzos del doctor Gillies y sus colegas apenas podían hacer nada por reconstruirla. En estos casos extremos, la última esperanza para estos hombres se depositó en el talento de algunos artistas. La escultora Kathleen Scott, viuda del famoso capitán Scott, el explorador antártico británico que falleció en su intento por llegar el primero al Polo Sur, puso sus conocimientos y habilidad a disposición de Gillies para atender las carencias que la medicina no podía cubrir. En un arrebato un tanto frívolo con el que quiso expresar su elevado sentido estético, la señora Scott llegó a declarar que los «hombres sin narices son muy hermosos, tanto como los mármoles de las esculturas antiguas». La realidad era mucho peor. La visión de un herido al que le había desaparecido la cara marcaba de por vida a los que se encargaban de cuidarles.

En 1914, el escultor británico Francis Derwent Wood tenía 43 años, edad demasiado avanzada para alistarse en el ejército. Aun así, quiso servir a su país trabajando como camillero voluntario en el Hospital General londinense de Wandsworth. Fue allí donde vio por primera vez los rostros desfigurados de algunos soldados, imágenes impactantes que no pudo olvidar y que le llevaron a plantearse cómo ayudar a unos hombres a los que la medicina ya no podía ofrecer ninguna solución. Descartada la cirugía, Wood empezó a diseñar máscaras faciales que cubriesen las zonas del rostro más afectadas por las heridas. Como él mismo afirmó en una ocasión: «Mi trabajo comienza cuando termina la labor del cirujano».

Wood aplicó su talento como escultor para dar forma a complicadas férulas para soldar graves fracturas de huesos, experiencia que le acabó sirviendo para crear sus prótesis faciales. Para desarrollar su habilidad fundó en dependencias del Hospital General de Wandsworth el departamento de Máscaras para la Disfunción Facial, que acabó siendo conocido irónicamente entre sus compañeros como *The Tin Noses Shop*, «la tienda de las narices de hojalata». En marzo de 1916 salieron las primeras prótesis faciales de este peculiar taller.

Del taller del melancólico y comprometido escultor británico Francis Derwent Wood, situado en dependencias del Hospital General de Wandsworth, salieron las primeras prótesis faciales para soldados con el rostro gravemente mutilado (Fuente: Wikimedia Commons).

En su trabajo, Wood usaba técnicas parecidas a las que aplicaba cuando esculpía sus obras escultóricas. Retratos y fotografías del paciente, pintados o tomadas antes de resultar herido, le servían de modelo para trazar un boceto de la máscara. Mediante el método de ensayo y error, acabó descartando el uso de moldes de goma al no ajustarse al material que andaba buscando. Finalmente se decantó por el uso de componentes metálicos, más ligeros y duraderos, sobre los que se podían dibujar facciones con gran realismo.

Los progresos conseguidos por el escultor merecieron un artículo que apareció publicado en 1917 en las páginas de la prestigiosa revista médica *The Lancet*. Al escribirlo, el entonces capitán Wood pretendió dejar claro que sus esfuerzos iban dirigidos a que el rostro del soldado desfigurado fuera lo más parecido posible a como lo había sido antes de resultar herido. Los efectos beneficiosos del uso de las prótesis eran inmediatos, como el escultor quería poner de relieve al afirmar que «el paciente adquiere su autoestima, seguridad y confianza en sí mismo. Después de mucho tiempo, se enorgullece de su apariencia personal. Su aspecto ya no es una fuente de melancolía para él ni de tristeza para sus familiares y amigos». Al manifestar de esta forma sus impresiones sobre el sentido de su trabajo, el capitán Wood causó una profunda impresión en una lectora del otro lado del Atlántico.

Las máscaras de Anna Coleman Ladd

La escultora norteamericana Anna Coleman Watts gozaba de cierta reputación en los ambientes culturales de la ciudad de Boston. Se había formado como artista en París y Roma, y sus obras, bustos hieráticos y figuras de temática mitológica, se vendían bien y adornaban lugares públicos o se exponían en las salas de algunos museos de los Estados Unidos. En 1905 contrajo matrimonio con el doctor Maynard Ladd, del que tomó su apellido de casada por el que es más conocida. Debido a su profesión, el marido de Anna estaba suscrito a *The Lancet*, donde la escultora leyó el artículo que Wood había escrito. Conmovida por su lectura e inspirada por su ejemplo, decidió poner su talento al servicio de los hombres sin rostro.

Anna escribió a Wood para exponerle un proyecto en el que ella creía que tenía mucho que aportar: su intención de modelar máscaras para los soldados franceses desfigurados. Las palabras de aquella norteamericana fueron lo suficientemente convincentes como para que el artista británico accediera a enviarle toda la documentación de la que disponía sobre los casos que él había tratado para que su experiencia pudiera serle de utilidad a ella en Francia. Después de estudiar toda esta información, Anna se arriesgó a cruzar el Atlántico y a finales de 1917 llegó a París.

La escultora siguió al pie de la letra los consejos aportados por Wood y se dedicó a recorrer los hospitales militares de la capital francesa en busca de heridos con graves amputaciónes faciales. En aquel entonces el marido de Anna, reconocido pediatra, trabajaba para la Cruz Roja Americana y había sido destinado a Francia, donde dirigía la Oficina de Asistencia al Menor en Toul, localidad muy cercana a la línea del frente. Gracias a los contactos proporcionados por su esposo, Anna pudo fundar el Studio for Portrait-Masks («Estudio para Máscaras-Retrato»), con el objetivo de proporcionar nuevos rostros artificiales a los soldados franceses desfigurados.

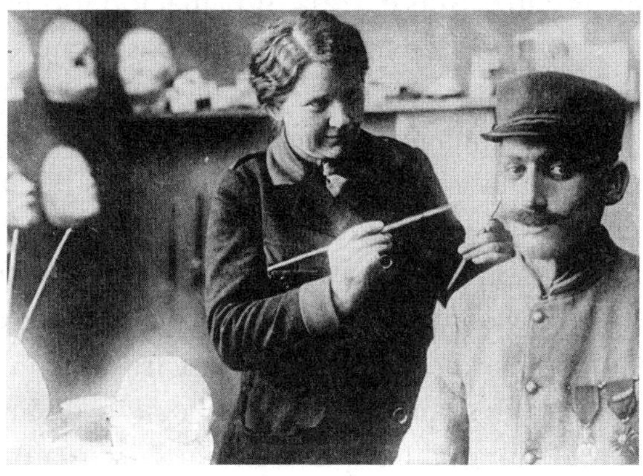

La escultora norteamericana Anna Coleman Ladd dando los últimos retoques a la máscara de un soldado con el rostro desfigurado (Fuente: Wikimedia Commons).

Financiado por la Cruz Roja Americana, el estudio abrió sus puertas en el Barrio Latino de París. En su interior se respiraba una atmósfera artística que invitaba a la calma. Amplio y luminoso, se accedía a él a través de un patio cubierto de hiedra y adornado con estatuas de inspiración clásica. Anna había hecho todo lo posible por diseñar un espacio que resultase agradable y acogedor para los pacientes. En las diferentes estancias había jarrones con flores siempre frescas y las paredes estaban decoradas con cuadros, banderas francesas y norteamericanas y moldes de yeso de rostros humanos. Los que trataron en esos meses a la señora Ladd la describen como una persona de fuerte carácter, exigente en su trabajo y con las ideas muy claras sobre lo que quería.

Una vez instalada en su estudio, en el que no había espejos, Anna se puso a trabajar sin pérdida de tiempo y empezó a recibir a los soldados que había seleccionado previamente en sus recorridos por las salas de los hospitales. La atención era personal e individualizada y antes de afrontar cada caso la escultora mantenía una conversación distendida con cada uno de los que ella llamaba «los valientes sin rostro», si es que sus horribles mutilaciones faciales les permitían expresarse.

A la hora de obtener un boceto previo, el procedimiento era muy parecido al que seguía el capitán Wood. La escultora analizaba con detalle los rasgos anteriores del sujeto en cuadros y fotos, y de las entrevistas extraía información sobre sus hábitos, sentimientos, gustos y expresiones del rostro más habituales. Con todos estos datos, Anna decidía el semblante que iba a dar vida a la máscara, imagen inalterable como la de una estatua.

El proceso de fabricación de la prótesis se iniciaba con un vaciado en yeso de un molde que la artista esculpía en arcilla. La pieza era llevada entonces a un taller fuera del estudio donde se hacía una copia en cobre galvanizado, material elegido por ser maleable y ligero. Aun así, las máscaras que cubrían gran parte de la cara desparecida podían llegar a pesar más de un cuarto de kilo, aunque las que tapaban solo una parte podían ser mucho más livianas. En ocasiones se dejaba una pequeña abertura a la altura de la boca para que los labios artificiales pudieran sostener un cigarrillo.

Una vez terminada, la pieza en bruto regresaba al estudio donde Anna usaba todo su talento para que cobrase vida. Sobre ella pintaba al óleo y con gran realismo los rasgos más distinguibles. Siempre lo hacía con la máscara colocada sobre el soldado para conseguir un tono lo más parecido al de su piel. También se imitaba las sombras del afeitado con tonos azulados. En los casos en los que el soldado hubiera lucido bigote o barba, o simplemente quisiera añadirlos para cambiar su imagen, se hacían con pelo auténtico para luego adherirlos a la prótesis. En su búsqueda por lograr el mayor naturalismo, Anna abandonó el uso del óleo, con tendencia a resquebrajarse con el tiempo, y empezó a utilizar esmalte, que con su acabado mate proporcionaba un efecto más parecido al de la piel y que además tenía la ventaja de poder lavarse. Finalmente, la máscara se unía a la cabeza del paciente mediante la montura de unas gafas o con cuerdas disimuladas.

Aunque Anna y sus cuatro ayudantes trabajaban sin descanso, no pudieron atender a la demanda de más de 3000 desfigurados que esperaban por una de sus máscaras. La fabricación de cada prótesis era un proceso largo y delicado que ocupaba varias semanas, por lo que Anna y su equipo se concentraron en los casos más graves. Hasta finales de 1919, fecha en la que la Cruz Roja Americana dejó de financiar su labor, del Studio for Portrait-Masks salieron cerca de 200 máscaras. Gracias a ellas, otros tantos mutilados dejaron de ser los marginados de una sociedad que rechazaba su perturbador aspecto. Sin embargo, el trauma sufrido por estos hombres sin rostro era muy difícil de superar y una minoría se sintió defraudada con sus nuevas caras artificiales de expresión vacía.

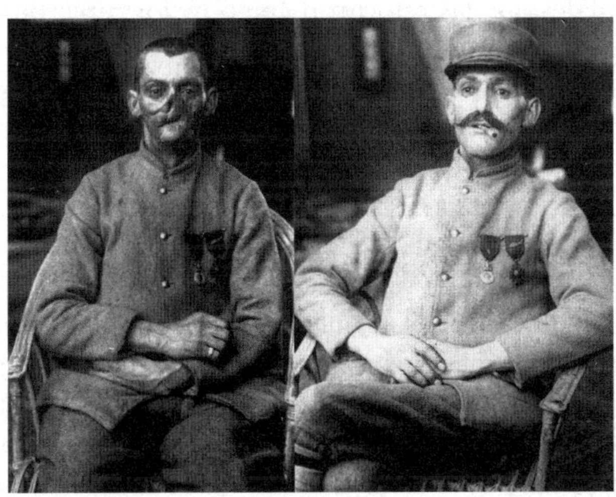

Impactante imagen que muestra el antes y el después del aspecto de un soldado tras pasar por el estudio de Anna Coleman.

Desde una vertiente positiva, las máscaras de Anna Coleman permitieron a muchos de sus pacientes escapar del encierro en el que hasta entonces habían estado recluidos. Aunque nunca recuperaron la vida que habían llevado antes de la guerra, al menos pudieron volver a salir a la calle, sus hijos dejaron de llorar y salir corriendo cada vez que se acercaban a ellos y sus esposas dejaron de rechazarles. Anna Coleman mantuvo correspondencia con algunos de los que habían sido sus modelos, misivas emotivas en las que mostraban a la escultora un sincero agradecimiento. En una de ellas un soldado escribió «Gracias a usted puedo volver a vivir. Gracias a usted no me he enterrado vivo en las profundidades de un hospital para discapacitados». En otra, uno de sus «valientes sin rostro» le contaba que con su nueva máscara había logrado enamorar a su novia, con la que finalmente se había casado.

Desde un primer momento quedó claro que las prótesis salidas del estudio de Anna Coleman iban a tener una vida limitada. El uso cotidiano las desgastaba rápidamente y con el paso del tiempo muchas de ellas ofrecían un ajado aspecto que las hacía repulsivas. Cuando la escultora finalizó su labor y regresó a los Estados Unidos, la reparación y restauración de las máscaras se dejó en manos de bienintencionados artesanos poco profesionales que las retocaron como mejor supieron. Debido a su fragilidad, ninguna de ellas ha llegado hasta nuestros días y solo podemos hacernos una idea de su aspecto final gracias a unas pocas fotografías. El Instituto Smithsoniano guarda toda la documentación que se conserva del trabajo realizado por Anna Coleman en París, legado que incluye informes, diarios, imágenes y una película de corta duración que muestra el proceso de fabricación de una máscara en su estudio.

En 1932, el Gobierno francés recompensó el esfuerzo de la escultora norteamericana al condecorarla con la Legión de Honor. A su regreso a los Estados Unidos, Anna Coleman recobró su actividad artística y siguió esculpiendo. Algunas de las obras que realizó en este periodo formaron parte de monumentos conmemorativos de la Gran Guerra en los que aparecen heroicos soldados con mandíbulas perfectas. Antes de morir en 1939, escribió dos libros en los que plasmó su trabajo como escultora.

La producción de máscaras de «la tienda de las narices de hojalata» de Francis Derwent Wood superó a la del estudio de Anna Coleman en París. En este sentido, hay que destacar que el británico contaba con muchos más medios, racionalizó el proceso de fabricación y su clínica protésica estuvo abierta durante un tiempo más amplio. En todo caso, el encomiable trabajo de ambos apenas cubrió la demanda de prótesis faciales que reclamaban más de 20 000 soldados que habían perdido parte o la totalidad de su rostro. También hay que destacar que las máscaras podían disimular las graves heridas, pero no servían para recuperar funciones perdidas, como la capacidad de hablar o masticar. A través de ellas, estos desdichados veteranos apenas podían pronunciar sonidos guturales e inquietantes que eran difíciles de olvidar para aquellos que los escuchaban.

Para atender a los soldados desfigurados que no pudieron acceder a una máscara se presentaron varias soluciones. En Francia, L'Union des Blessés de la Face et de la Tête («Unión de los Lesionados de la Cara y la Cabeza», UBFT), asociación fundada en 1921 bajo el lema, un tanto morboso, de «Sonríe de todos modos», intento paliar el sufrimiento físico y el trauma psicológico de los hombres sin rostro. Con ese propósito, la UBTF adquirió casas por todo el país para acomodar a estos mutilados junto a sus familias. Aunque su iniciativa era bienintencionada, contribuyó a crear pequeños guetos apartados de la sociedad que rechazaba su aspecto físico. En Gran Bretaña, se discutieron soluciones parecidas que podrían calificarse de idealizadas y bucólicas. Uno de los proyectos planteó la expropiación de aldeas pintorescas donde los soldados desfigurados pudieran residir lejos de la vista de los demás. Sus nuevos habitantes estarían alojados en rústicas cabañas rodeadas de jardines y huertos que los mantendrían ocupados. También se instalarían telares para que pudieran confeccionar prendas de vestir. De esta forma se ganarían la vida vendiendo el producto de su trabajo a los particulares.

En otras naciones combatientes de la Gran Guerra, el destino de los soldados sin rostro fue aun más oscuro. En Alemania y en Rusia también se experimentó con los injertos de piel, aunque nunca llegaron a los niveles de éxito que el doctor Harold Gillies alcanzó con sus pacientes. En el ambiente de inestabilidad política que se vivió en la Alemania de posguerra, algunos grupos antibelicistas usaron las imágenes perturbadoras de estos desdichados para denunciar las consecuencias de la contienda. En Estados Unidos, el número de desfigurados fue menor y como la propia Anna Coleman señaló, aproximadamente 300 soldados norteamericanos precisaron prótesis faciales, sin que se pueda precisar cuántos llegaron a disponer de ellas.

La mayoría de los hombres sin rostro que recibieron máscaras se terminaron acostumbrando a ellas como si fueran una parte de su cuerpo. Una minoría no se recuperó del trauma y decidió vivir al margen de la sociedad. Casi todos fueron enterrados con ellas.

4. En los campos de Flandes. Los versos emocionados que Inspiraron el Día de la Amapola

La hora undécima, del undécimo día, del undécimo mes

Cuando un extranjero, que no sea anglosajón, visita por primera vez Londres o cualquier otra ciudad británica a partir del 11 de noviembre, le llamará la atención las flores y ramos de amapolas hechas de tela depositados a los pies de los monumentos conmemorativos de sus gestas bélicas más importantes o de los héroes, individuales o colectivos, que las protagonizaron. Sus pétalos encarnados también se exhiben en ventanas de casas particulares, escaparates de tiendas, parabrisas de los característicos taxis y en las solapas de chaquetas y vestidos. Puede que incluso se encuentre en su camino por pueblos y ciudades de auténtico sabor *british* con una vistosa ceremonia castrense a la que acuden soldados veteranos con sus pechos cubiertos de medallas y en la que no puede faltar algún miembro de la realeza, del Gobierno o de las autoridades locales. Como cada 11 de noviembre, se conmemora el llamado Día del Recuerdo, más popularmente conocido como el The Poppy Day, el «Día de la Amapola».

Esta tradición se remonta al 7 de noviembre de 1919, cuando el rey Jorge V instauró su celebración a propuesta del periodista australiano Edward George Honey y de sir James Percy

Fitzpatrick, escritor y hombre de negocios de la misma nacionalidad. En mayo de 1919, Honey escribió una carta al periódico *London Evening News*, bajo el seudónimo de Warren Foster, en la que sugería guardar cinco minutos de silencio para conmemorar el primer aniversario de la firma del tratado del Armisticio. También conocido como Armisticio de Compiègne, este acuerdo fue firmado a las 5:20 de la mañana del 11 de noviembre de 1918 entre los representantes de la Entente y el Imperio alemán en el interior de un vagón de ferrocarril estacionado en el bosque comunal de la ciudad francesa del mismo nombre. El Armisticio entre las principales potencias beligerantes de la Primera Guerra Mundial debía entrar en vigor a las 11:00 de ese día, hora de París, por lo que a veces se hace referencia histórica al mismo como «la undécima hora del undécimo día del undécimo mes».

En su misiva, Honey consideraba que era más adecuado recordar ese día con una celebración menos festiva y más respetuosa con el sacrificio de millones de soldados en los campos de batalla. El 27 de octubre de 1919, Fitzpatrick remitió a Jorge V una carta en la que también proponía que el 11 de noviembre se suspendieran todas las actividades cotidianas durante un breve espacio de tiempo en homenaje a los caídos en la Primera Guerra Mundial. La propuesta fue bien acogida por el monarca, que el 7 de noviembre de 1919 estableció que a la hora undécima del undécimo día del undécimo mes, se guardaran de forma permanente dos minutos de silencio para que «los pensamientos de todos nosotros se concentren en el recuerdo respetuoso de los gloriosos muertos».

De esta forma se institucionalizó el Día del Armisticio, que desde entonces se celebra cada 11 de noviembre en todos los países de la Commonwealth. En la víspera del primer aniversario, se celebró en el palacio de Buckingham un banquete oficial al que asistió como invitado de honor el presidente de la República Francesa. A la mañana siguiente, el rey Jorge V asistió a los actos solemnes del Día del Recuerdo, como esta fecha no tardaría en ser conocida. Además de los actos castrenses y servicios religiosos, a las 11:00 horas se guardó un respetuoso silencio en memoria de todos los caídos. En las calles de

Londres, los vehículos y carruajes se detuvieron, los hombres se descubrieron y aquellos que habían servido en el frente adoptaron la posición de firmes, mientras los pañuelos enjugaban las lágrimas de casi todos. Un periódico definió esos minutos como «un silencio de dolor».

Con el paso de los años, y la participación del mundo anglosajón en nuevas contiendas, el Día del Armisticio perdió parte de su sentido original y el homenaje se hizo extensible a las víctimas de los conflictos posteriores a la Gran Guerra. Siguiendo el ejemplo británico, otros países que no pertenecen a la Commonwealth han adoptado una tradición que ha convertido el 11 de noviembre en una fecha con un significado muy especial en la memoria de los pueblos que sufrieron el embate de las dos guerras mundiales.

Flores de seda

En el verano de 1914, la profesora norteamericana Moina Belle Michael se encontraba de viaje de turismo por Europa para visitar algunos de los lugares de procedencia de sus antepasados, de ascendencia hugonote, y originarios de Bretaña y Flandes. El estallido de la Primera Guerra Mundial sorprendió a Michael en Alemania, desde donde consiguió viajar hasta Roma. En la capital italiana, su personalidad inquieta y solidaria le llevó a ayudar a los miles de turistas norteamericanos que se encontraban atrapados en el Viejo Continente a encontrar un pasaje de vuelta hacia los Estados Unidos. Ella misma cruzó el Atlántico de regreso a su país a bordo del *RMS Carpathia*, el mismo barco que en su día auxilió a los supervivientes del *Titanic*.

Cuando los Estados Unidos entraron en la guerra, Michael daba clases en la Universidad de Georgia, pero pidió una excedencia para trabajar como voluntaria en la Young Women's Christian Association («Asociación Cristiana de Mujeres Jóvenes», YWCA en sus siglas en inglés) y formar a los cooperantes que iban a ir a Europa a ayudar a las mujeres que apuntalaban la retaguardia. Debió ser entonces cuando leyó por primera vez un poema titulado *In Flanders Fields* («En los campos de Flandes»), publicado por primera vez el 8 de diciembre de 1915 en las páginas de *Punch*, revista satírica británica que, en contra de lo que era la tónica general de aquellos días, mantuvo durante toda la guerra una línea editorial moderadamente antibelicista. El boca a boca lo había hecho muy popular, y sus estrofas eran recitadas con voz entrecortada por los que habían perdido a familiares o amigos en el frente. Sus versos épicos y de lírica desgarradora, inspirados por la ausencia de los compañeros caídos en el campo de batalla, conmovieron a Moina Michael, que como en ella era habitual decidió hacer algo que pudiera ayudar a mantener viva la memoria de todos ellos.

En reconocimiento al poema que tanto la había emocionado, Michael escribió una elegía que tituló «We Shall Keep the Faith» («Mantendremos la fe»), al mismo tiempo que hacía público su compromiso de lucir una amapola roja en recuerdo de los soldados fallecidos. El 9 de noviembre de 1918, dos días antes del armisticio que puso fin a la Gran Guerra, decidió comprar unas amapolas y repartirlas entre los asistentes a una conferencia en la sede de la YMCA, primer acto público en el que se popularizó el uso de este símbolo.

Al terminar la guerra, Michael retomó su trabajo en la Universidad de Georgia, donde impartió clases a veteranos discapacitados. Fue entonces cuando se le ocurrió coser amapolas en seda y venderlas para recaudar fondos con los que brindar apoyo laboral y económico a los soldados que sufrían alguna minusvalía. Su iniciativa fue un éxito y en 1921 la amapola roja fue adoptada por la American Legion Auxiliary, la mayor asociación patriótica femenina de apoyo a veteranos de guerra, como símbolo en recuerdo a los caídos.

La personalidad de la francesa Anna Guérin tiene muchos puntos en común con la de Moina Michael. Profesora en una escuela para niñas nativas en la colonia de Madagascar, en 1914 se encontraba en los Estados Unidos como representante de la Alliance Française («Alianza Francesa»), organización que tiene como objetivo fomentar la cultura del país galo, para ofrecer un ciclo de conferencias y lecturas en francés al público norteamericano. Mujer de temperamento decidido y fuerza incansable, cuando estalló la guerra decidió hacer campaña por la causa de los países de la Entente.

Como miembro de la YWCA francesa, madame Guérin asistió a la convención de la American Legion Auxiliary celebrada en 1920. Moina Michael había sido una de las organizadoras del encuentro y durante su celebración se recaudaron importantes donativos gracias a la venta de amapolas artificiales. Madame Guérin tomó buena nota de la iniciativa desarrollada por Michael y decidió llevarla a Francia para financiar colegios de huérfanos. Su carácter emprendedor la llevó a colaborar estrechamente con la profesora norteamericana para realizar la primera gran campaña de distribución de amapolas rojas por los Estados Unidos y extender esta tradición también en Canadá.

Monumento situado en los jardines del Museo Cívico de Guelph, en Canadá, dedicado a honrar la memoria de John McCrae (Fuente: Wikimedia Commons).

De regreso en el Viejo Continente, madame Guérin organizó la venta masiva de amapolas de tela fabricadas en Francia durante las celebraciones del Día del Recuerdo de 1921 en Londres. Su campaña logró recaudar más de 100 000 libras y llamó la atención del mariscal de campo Earl Douglas Haig, fundador y presidente de la Royal British Legion («Real Legión

Británica»), asociación benéfica creada para prestar apoyo a los veteranos y sus familias. El militar mantuvo un encuentro con madame Guérin, que consiguió convencerle para que adoptase la amapola como emblema de la Legión. Gracias al empeño de Haig, se puso en marcha la Poppy Factory («la fábrica de amapolas»), dirigida por el mayor George Howson, presidente fundador de la Disabled Society («Sociedad de Discapacitados»). La actividad de este taller artesano se inició en junio de 1922 y empleó a cinco trabajadores, todos ellos veteranos de la Gran Guerra, que se instalaron en una fábrica de collares abandonada. En poco tiempo, la plantilla aumentó hasta llegar a los 40 operarios, que en 2 meses produjeron 1 millón de amapolas de seda. En los años siguientes multiplicó su actividad y para el Día del Recuerdo de 1924 habían tejido y montado 27 millones de flores, con una larga lista de solicitantes que esperaban entrar a trabajar en la empresa. Los beneficios obtenidos con su venta ayudaron a muchos veteranos de la Gran Guerra a encontrar empleo y una vivienda digna.

Hoy en día, la Poppy Factory es una compañía que depende de la Royal British Legion y mantiene la producción para atender la enorme demanda que cada año se produce en las fechas previas a la conmemoración del que ha pasado a ser conocido, con todo merecimiento, como The Poppy Day. Moina Michael y Anna Guérin, las dos mujeres que gracias a su esfuerzo lograron instaurar una tradición de emotivo recuerdo, han pasado a la historia, respectivamente, con los nombres de *Poppy Lady* y *Poppy Lady from France*.

Poeta y soldado

En la Gran Guerra, las amapolas de color rojo iridiscente crecían bien en los campos de Flandes regados con la sangre de miles de soldados. La mirada del teniente coronel John Alexander McCrae supo captar su funesta belleza melancólica en el poema que le dio fama y que fue origen de toda esta historia.

McCrae nació en 1872 en Guelph, ciudad de la provincia canadiense de Ontario. Nieto de escoceses, su padre fue coronel del ejército. En medio del ambiente castrense que se respiraba en su familia, desde muy joven desarrolló una afición por la poesía que mantendría a lo largo de toda su vida. Sus primeros versos como escritor aficionado aparecieron publicados en 1894 en periódicos y revistas canadienses. Su estilo estaba bien definido y mostraba cierta predilección por una temática que hacía referencia a la muerte como un medio para encontrar la paz que ansía el ser humano.

Antes de continuar sus estudios, el joven McCrae tuvo que guardar reposo durante un año debido a sus problemas con el asma. Influenciado por la tradición familiar, siempre mostró un arraigado sentido del deber que se manifestó en su deseo de servir a Canadá en defensa del Imperio británico. Estos principios le llevaron en 1893 al Royal Military College de Kingston, donde recibió instrucción militar como artillero. Después de su paso por los cuarteles, McCrae estudió Medicina en la Universidad de Toronto gracias a la concesión de una beca y completó sus ingresos como tutor de otros estudiantes.

El doctor, soldado y poeta John McCrae posó con rostro sereno para este retrato fotográfico (Fuente: Wikimedia Commons).

En 1898 completó su formación y empezó a trabajar como residente en el Hospital General de Toronto. Un año después formaba parte del equipo médico del prestigioso Hospital

Johns Hopkins en la ciudad de Baltimore, en el estado norteamericano de Maryland. Fue entonces cuando McCrae fue movilizado como oficial de sanidad del contingente canadiense que luchó en la Segunda Guerra Bóer, el brutal conflicto militar que enfrentó al Imperio británico con el Estado Libre de Orange y la República Sudafricana.

A su regreso de la guerra, vivió unos intensos años en los que desarrolló su carrera profesional como médico en diferentes instituciones sanitarias de Canadá y los Estados Unidos, donde también desempeñó una destacada actividad docente. Tampoco olvidó su afición por la poesía, aunque en esta época tan solo publicó un manual para estudiantes de medicina. McCrae, siempre se consideró un soldado, aunque algunos de sus camaradas vieran en él la imagen opuesta a la de un hombre belicoso. Su vuelta a la vida civil tan solo fue un breve intervalo en su carrera militar.

Como dominio del Imperio británico, Canadá declaró la guerra a los Imperios Centrales y se apresuró a organizar una Fuerza Expedicionaria para ser enviada a Europa. McCrae se presentó voluntario y asumió sin dudar su responsabilidad. Tenía 41 años y por edad podía haber elegido servir en una unidad sanitaria de retaguardia, pero prefirió permanecer en primera línea como Cirujano Adjunto de la 1ª Brigada de Artillería de Campaña canadiense que mantenía posiciones cerca del frente.

McCrae estuvo al mando del Hospital Canadiense Número 3, instalado cerca de la estación ferroviaria de Dannes-Camiers, próxima a la localidad de Boulogne-sur-Mer, al norte de Francia. El hospital era un conjunto de precarias tiendas de campaña enviadas desde la India que se inundaban con la lluvia y por las que se filtraba el frío gélido del invierno centroeuropeo. McCrae, que en junio de 1915 fue ascendido a teniente coronel, tuvo que atender a los numerosos heridos bajo estas penosas condiciones durante varios meses hasta que el hospital se trasladó en febrero de 1916 al colegio de los jesuitas de Boulogne-sur-Mer.

Bajo las húmedas tiendas de campaña cercanas al apeadero de Dannes-Camiers, el valeroso médico canadiense vivió una de las experiencias más traumáticas de su vida. Entre el 22 de abril y el 25 de mayo de 1915 se desarrollaron los combates de la Segunda Batalla de Ypres, donde como vimos los alemanes hicieron un uso masivo de armas químicas contra sus enemigos. John McCrae fue testigo de primera mano de los estragos causados por el gas cloro entre los soldados canadienses. En una carta dirigida a su madre describió la batalla como una pesadilla, en la que el ruido incesante de la artillería les impedía dormir y en la que agotado tenía que atender la llegada incesante de heridos terriblemente mutilados, bajo la ansiedad de que en cualquier momento los alemanes pudieran romper la línea del frente y avanzar hasta su posición.

Sin embargo, el golpe más duro para McCrae se produjo cuando conoció la noticia de la muerte de un amigo y antiguo alumno, el teniente Alexis Hannum Helmer. El cuerpo del joven oficial, de apenas 22 años, fue destrozado por la explosión de un obús de la artillería alemana mientras realizaba una misión de reconocimiento junto a un compañero para confirmar la posición de una batería de cañones canadienses. Ante la ausencia del capellán, McCrae se encargó personalmente de presidir el sencillo funeral ante la tumba que señalaba el lugar donde reposaban los restos del teniente Helmer. Al finalizar el responso, el médico se quedó pensativo mientras contemplaba los bellos campos cubiertos de amapolas que crecían sobre la tierra removida y entre las cruces con los nombres de los soldados fallecidos en combate. Fue en ese instante cuando ante aquella visión se sintió inspirado para escribir *En los campos de Flandes*.

Existen diferentes versiones sobre el momento preciso en el que McCrae escribió el poema y el lugar exacto donde se habría gestado su creación. La más extendida y aceptada fue la difundida por Cyril Allinson, sargento mayor de la unidad donde servía el poeta y soldado. Mientras distribuía entre sus hombres el correo recién llegado, Allinson observó como McCrae escribía sin dejar de mirar la tumba de Helmer. El sargento se acercó hasta el oficial y permaneció en silencio a su lado. Al percatarse de su presencia, McCrae recogió sus cartas y le entregó la libreta donde había escrito el poema para que pudiera leerlo. Según el testimonio aportado por Allinson, los versos describían «casi exactamente la escena que teníamos delante de nosotros». El sargento quedó profundamente emocionado y memorizó sus versos. McCrae no quedó tan contento con su composición y habría hecho con el papel una bola arrugada que arrojó al suelo, de donde fue recuperada por el teniente coronel Edward Morrison, oficial al mando de la 1ª Brigada de Artillería, que en su vida civil había sido editor de un periódico en Otawa, o por el teniente coronel J.M. Elder, otro de los compañeros de McCrae, que finalmente lo habría enviado a varios periódicos en Inglaterra. Otras fuentes señalan que fue el propio sargento Allinson quien lo recogió del suelo y convenció al autor del poema para que lo publicase.

Una versión diferente afirma que McCrae escribió el poema al día siguiente del funeral del teniente Helmer, en apenas veinte minutos mientras estaba sentado en el estribo de la parte trasera de una ambulancia militar. También se dice que compuso sus versos en el hospital de campaña durante el escaso tiempo libre del que disponía mientras atendía al flujo constante de soldados heridos. Al margen de estas cuestiones, lo que parece cierto es que McCrae estuvo puliendo el poema durante un tiempo hasta que consideró que tenía la calidad suficiente para darlo a conocer. En un primer intentó lo remitió a la redacción del semanario londinense *The Spectator*, que lo rechazó. Su autor lo mandó entonces a *Punch*, donde sus responsables editoriales se mostraron más receptivos al aceptar publicarlo por primera vez. El poema se imprimió de forma anónima, aunque en el índice general de final de año de la revista se reconoció la autoría del teniente coronel John McCrae.

Amábamos y éramos amados

Debido a la gran tirada de *Punch*, el poema alcanzó en poco tiempo una gran difusión. Los soldados lo memorizaban en las trincheras para darse ánimos y no traicionar a sus camaradas en el momento supremo en el que se enfrentaban a la muerte. En la retaguardia, sus familias encontraron consuelo en unos versos que expresaban la causa por la que sus seres queridos estaban lejos, luchando en el frente.

Al principio, la figura de McCrae pasó desapercibida, eclipsada por la popularidad de su obra. Según el historiador y profesor de literatura inglesa Paul Fussell, *En los campos de Flandes* fue el poema más conocido de su tiempo. Publicado en todo el mundo y traducido a varios idiomas, sus versos fueron tomados como un símbolo del sacrificio de los caídos en la contienda. Una vez que McCrae fue presentado como su autor, empezó a recibir miles de cartas en las que los lectores le expresaban su agradecimiento. El autor se tomó aquella repentina fama, que por otra parte nunca buscó, como un asunto al que no concedió demasiada importancia y sobre el que llegó a bromear al comentar que podía ser muy conocido, pero eso no evitaba que su apellido aparecía casi siempre mal escrito.

La gran repercusión del poema fue aprovechada por los servicios de propaganda británicos y de otros países para alentar el reclutamiento de nuevos voluntarios y fomentar la venta de bonos de guerra. En este sentido, McCrae se sintió orgulloso de que su obra pudiera animar a los soldados a cumplir con su deber. En Estados Unidos, donde se valoraba la posibilidad de su entrada en la guerra, los versos de *En los campos de Flandes* sirvieron para extender entre la opinión pública norteamericana un sentimiento patriótico favorable a la intervención.

El 13 de enero de 1918, McCrae fue nombrado asesor médico de los ejércitos de la Corona Británica destacados en Francia. Por aquel entonces, las penalidades padecidas en el frente y el trabajo agotador empezaron a pasar factura a la salud del poeta. Ese mismo día le fue diagnosticada una neumonía, pero McCrae se resistió a abandonar sus funciones al frente del hospital canadiense que dirigía. La falta de reposo y tratamiento adecuado provocó que la enfermedad se complicase hasta degenerar en una meningitis fulminante por neumococo. La noche del 28 de enero, John McCrae fallecía en una cama del hospital militar de Wimereux, a donde había sido trasladado cuando ya no se podía hacer nada por salvar su vida. Según el testimonio del sargento Allinson, que permaneció a su lado hasta el último momento, sus últimas palabras fueron «todos los malditos médicos del mundo no ganarán esta sangrienta guerra. Lo que necesitamos es más y más soldados».

McCrae fue enterrado al día siguiente, con honores militares, en la zona del cementerio de Wimereux reservada a la Commonwealth War Graves Commission («Comisión de Tumbas de Guerra de la Commonwealth»). Su féretro, cubierto con la bandera canadiense, fue transportado sobre una cureña de artillería y escoltado por sus amigos y camaradas. El caballo Bonfire, que había acompañado a McCrae desde Canadá, abría la comitiva fúnebre portando las botas del oficial invertidas en los estribos de la silla de montar. Sobre su tumba se colocó una sencilla lápida que no se distingue de las demás.

El Cenotafio de Whitehall en Londres, el principal monumento de guerra británico donde cada año se celebra el acto principal de las conmemoraciones del Domingo de la Memoria (Fuente: Wikimedia Commons).

Al año siguiente de su fallecimiento, apareció publicado en Gran Bretaña un libro póstumo con algunos de sus mejores poemas, entre ellos el que le hizo pasar a la posteridad. El legado de John McCrae ha perdurado en unos versos que soldados de todo el mundo han recitado desde entonces para ahuyentar las sombras de la muerte. El Gobierno canadiense erigió en el cementerio donde está enterrado una pequeña lápida en recuerdo de las palabras de un poeta que en medio del horror de la guerra devolvieron la esperanza.

La conmemoración del Poppy Day que inspiró su poema languideció hasta la década de 1990, cuando desde algunas instituciones británicas se inició una activa campaña para fomentar una mayor participación del público en los actos solemnes. En la actualidad, a las 11:00 horas de cada 11 de noviembre, las ramas locales de la Royal British Legion organizan pequeñas ceremonias frente a los monumentos en recuerdo a los caídos en las que se depositan coronas de amapolas antes de guardar dos minutos de silencio. Muchas empresas paran durante ese tiempo e invitan a sus empleados y clientes a observar ese gesto de respeto.

Postal de la época de la Primera Guerra Mundial que evoca los versos del poema *En los campos de flandes* (Fuente: Wikimedia Commons).

El acto central del Día del Recuerdo en Gran Bretaña se reserva para el Domingo de la Memoria, que se celebra el último día de la semana más próximo al 11 de noviembre. La ceremonia principal tiene lugar frente al Cenotafio de Whitehall en Londres y a ella acuden representantes de la Corona, el primer ministro, los líderes de las principales fuerzas políticas y otros miembros del Gobierno y dignatarios públicos. La ceremonia oficial se inicia con la llegada de la familia real británica, que camina solemne a través de la Foreign and Commonwealth Office hasta llegar al Cenotafio. Una vez allí, se sitúan a la derecha del monumento a la espera de que el Big Ben marque las 11:00. En ese momento, un cañón de la Royal Horse Artillery dispara una salva de artillería que anuncia el inicio de los dos minutos de silencio. Un nuevo cañonazo marca su final. La conmemoración anual termina con una sucesión de desfiles y actos religiosos en recuerdo de los caídos.

En Francia, el Día del Recuerdo es fiesta nacional y también se celebra el 11 de noviembre. Los homenajes para conmemorar el armisticio se extienden por todo el país ante los monumentos y memoriales que recuerdan a las víctimas de la Gran Guerra. A la hora de hacer las ofrendas, los franceses prefieren las coronas y ramos de aciano azul, una delicada flor de ese color que suele crecer en los campos de cereales, a las amapolas de los británicos.

En muchos de estos actos, los labios de algunos asistentes, temblorosos por la emoción, repiten los versos que en su día escribió John McCrae ante la tumba de su amigo…

En los campos de Flandes se agitan las amapolas
entre las cruces, hilera sobre hilera,
que marcan nuestras tumbas, y en el cielo
cantan valientes las alondras, en vuelo
silenciado por el estruendo de los cañones.
Somos los muertos; hace pocos días
vivíamos, caíamos, contemplábamos la luz del amanecer;
amábamos y éramos amados, ¡y ahora yacemos
en los campos de Flandes!
Continuad nuestra lucha contra el enemigo,
recoged la antorcha de nuestras manos desfallecidas.
Mantenedla en alto.
Si defraudáis a la fe de nosotros, los caídos,
jamás descansaremos,
aunque florezcan las amapolas
en los campos de Flandes.

Bibliografía

ABSHAGEN, Karl Heinz. *El almirante Canaris*, Espasa Calpe, Madrid, 1962.

ANDRIESSEN, J. H. J. *La Primera Guerra Mundial en imágenes*, Edimat libros, Madrid, 2003.

ARTOLA, Ricardo. *La Primera Guerra Mundial: de Lieja a Versalles*, Alianza, Madrid, 2017.

ASTORRI, Antonella; SALVADORI, Patrizia. *Atlas ilustrado de la Primera Guerra Mundial*, Susaeta, Madrid, 2002.

BLASCO IBAÑEZ. Vicente. *Crónica de la Guerra europea 1914-1918*, La Esfera de los Libros, Madrid, 2014.

CANALES, Carlos; REY, Miguel del. *La Gran Guerra. Grandeza y dolor en las trincheras*, Edaf, Madrid, 2014.

COBB, Humphrey. *Senderos de gloria*, Capitán Swing, Madrid, 2014.

DINESEN, Isak. *Memorias de África*, Suma de Letras, Barcelona, 2000.

DUNCAN, Paul. *Stanley Kubrick. Filmografía completa*, Taschen. Barcelona, 2003.

ENGLUND, Peter. *La belleza y el dolor de la batalla*, Roca, Villaviciosa de Odón, Madrid.

ESCULIES SERRAT, Joan; MARTINEZ FIOL, David. *12000! Els catalans a la Primera Guerra Mundial*, Ara Llibres, Barcelona, 2014.

ESLAVA GALÁN, Juan. *La Primera Guerra Mundial contada para escépticos*, Planeta, Barcelona, 2014.

FUENTES CODERA, Maximiliano. *España en la Primera Guerra Mundial: una movilización cultural*, Akal, Tres Cantos, 2014.

GARCÍA SANZ, Carolina, *La Primera Guerra Mundial en el estrecho de Gibraltar: economía, política y relaciones internacionales*, CSIC, Sevilla, 2011.

GARCÍA SANZ, Fernando. *España en la Gran Guerra. Espías, diplomáticos y traficantes*, Galaxia Gutenberg, Barcelona, 2014.

GAZIEL. *En las trincheras*, Editorial Diéresis, Barcelona, 2009.

GILBERT, Martin. *La Primera Guerra Mundial*, La Esfera de los Libros, Madrid, 2011.

GONZÁLEZ CALLEJA, Eduardo. *Nidos de espías: España, Francia y la Primera Guerra Mundial 1914-1918*, Alianza, Madrid, 2013.

GRAVES, Robert. *Adiós a todo eso*, El Aleph Editores, Barcelona, 2002.

_____ *Lawrence y los árabes*, Seix Barral, Barcelona, 1991.

GUTTMAN, Jon. *Ases de la aviación francesa de la Primera Guerra Mundial*, RBA, Barcelona, 2010.

HAFFNER, Sebastian. *Los siete pecados capitales del Imperio alemán en la Primera Guerra Mundial*, Planeta, Barcelona, 2014.

HART, Peter. *La Gran Guerra (1914-1918): historia militar de la Primera Guerra Mundial*, Crítica, Barcelona, 2014.

HAYTHORNTHWAITE, Philip J. *Gallipoli 1915. Asalto frontal a Turquía*, Ediciones del Prado, Madrid, 1994.

HOWARD, Michael. *La Primera Guerra Mundial*, Booket, Barcelona, 2013.

JESSOP, Violet. *Titanic Survivor: The Memoirs of Violet Jessop Stewardess*, Sutton Publishing Ltd., Gloucestershire, 2007.

LAVERY, Brian. *Ships: 5,000 years of maritime adventure*, Penguin Random House, London, 2004.

LAWRENCE, T.E. *Los siete pilares de la sabiduría*, Libertarias, Madrid, 1990.

LÁZARO ÁVILA. Carlos. *Breve historia de los dirigibles*, Nowtilus, Madrid. 2016.

LOZANO, Álvaro. *La Gran Guerra (1914-1918).* Marcial Pons Historia, Madrid, 2014.

MACDONALD, John. *Grandes batallas del mundo*, Ediciones Óptima, Barcelona, 2001.

MACHEN, Arthur. *El pueblo blanco y otros relatos de terror*, Valdemar, Madrid, 2004.

MARTÍNEZ FIOL, David. *Los Voluntarios Catalanes en la Gran Guerra*, Publicaciones de la Abadía de Montserrat, Barcelona, 1991.

MONTOTO Y DE SIMÓN, Jaime de. *La I Guerra Mundial: la Gran Guerra*, LIBSA, Alcobendas, 2016.

PITA, René. *Armas químicas: la ciencia en manos del mal*, Plaza y Valdés, Madrid, 2008.

QUERO RODILES, Felipe. *Historia militar de la Primera Guerra Mundial: de la caballería al carro de combate*, Silex, Madrid, 2009.

REVERTE, Javier. *El sueño de África. En busca de los mitos blancos del continente negro*, Alianza Editorial, Madrid, 1996.

____ *Vagabundo en África*, Suma de Letras, Tres Cantos, 2000.

ROMERO RODRÍGUEZ, Gerardo. ¿Beligerantes o neutrales?: la política exterior española durante la Primera Guerra Mundial (1914-1918), Edymion, Madrid, 2014.

SAMS, Chris. *German Raiders of the First World War. The Kaiser's Cruiser Warfare Against the Allies 1914-1915*, Fonthill Media, 2016.

SEGRELLES, Vicente. *Armas que conmovieron al mundo II*, AFHA Internacional, Barcelona, 1977.

SIERRA, Luis de la. *Corsarios alemanes en la Gran Guerra (1914-1918)*, Editorial Juventud, Barcelona, 1985.

STEVENSON, David. *1914-1918 Historia de la Primera Guerra Mundial*, Debate, Barcelona, 2014.

STONE, Norman. *Breve historia de la primera guerra mundial*, Ariel, Barcelona, 2013.

VV.AA. *Crónica de la Aviación*, Plaza y Janés, Barcelona, 1992.

VV.AA. *Imperios en guerra 1911-1923*, Editorial Biblioteca Nueva, Madrid, 2015.

VV. AA. *La gran guerra*, Debolsillo, Barcelona, 2014.

VV.AA. *Técnicas bélicas de la guerra naval*, LIBSA, Alcobendas, 2012.

WATCHMAN, Alan. *Love in war*, XLIBRIS, Indiana, 2014.

Este libro, por encomienda de la Editorial Almuzara, se terminó de imprimir 11 de noviembre de 2018. Tal día, se conmemoraba el primer centenario de la Primera Guerra Mundial.